代芳芳◎著

礼貌语跨文化研究与应用

CROSS-CULTURAL RESEARCH AND APPLICATION OF POLITENESS LANGUAGE

图书在版编目（CIP）数据

礼貌语跨文化研究与应用/代芳芳著．—北京：经济管理出版社，2017．5
ISBN 978－7－5096－5094－3

Ⅰ．①礼…　Ⅱ．①代…　Ⅲ．①汉语—敬语—对比研究—英语　Ⅳ．①H136．3②H313．3

中国版本图书馆 CIP 数据核字（2017）第 088156 号

组稿编辑：张　艳
责任编辑：张　艳　张莉琼
责任印制：司东翔
责任校对：董杉珊

出版发行：经济管理出版社
（北京市海淀区北蜂窝 8 号中雅大厦 A 座 11 层　100038）
网　　址：www. E－mp. com. cn
电　　话：（010）51915602
印　　刷：北京晨旭印刷厂
经　　销：新华书店
开　　本：720mm×1000mm/16
印　　张：22
字　　数：348 千字
版　　次：2017 年 7 月第 1 版　2017 年 7 月第 1 次印刷
书　　号：ISBN 978－7－5096－5094－3
定　　价：69．00 元

目　录

绪　论

礼貌，是人类为维系社会正常生活而要求人们共同遵守的最起码的道德规范，它是人们在长期共同生活和相互交往中逐渐形成，并且以风俗、习惯和传统等方式固定下来的。对个人来说，礼貌是一个人的思想道德水平、文化修养、交际能力的外在表现。

礼貌语在语言学中并没有一个确切的定义。一般来说，对它可以有广义和狭义两种理解。广义的礼貌语是指一切合于礼貌的使用语言的行为以及使用的结果，狭义的礼貌语指各种交际场合中具有合理性和可接受性的表达礼仪的特殊词语。换言之，广义的礼貌语就是说话要有礼貌。狭义的礼貌语专指特定语言社群中某些现成的词语。

中国是世界闻名的礼仪之邦，“礼”是中国文化的突出精神，也是中国古代伦理思想的基本概念之一。好礼、有礼、注重礼仪是中国人立身处世的重要美德。中国文化认为，礼是人与动物相区别的标志。

礼貌语是社会的一面镜子，为了保证交流更加顺利，“礼貌”就应该被更加重视，礼貌是跨文化交际中一个不可或缺的重要组成部分，也被认为是跨文化交际中的社会准则。为了更好地提高对语言教学工作的水平，在跨文化交际及第二语言教学当中，研究英汉礼貌语的差异十分必要而且意义深远，具体体现在以下几个方面：

首先，礼貌语在语言学研究中具有十分重要的地位，社会语言学研究的对象就是社会契约、文化等对语言的影响，而礼貌则是这些因素的直接反映。通过对礼貌语的研究，我们能更加清楚地理解语言与社会之间的联系，可以促进人们更加有效地运用语言规律进行交际。

其次，英汉礼貌语对比研究在第二语言教学中起着十分重要的作用，传统的语言教学把重点放在语言形式和语言结构上，注重词汇、语法等基本语言技能，而忽视了语言的社会功能。这种教学法培养出来的学生常常不能恰当地使用语言。语言学习者常常因为对第二语言国家的礼貌用语不熟悉而在交际中产生误解。因此，如果能将礼貌语的研究成果应用于第二语言教学中，一定会提高第二语言的教学水平。

最后，英汉礼貌语是社会文明的一个标志，研究礼貌语可以使人们更加重视社会中的道德规范和言行准则，对于提高社会精神文明建设有着十分重要的作用。

对于礼貌语的研究，国外的学者要比国内的学者更早一些。1967 年，牛津大学哲学家格赖斯提出了会话含义理论，并提出了著名的“合作原则”：使所说的话，在其所发生的阶段，符合你所参与交谈的公认目标或方向。为了进一步地说明合作原则，格赖斯提出了合作原则的四条准则：数量准则、质量准则、关系准则和方式准则，以便交际的顺利进行。会话含义理论为解释礼貌语的使用开辟了一条新的道路。语言学家莱考夫最早从语用学角度研究礼貌语，他对礼貌的定义为“一个为减少社会活动潜在冲突使交流顺利进行的人际关系体系”。1983 年，利奇提出了“礼貌原则”，并且提出了六条礼貌准则，即得体准则、慷慨准则、赞誉准则、谦逊准则、一致准则和同情准则。利奇明确地提出了语义学和语用学的区别，这六条礼貌准则可以较为全面地解释交流中出现的各种现象，这是更大的进步和突破。但是该准则仍然具有很大的局限性，它脱离了具体的文化背景，只是在特定的文化中起作用。1987 年，布朗和列文森提出了“面子理论”，“面子”指个人希望在公众面前具有的自我形象。“面子”又分为“积极面子”和“消极面子”。“积极面子”是指希望得到别人的认同、尊重和赞许的需求。“消极面子”是指希望行为不受到他人的阻碍，自由不受限制的需求。他们认为，有一些语言行为在本质上和交际者的面子相悖，这就是“威胁面子行为”。这在礼貌语的研究方面是一个很大的进步。不过，他们认为有很多言语行为都会威胁到人们的面子并影响正常交际。这样的看法似乎太过于消极和悲观，也就是说大部分的言语行为因为怕威胁到面子而不能正常进行，甚至说人类交际是危险的。另外一点，“面子”可能只存在于某些文化当中，并不存在于每一个国家及文化中，不具有普遍性。而且，“面子原则”的提出及其应用在不同的语境中应该有不同的文化内涵，这一点他们也并没有深入考虑。

在中国，礼貌语很晚才成为一个语义学研究的分支。古老的中国是礼仪之邦，“礼貌”一词来源于古代的“礼”字。“礼”是中华民族的道德灵魂。直到20世纪80年代初，国内学者顾曰国将礼貌和社会道德标准联系在一起，提出了汉语的礼貌四要素：尊敬、谦虚、友好态度和文雅。进而提出了礼貌五准则，包括贬己尊人准则、称呼准则、文雅准则、求同准则和德、言、行准则。其中贬己尊人准则是汉语礼貌语五准则的核心。虽然顾曰国的理论与利奇的理论有一定的相同之处，但两者也具有明显的差异，具体表现在利奇的礼貌原则具有规定性，而不含有道德伦理的因素。国内较早对布朗、莱文森和利奇的礼貌准则进行详细介绍和评价的学者有刘润清、何自然、徐盛桓和顾曰国等。在对利奇的礼貌原则进行了详细的评述以后，学者刘润清认为礼貌原则存在着几个方面的问题：①礼貌准则应该比合作原则具有更大的约束力；②六条准则定义前后有不一致的地方；③利奇在论述原则时，把与礼貌有关和无关的反语混淆。何自然认为礼貌原则有三种特性：即等级性、冲突性和合适性。

中西方学者对于礼貌语的定义和原则有一定的共同之处，但是也有着明显的差异存在。这源于中西方不同的价值观念的差异、伦理道德观念的差异、风俗习惯的差异、思维方式的差别、地理环境以及历史文化背景的不同。为了更好地促进跨文化交际的进行，避免出现语用失误甚至交际失败，也为英汉两种语言的翻译更加顺利得体，英汉礼貌语的对比分析就变得十分必要并且意义深远。近年来，对于英汉两种语言中礼貌语及原则的对比或汉语礼貌语、英语的礼貌语方面的研究，国内外学者及研究人员不断地进行深入学习和探讨，追溯了现代礼貌概念的历史根源，并根据礼与礼貌的联系归纳、总结了五条礼貌准则。他们还以五条准则为基础，对英汉礼貌现象进行了对比分析，指出英汉在文化上的差异。廖利华的论文《英汉礼貌语异同探讨》，从不同的角度探究英汉礼貌语的异同，主要针对英汉称谓语、赞扬语、感谢及忌讳等方面进行分析探讨。总之，这些国内外学者的研究方向大致都是对比英汉礼貌原则来分析其异同，或是从英汉礼貌语的文化内涵方面，或是从英汉礼貌语的语义语用等方面的相同点及不同点进行深入研究。笔者查阅了大量的书籍及论文发现，在英汉礼貌语对比分析方面存在几个问题：

第一，很少有人把英汉礼貌语进行语法上的对比研究。

第二，对于英汉礼貌语的对比分析不够全面。如涉及礼貌称呼语的时候，对于英汉礼貌称呼语的异同只进行了大方向的对比，却没有将称呼语中不同类别如通常称呼、尊称、蔑称、亲属称呼、职业称呼进行分类对比，也很少有人对比分析英汉语言中“零称呼”的问题。笔者认为，即使是礼貌语的研究不应当忽略其中的消极方面，因为在这些方面更容易导致礼貌语用失误。

第三，对于礼貌语中某些语言的回应，例如，道歉语、称赞语、请求语等的回应没有进行进一步的探讨和研究。

第四，很少有人把非语言成分归入到礼貌语当中并进行跨文化的研究。

第五，礼貌语在对第二语言教学中没有得到应有的重视，汉语礼貌语的应用在第二语言教学中的作用和意义也不够明确。

笔者撰写本书旨在解决如下问题：

第一，礼貌原则的不同和侧重点不同，可能导致语言交际中礼貌语的不同理解和表达，因此有必要进行中英礼貌原则的归纳和分析。

第二，从语法角度和文化角度入手，研究英语礼貌语在时、体、态及句法中的特殊表现以及汉语礼貌语的文化特征。

第三，在对比礼貌称呼语的时候，比较不同类型的称呼语，如通常称呼、蔑称、亲属称呼、职业称呼的差异。探讨英汉称呼语言中“零称呼”的问题，探究零称呼产生的原因。

第四，对于交际中常用称呼语、请求语、道歉语、感谢语、称赞语、告别语、委婉语中的语用及文化差异进行深入的探讨。

第五，鉴于非语言成分也属于礼貌语的一个方面，举出具体实例对其进行跨文化的对比研究。

第六，礼貌语的语用失误是跨文化交际中常见的一类语用失误，对其造成的原因有必要进行深入分析，在此基础上寻求解决的途径。

第七，礼貌语对于国外的汉语学习者和国内的英语学习者都至关重要，跨文化交际中的方方面面都涉及礼貌语。在以上各方面的研究基础上，第二语言教材编写和课堂教学及实践中应当如何进行礼貌语的教学，提高学生的跨文化交际能力是我们亟须解决的问题。

第1章　导　论

1.1　礼貌语的研究背景

1.1.1　文化全球化与跨文化交际的增强

文化全球化已成为当今世界文化发展中的一种客观趋势，日益受到人们的瞩目。任何一个民族文化的封闭时代已经过去，民族文化都面临发展的问题，包括单个文化群体内部自我调节的文化更新和不同文化群体接触背景下的文化更新。在全球化阶段以前，文化基本上是一种有地理疆界的、向内发展的概念，被看作是一个民族或地区所在地人们的生活方式总和。在全球化背景下，传播技术和运输技术的发展带来信息和人口流动，文化交流打破了空间限制，人们所接受的文化信息超越了物理空间。跨文化交际对于提升文化软实力至关重要。

20世纪90年代，美国学者约瑟夫·奈（Joseph Nye）提出了软实力概念。他将软实力定义为：当一个国家使得其他国家以其预期目的为目标时的同化权力，具体包括语言、文化、教育、信息、关系、价值观等。文化软实力是软实力的重要组成部分。语言是软实力的基础，是其他软实力的构成要素，是文化或意识形态影响力的保障（王克非，2011）。个体层面上的文化软实力指对他者的认识和理解以及在此基础上对自我的洞察和认识，并且因此而获得与他人和谐交往的能力；对群体而言，文化软实力指融合不同文化规范背景下的跨文化沟通能力；对社会而言，文化软实力是一种弥合社会裂痕与冲突，保持文化多样性平衡的能力；对国家和国际社会而言，文化软实力是构建开放的非暴力的跨文化空间的能力（罗新星，2011）。

在全球化的今天，软实力的竞争日益凸显。随着经济全球化和信息网络化的推进，各种文化正在进行史上规模最大、涉及面最广的交流，跨文化传播已成为当今世界一个不可回避的现象和交流方式。

改革开放以来，中国经济在突飞猛进地发展，目前我国的综合国力已跃居世界前列，在全球经济和文化格局中都扮演着举足轻重的角色。我国多方位的外向发展形态，进一步令中国对外的政治、经贸领域多元化、高端化和全球化。随着我国改革开放的进一步深化，我国对外经济发展迅速，全方位、宽领域、多层次的对外开放格局不断地向前推进，在全球化经济体系中的地位日益重要，在各类国际事务中发挥着越来越重要的作用。国与国的交往不仅仅局限在经济、政治方面，在文化层面上的沟通与合作正逐步扩大、加深。跨文化交际有可能发生文化的碰撞和摩擦，只有了解不同国家和民族之间存在的文化差异，了解文化冲突的根源，学会从跨文化角度思考和处理语言问题，才能克服跨文化交流中的障碍，这是我国进一步扩大改革开放、力求发展所要考虑的。

1.1.2 语言学的关注

礼貌语的使用是人际交往中重要的一部分。礼貌语作为一种普遍语言现象，存在于所有背景文化中，已成为语言学的重要研究领域。随着现代语言学的发展，许多学者从多方位、跨学科的角度对礼貌语进行了研究。礼貌语对协调和保持人际关系具有重要意义，它可以增进人际关系，被人们称为社会交往中的“润滑剂”。礼貌语与民族文化有着密切关系，但一个民族文化中恰当的礼貌语使用方式也许不被另一个民族文化理解和接受。因此，不了解目的语国家的礼貌语使用方式及其背景文化，就容易产生误解和尴尬，导致跨文化交际最终失败。在过去30年里，礼貌语成为语言研究的一个热点，国内外许多学者对礼貌现象作了较深入的研究。

1.1.3 礼貌语用失误

1.1.3.1 语用失误的界定

语用失误（pragmatic failure）的提出最早来自英国语言学者 Jenny Thomas

(1983)。他在20世纪80年代初提出语用失误的内涵是不能理解所说（词语）的含义，即交际中听话人因不理解说话人的语用意义而没有做出恰当的反应。Thomas（1983）把跨文化交际中的语用失误进一步分为两类，即语言语用失误（pragmalinguistic failure）和社会语用失误（sociopragmatic failure）。语言语用失误是指非本族语者赋予某个话语的语用意义不同于本族语者通常赋予该话语的语用意义，或者是非本族语者把母语的语言行为策略不适当地迁移到第二语言中来，在这种情况下产生的语用失误就称作语言语用失误。这一类失误属于语言问题，是由于在对话语的语用力作语言编码时的差异所引起的。而由于一方（或双方）对另一方的社会文化传统缺乏了解出现不恰当的言语行为而导致的交际障碍属于社会语用失误（王得杏，1998）。

1.1.3.2 礼貌语语用失误的表现

在跨文化交际中，礼貌语的语用失误现象有很多，主要讨论以下几个方面：

（1）不恰当的祝贺语。礼貌是各个国家共有的普遍现象。世界各民族都有其独特的礼貌原则或准则。当人们收到称赞或夸奖时，中国人常常用“哪里哪里”“过奖过奖”“惭愧惭愧”而应答，表示被称赞人的谦虚。但如果在英语交际中用“You flatter me”“I feel ashamed”等回应称赞就非常不得体。在跨文化交际中经常会出现这样的语用失误，因为中国文化中的礼貌是建立在等级差异基础上的，其核心是“贬己尊人”。“贬己”即说话人对涉及与自己有关的事，应表现得较为谦逊，甚至卑微，而提及与对方有关的事情时则要“尊人”，要尽力抬高对方，表示对对方的尊敬。而西方人与此不同，他们信奉个人主义和自由主义，大多是西方的宗教信仰令他们相信人生来平等，并无贵贱、长幼之分。社会地位的差异是相对的，可以通过个人努力来改善。在英语语言文化中，当人受到夸奖或祝贺时，趋向于接受对方的称赞，也常常表示感谢，听话人总是千方百计维护说话人的面子，迎合对方的观点，说一声“Thank you”表示接受。否则，则被视为没有礼貌。

（2）不得体的社交语言。在社交应酬语方面，不了解文化和语言的差异也会造成各种社交语用失误。中国人在接到对方邀请时，常常不是直接地接受，而总是委婉地迂回，常说“不用了”“不必这么客气”，等等。英语国家人听到这些话常常困惑不解，并且感到为难。中国人热情好客，家中来客人，不管客人是否真正需要，都要端茶递水殷勤招待，即便是陌生人也会说些家常话以缩短彼此间的距离，显得礼貌友好、热情、体贴。在宴客时更是殷勤备至：饭桌对客人劝酒、布菜，唯恐招待不周。而在崇尚个人行动自由、独立的英语国家中，他们认为汉民族人的宴客方式干涉了个人自由，是不礼貌的表现。在人际交往中，中国人对别人赠送的礼物总是趋于拒绝，常常推辞一番，之后再接受。而西方人则比较实际，为表现对对方的尊重，在接受礼物时往往直接接受，说“好，这正是我喜欢的”。不了解这些差异的交际者常常造成交际失误。

（3）称呼语的使用不当。中国人在称呼上体现了“上下有义，长幼有序”的观念，如中国长辈不允许晚辈对其直呼其名，下级不能对上级直呼其名，以表示尊重。英美人与此不同，老师希望学生称呼他们的名字，以缩短距离。再以“old”一词为例，英语国家的人常常忌讳“old”一词，认为人老就没有精力不被社会需要，因此常使用其他词来委婉地表示这一概念，如home for adults（养老院）、an adult community（老人区）、senior citizens（资深公民）、elder hostel（老人团），等等。而中国文化提倡尊重老人的传统美德，老人们不惧老，社会也不忌讳，人们反而爱用“老”来表示尊敬与爱戴，如“刘老”“老先生”等。在汉语的文化中，“老”字常常表示资历深、有威望的意思，如老当益壮、老骥伏枥、老成持重、老马识途。为了对上年纪的人和老一辈人表示敬仰，用“姓氏＋老”或“老＋姓氏”称呼，如用“张老”“王老”“老李”“老刘”这些词来表达对老人的尊称，同时也显得非常亲切。

（4）不恰当的日常寒暄语。语言在社交应酬方面使用的差异反映各民族的文化特点，在大多数情况下，它们是高度约定俗成的行为，遵循一些常规。寒暄是朋友或熟人之间的一种会话活动，目的在于通过少量的信息最大限度地推动双方关系的融洽，而不在于向对方提供具体的交际内容。寒暄语在不同民族中的表达方式并不相同。在中国，熟人之间发问很随便，可以毫无顾忌地直接询问对方的年龄、工资、婚事、体重等。汉语中常用的寒暄语有“上哪儿去?”“吃过了吗?”“长胖了吗?”等，以示关心。而西方人强调个人主义，个人利益至高无上，非常保护自己的隐私，不希望自己的事暴露于大庭广众之下。英语中有这样的习语：Don't put your nose into somebody's affairs（不要干预别人的私事），所以，随便询问个人隐私问题，如年龄、薪水、婚姻状况甚至买某东西花了多少钱等都会让对方反感和不愉快，而对于天气、业余爱好、社会事件、兴趣、工作等方面，则是合适的交谈话题。

1.2　研究目的和方法

礼貌作为人类社会共同存在的一种普遍现象，它对于建立和保持良好的人际关系，维护社会的和睦、安宁，促进社会文明有着十分重要的作用。当不同文化背景的人进行跨文化交际时，如果不了解礼貌语的差异，往往会出现语用失误，导致交际上出现障碍，甚至交际失败。英汉两种语言中礼貌用语的差异反映了礼貌这一普遍现象在不同文化中具有文化差异性，了解掌握礼貌的文化差异有利于克服跨文化交际中的语用失误，增强文化敏感性。本书对礼貌语的不同类型将进行语言和文化等不同角度的跨文化研究，包括道歉语、称呼语、请求语、感谢语、称赞语、称赞应答语、委婉语、告别语。研究方法上除了定性研究，还将使用观察、采访、问卷调查、录音、录像的方式收集不同礼貌语的语料进行定量研究。

1.3　本书结构

礼貌语在每个国家的言语交际行为中，都是使用十分频繁的用语和行为。不同语言和文化的国度有各自表达礼貌的方式。礼貌语在中西方不同文化中的表现方式、实现方式和判断标准均有较大差异，也充分说明了语言形式的语用和其文化背景密切相关。在跨文化交际过程中，我们只有加强对文化差异的理解，加强语言知识的学习，加强语用能力和交际能力的培养，并注意在跨文化交际中恰当、得体地使用它，才有可能懂得如何恰当地使用礼貌语进行交际，才能达到交际双方感情上的一致。我们应当透过这种语言现象，挖掘出其真正特征并成功地解释造成语言现象的深层次原因，这样才能在跨文化交际的实践中避免语用失误造成的交际冲突，使得跨文化交际顺利进行。

本书共 17 章。本章为导论。第 2 章概述礼貌理论，包括礼貌语的定义和分类以及面子理论。第 3 章阐述礼貌语的语言特征。第 4 章探讨礼貌语的文化特性。第 5 章重点介绍礼貌原则及其对比。第 6 章至第 13 章分别探讨礼貌语的常见表现形式，包括道歉语、称呼语、请求语、感谢语、称赞语、应答语、委婉语、告别语的跨文化对比研究。第 14 章为英汉礼貌语中非语言成分的对比，作为语言交际不可缺少的一部分，非语言成分在英汉礼貌行为中的作用非常重要，不容忽视。第 15 章归纳了礼貌语使用中常见的语用失误，并探讨了产生这些语用失误的深层次原因，提出了避免语用失误的建议。第 16 章论述礼貌语的对比研究对第二语言教学的启示，深入探讨了第二语言教学中教师、课堂、学生等方面在语言教学和学习中应当注意的问题。第 17 章为本书的结论，总结本书的主要发现、教学启示、理论启示以及对未来研究的建议。

第 2 章　礼貌语研究概述

礼貌既是一种文化现象，也是一种语言现象，它广泛地存在于人类社会之中。礼貌语体现了人们为维护和谐的人际关系所做出的种种努力，是体现人们道德或伦理意义的一项行为准则。在中国，礼貌语很晚才成为一个语义学研究的分支。本章将对礼貌语的相关研究和理论进行梳理。

2.1　礼貌语研究综述

中国自古是礼仪之邦，“礼貌”一词来源于古代的“礼”字。“礼”是中华民族的道德灵魂。直到 20 世纪 80 年代初，国内学者顾曰国将礼貌和社会道德标准联系在一起，提出了汉语的礼貌四要素：尊重、谦逊、友好和文雅。进而提出了礼貌五准则，包括贬己尊人准则，称呼准则，文雅准则，求同准则和德、言、行准则。其中贬己尊人准则是汉语礼貌语五准则的核心。虽然顾曰国的理论与利奇的理论有一定的相同之处，但两者也具有明显的差异，具体表现在利奇的礼貌原则具有规定性，而不含有道德伦理的因素。

在过去的 30 多年里，礼貌研究逐渐成为一项热门的研究课题。在众多学科领域，如语用学、社会语言学、人类学、心理语言学、应用语言学、文化交际、话语分析、会话分析、认知语言学等，礼貌研究都受到了相关学者的青睐。研究者们从各个角度对于社会交际中的礼貌现象做了大量的实证研究和理论探讨，对礼貌语研究做出了很大的贡献。

国内较早对布朗和列文森、利奇的礼貌模式进行介绍和评述的有陈融、刘润清、何自然、何兆熊、顾曰国、索振羽和钱冠连等学者。刘润清对利奇的礼貌原则进行了详细介绍和评论，认为利奇有四个问题没有讲清楚：第一，

“礼貌原则”应该比“合作原则”有更大约束力；第二，利奇的六条次则（即策略、慷慨、赞扬、谦虚、赞同、同情）的定义前后不一致；第三，利奇论述“反语原则”时，把与礼貌有关和无关的反语含混起来；第四，关于“玩笑原则”，利奇没有提到在非严肃场合过于客气的假话也是开玩笑。何自然认为，礼貌原则有三种特性，即等级性、冲突性和合适性，这三种特性是指导正确应用礼貌原则的重要准则。徐盛桓对利奇的礼貌原则也提出了批评，认为该原则过于理想化和绝对化。他还构拟了新的礼貌原则，该新原则包括两大方面：促进各方关系及为此采取的策略。顾曰国仿照利奇的研究提出了汉语的礼貌原则，尽管其理论系统还有待完善，如称呼准则应该有主客观之别、内外部之分等，但他毕竟立足于汉民族的本土文化，独创性地提出了与中华民族悠久历史渊源相联系的礼貌体系。

索振羽赞成利奇关于合作原则不能圆满解释交际中出现的一些问题的说法，但认为应该寻找一个涵盖力强、覆盖面大的原则。他提出了“得体原则”、认为其能够包容“礼貌原则”，同时能起到援救“合作原则”的作用，是高层次的、具有普遍性的原则。他的得体原则把得体原则提升到能与合作原则互补的层次，而礼貌原则降为次则，是“得体原则中的一个重要准则”。他认为，得体原则与合作原则的关系是分工合作，相互补益。合作原则适用于直截了当的言语交际；得体原则适用于拐弯抹角的言语交际。索振羽还指出利奇的礼貌准则中的其他五个次则基本上适用于汉语文化，但汉语交际中还要增加一个恰当的称呼次则。在不同语境下，遵循这些称呼次则与他人进行言语交际，能收到最好的效果。

除了国内对礼貌语研究做出重大贡献的以上学者外，目前，国内对礼貌语研究的期刊论文非常之多，大致可分为三类。第一类是理论讨论的层面。面子问题、礼貌原则的研究；礼貌的标记语问题研究，包括人称代词与汉语中礼貌的关系问题；中国人的敬语行为与礼貌之间的关系。第二类是对比研究方面。这类研究涉及对比中西方在称呼、打招呼、告别、称赞、道歉等方面的相似点和差异；汉语和英语商务信函中的礼貌语问题；比较汉语和英语在不同语境对礼貌策略选择的影响。第三类是礼貌与言语行为层面的研究。包括探讨汉语中的间接言语行为；探讨汉语请求、称赞语及其回应、拒绝、抱怨等言语行为的礼貌问题。这些研究主要是在言语行为的理论框架内来进行的；对比分析汉语和其他语言的礼貌策略。

硕博论文方面，关于礼貌语的研究主要也都集中在布朗和列文森的礼貌原则理论基础上探讨某一礼貌言语行为或不同文化背景下的礼貌言语行为比较。有的学者吸收了社会学、文化人类学与政治科学的理论资源，通过问卷调查与采访的方式，对中国、澳大利亚墨尔本、新加坡以及其他东南亚国家的汉语本族语者的请求语言行为进行了定量和定性分析。实际上，也有越来越多的学者选择情景重塑的方式来进行研究，他们从日常生活人际互动（如商务会谈、官方会议和家庭聚会）的真实情景来探讨礼貌及其相关问题。

在礼貌的实证应用研究方面，许多研究的目的主要是考察相同或不同文化在表现或实现礼貌方式所表现出来的重要特点和差异，以及礼貌行为所折射出来的不同民族与文化背景的社会成员的思维方式。这方面的文献也不少，归纳起来，至少包括以下几个方面的内容：礼貌与文化对比、礼貌与语言形式、礼貌与具体言语行为、礼貌对语言教学的启示、礼貌与得体、礼貌与交际、礼貌与语用等。

目前在国内，有关礼貌研究的专著或博士论文还不多见，如陈松岑的《礼貌语》，李艺的 *The Dynamics of Politeness*，以及王建华的《礼貌的语用学研究》等。不过，必须指出的是，大部分研究仍旧摆脱不了布朗和列文森的礼貌模式。在国外，1967 年语言哲学家格赖斯（Grice）提出了著名的“合作原则”。他把说话者和听话者在会话中共同遵守的准则概括为量准则、质准则、关系准则以及方式准则。莱考夫（R. Lakoff）、利奇（G. Leech）、布朗和列文森（Brow & Levinson）、弗雷泽（Fraser）等从修辞学、语体学的角度，运用语用手段分析会话行为，认为人们在会话中之所以违反合作原则是出于礼貌的原因，是为了遵守礼貌规则或原则。莱考夫提出了三条礼貌准则：①不要迫使——适应于正式礼貌场合；②予以选择——适用于非正式礼貌场合；③让人感到舒服——适用于亲密场合。但他没有告诉读者如何理解这些社会因素，也没有明确地说明会话双方在给定场合如何判断并使用这些规则。

2.2 面子理论

面子观这一概念与礼貌语言的使用有着紧密相关的特殊含义。它指的是人对自身尊严、荣誉及外在形象等价值因素的自我意识或社会评价。因而不可避免地就会渗透到人们的日常言语交流中。根据布朗和列文森“面子保全论”的观点，言语行为本质上是威胁面子的，人们会采取一定的方式去避免面子的威胁行为，或采取某些策略去减轻言语行为的威胁程度。

在社会交往中，人们既尊重对方的积极面子又照顾到对方的消极面子。也就是说，有些言语行为本质上与说话人或听话人的面子需求背道而驰，它们既可以威胁积极面子，也可以威胁消极面子；既可以威胁说话人的面子，也可以威胁听话人的面子。这就是布朗和列文森的面子威胁行为（Face – threatening Acts）。积极面子的言语策略主要体现在对听话人表示关注、同情、感兴趣；对听话人所谈观点、意见、知识等产生共鸣，并深知听话人的需求而加以考虑。例如，“ I like your. . . ”，“You are really. . . ”（关注），“So do I”（赞同），“ All of us. . . ”。维护消极面子就是维护听话人的私人领域和自我决策的权利，说话人通过承认尊重对方消极面子的需要，不干预听话人的行动自由来满足对方的消极面子需求。其语用策略体现为谦让、说话迂回或模棱两可；避免突出个人，给听话人留有充分的选择余地；表示悲观、道歉，减少对对方的强加；用姓或头衔称呼，并使用自己的语言或方言等。消极面子策略主要是以回避的方式进行交谈。例如，“Could you please. . . ”（尊重），“It would be nice to. . . ”（减少强加），“ I don't suppose. . . ”（消极态度），等等。同时，布朗和列文森认为面子威胁行为的大小是由社会距离、相对权势和强加程度三种因素决定的。

布朗和列文森理论的基础是考夫曼（Goffman）的“面子”概念。他将“面子”定义为一个人的积极正面社会价值。在交际过程中，“面子”就表现为个体拥有的社会形象。后来布朗和列文森又进一步对“面子”做了全面的讨论，将与“面子”有关的行为划分成维护面子行为（Face – saving Act）和损害面子的行为（Face – threatening Act）。但是布朗和列文森的“面子论”

有很多缺点和不足之处。很多学者对于他们提出的“面子”这一概念的跨文化普遍性提出质疑。弗雷泽将当前西方有关礼貌的理论归纳为四类：社交规约论（the social - norm view）、会话准则论（the conversational - maxim view）、面子保全论（the face - saving view）和会话契约（the conversational - contract view）。

2.3　礼貌原则

英国语言学家利奇在“合作原则”的基础上，从修辞学、语体学的角度出发，提出了著名的“礼貌原则”。这一准则又可细分为以下六大准则。

（1）得体准则（tact maxim）：减少表达有损于他人的观点；

（2）慷慨准则（generosity maxim）：减少表达利己的观点；

（3）赞誉准则（approbation maxim）：减少表达对他人的贬低；

（4）谦逊准则（modesty maxim）：减少对自己的赞誉；

（5）一致准则（agreement maxim）：减少自己与别人在观点上的不一致；

（6）同情准则（sympathy maxim）：减少自己与他人在感情上的对立。

简言之，利奇礼貌原则的核心内容就是尽量使自己吃亏，而使别人获益，以便取得对方好感，从而使交际顺利进行，并使自己从中获得更大的利益。可以看出，策略准则与慷慨准则是同一问题的两个方面。前者讲的是如何对待他人，适用于请求或命令他人做某事的慷慨准则言语行为；后者讲的是如何对待自己，适用于答应帮助他人做某事的言语行为。赞誉准则与谦逊准则也是同一问题的两个方面，前者规定的是如何看待他人，后者规定的是如何看待自己。由于有赞扬次则的约束，当很容易表扬对方而却没有表扬时，就意味着某种程度的批评。

对照利奇的英语礼貌原则与顾曰国的汉语礼貌原则，我们可以看出，两者之间在本质上并没有太大差别，只是提法上各有侧重。例如，顾曰国的贬己尊人准则与利奇的称赞准则和谦虚准则相当；德、言、行准则与利奇的得体准则相当；求同准则与利奇的一致准则相当。顾曰国将文雅准则作为礼貌原则的准则之一提出，填补了一项空白。虽然使用雅言或委婉语也是任何文化中具有普遍性的一个礼貌特征，但是西方学者并没有给予太多关注。

2.4 结 语

礼貌语研究是语言研究的一个重要课题。礼貌是一种抽象而复杂的社会现象，它主要体现在人对人的一种态度和情感。而语言则是实现这些态度和情感的主要方式。人类通过各种手段特别是语言手段进行交际，其目的是相互沟通和传递信息，而这个目的能否达到在很大程度上取决于说话人所说的内容和形式给听话人带来的感受。语言与社会文化之间有密切的联系，这是毋庸置疑的。人们交谈中使用的任何词、短语乃至句子的意义在很大程度上依赖于它所处的语境，或者说依赖于现实生活中的真实语言环境。人们之所以在说话时选择一种形式而不选择另一种形式是受风俗和社会因素的制约，如阶级、性别、年龄、种族、教育背景、职业和宗教信仰等。所以，具有透明度的礼貌语应该引起高度重视。而其研究所得出的结论性意见对于指导现实生活中的交际与互动，也具有重要的参考价值和借鉴作用。

现在，布朗和列文森几乎已经成了“礼貌”的同义词，礼貌研究正成为一门“显学”。然而，与礼貌密切相关的根本问题直到今天仍然没有搞清楚，有关礼貌的本体论、认识论和方法论等各方面问题仍然是学界争论的焦点。礼貌是什么？礼貌的本质是什么？礼貌的文化特性和语言特性究竟是什么？英汉礼貌原则的区别是什么？应该如何研究各种类型的礼貌语？礼貌的语料应该如何收集？礼貌语的研究与第二语言的学习和教育有何关系？希望读者通过本书的阅读能得到一些启示。

第 3 章　礼貌语的语言特征

礼貌语反映了一个国家和民族的文化素养。中国是历史文化悠久的文明古国，自古以来就非常看重以礼待人，被称为礼仪之邦。而英语国家的人也通常给人一种十分礼貌、举止得体的感觉。英汉语言的礼貌语都十分丰富，并且表现的方法也大不相同。本章主要从时、体、态就英语礼貌语的表达方式进行论述。

3.1　英语礼貌语的时、体、态

英语中的“时”用来表示某一个动作发生的时间或存在的状态。把动词的一般时态改变为某种特殊的时态，可以表达委婉的语气。英语中，“时”的使用是表示礼貌的重要方式，具体有以下几种情况。

（1）一般现在时——一般过去时。用过去时表达现在的意思，表达的意义没有现在时的语气那么肯定，在提出请求或者提出建议的时候，比现在时要显得更加客气、更礼貌。我们可以看下面几个例子：

Will you close the window?

Would you close the window?

Can you give me some pencils?

Could you give me some pencils?

May I use your computer?

Might I use your computer?

这上面几个句子中，用 would、could 和 might 代替 will、can 和 may，在表示请求的句子中，could 比 might 更加正式，语气上也更加礼貌。

（2）一般现在时——现在/过去进行时。在英语中有几个词能用这类时态，如 like、wonder、hope 等几个词可以用现在进行时代替一般现在时表示礼貌，请看下面的例子：

I'm wondering if it will rain today.

用现在进行时比一般过去时表示礼貌的程度还要更深一些，这是因为一般过去时表示肯定的语气，而进行时表示不太确定，正在进行。另外，过去进行时表示礼貌的程度还要强于现在进行时，同时感情色彩更丰富，例如：

I was hoping you could come earlier.

I have been wanting to have a talk with you.

（3）一般将来时——将来进行时。在英语中，will 表示一般将来时，同时带有一定的感情色彩，如有时会使听话人觉得这是说话人的意愿或请求。而用将来进行时没有情态色彩，也没有表达说话人的意愿。例如：

You will study in this schoo1.

You will be studying in this schoo1.

使用将来进行时语气趋于委婉，在询问对方有什么打算或做出了什么样的决定时，用将来进行式表现了说话者对事物和人的关心。

Will you be going to school tomorrow?

Will you be joining in the party next week?

3.2 英语礼貌语的句法特征

（1）被动语态。在英语礼貌语中，被动语态比主动语态使用得更加频繁。使用被动语态比主动语态语气更加委婉，避免直接提到听话人。被动语态在句式上的特点是把施动者放在介词 by 的后面，有时也直接省略掉施动者。

Your decision should have been made quickly.

You are requested to play piano.

请比较下面的句子，第二句中用 it 作形式主语的被动语态时表达更为礼貌。

Provide me with your proof, if you can.

Provide me with your proof, if it can be done.

如果说话一方需要指责或批评别人的时候，使用被动语态会使语气更加委婉，使听话方容易接受。

You need an alarm clock to wake you up. You are going to be late.

An alarm clock should be used to wake you up. You are going to be late.

在被动语态句中，used 变成了句子的谓语，减轻了对对方的责任，使得语气变得委婉。

（2）否定句。在英美国家的谈话中，如果不能回答对方的问题，或者不同意对方的观点时，最好不要直接说出来，使用否定句可以使语气更加委婉，而不至于伤害对方或使对方感到尴尬。例如下面的对话：

A：Can you join our club this term?

B：I'm afraid not. /I am afraid I can't. I have a part - time job to do recently.

A：Excuse me. Is this the bus to the railway station?

B：I don't think so. /I'm afraid not. You can take another one.

同时，在英语礼貌语当中，人们还常用部分否定来表达全部否定的意思，如 I don't like this film very much.

（3）疑问句。疑问句是最常用的表达礼貌的方式，这种句式形式可以用于询问对方的看法或意见，可以使语言更礼貌和得体。疑问句可以用很多不同的形式来表达礼貌的用法，这里介绍两种：附加疑问句和否定疑问句。

首先，附加疑问句在主句后面使用，使得语气表达得更加礼貌。这种句式的暗含意思在于说话人假定自己的话可能会被听话人接受，例如：

You don't mind my smoking, do you?

You will take part in this activity, won't you?

如果主句为祈使句，使用附加疑问句来提出建议或请求，可以使语气变得更加委婉，如 Help me to open the box, will you?

另外，英语中还有一种句式，否定疑问句，这种方式在表达说话人及听话人的想法、习惯及态度时，用来提出建议或礼貌的请求，希望听话人可以给予肯定的回答。例如：

Won't you have a cup of coffee?

A：We need a computer to do the job.

B：Can't this computer?

A：Yes. we can use it.

（4）条件句。在英语条件句中，注重听话人的态度。因此如果说话者对听话者提出请求或建议，可以使用条件句就假定自己得到了允许，这样就没有强加给听话人的意思。并且条件句有另外的一层含义：如果听话人反对，那也没有关系。例如：

I wonder if you can give me a cup of tea.

If you don' t mind, give me a cup of tea.

If you are willing to, we can have dinner together.

（5）省略句。在英语国家，熟人之间常常用省略的形式来表达亲密的关系。因此，也可以使用这样的句式来礼貌地表达说话者的意图。例如下面的句子：

Do you mind if I close the window?

Mind if I close the window?

How do you feel about this film?

How about this film?

3.3 汉语礼貌语的语法特征及对比

汉语的礼貌语文化以“和谐”为核心，体现了汉民族礼貌和谐的特点。因此，汉语中的礼貌语有自己独特的形式及意义特征，不同于其他的语言，汉语礼貌语有很多语法形式及意义。本节笔者就汉语礼貌语的语言形式以及意义来进行探讨，以便使汉语学习者能更准确地了解汉语礼貌语，同时英语使用者也能看出英汉礼貌语在语法上的差异。

汉语礼貌语有自己独特的语言形式及意义，其中心思想就是为了突出“自谦”及“尊人”，体现了中国传统思想的“贬己尊人”的核心思想，这源于中国几千年来流传下来的文化习俗。在我国古代，礼貌词语使用更加普遍。

我们经常在古汉语礼貌语中听到这样一些词语，如“鄙人”“阁下”“冒昧”“拙荆”等一些具有代表性的词语。这些词语被经常使用，在汉语礼貌语体系中具有举足轻重的地位。使用这些词语的时候，有一些特殊的语表形式，大致有三种：句首式、衔接式以及句首衔接双重式。

3.3.1　汉语句首式的礼貌语

作为汉语礼貌语的开端，句首式所起的作用就是开始一段礼貌语，这类形式的礼貌语的一大特点就是“贬己”和“尊人”。开始说话时，出于礼貌，先要贬低自己，如“鄙人”“在下”，尊重他人表现为“阁下”。句首式当中有一些代表性词语，一般是名词、动词或形容词。名词为代表性词语所组成的礼貌语有几种句法形式：

（1）名词+名词短语，例如：薄礼一份。

（2）名词短语+名词，例如：一份薄礼。

（3）名词短语+助词“的”，例如：请您笑纳在下的薄礼。

可见，以名词为标记性词语所组成的礼貌语一般用“薄”字，这就是自谦的体现，“薄面”“薄礼”都能表达说话者谦逊的态度。另外，句首式中还有以动词为代表性词语的，句法形式为：

（1）动词短语+名词，例如：略尽绵力。

（2）动词+形容词，例如：不揣冒昧。

形容词也可以作为起首式的标记性词语，常见的句法形式为：形容词+动词短语，或者动词短语+形容词，例如：冒昧打扰。

3.3.2　汉语衔接式的礼貌语

衔接式的礼貌语就是衔接交际对方的话语，先礼貌地对对方的语言做出回应，再继续交谈。衔接式的礼貌语的代表词多为动词、副词或者代词。经常是在对方对自己进行了赞美或者对对方的话进行否定的时候使用，就是为了达到贬低自己和抬高他人的目的，衔接式经常由“不”“不敢”或者用“岂”“岂敢”组成。衔接式的礼貌语形式有如下几种：

（1）副词+动词，例如：真不敢当，非常感谢。

（2）动词+助动词“了”，例如：谬赞了、高攀了。

（3）动词+动词，例如：夸奖，夸奖！不敢当，不敢当！

（4）形容词+动词短语，例如：敢问是……

3.3.3 汉语礼貌语的句首衔接双重式

句首和衔接双重式礼貌语特点在于，既能用于句首式，又可以用于衔接式，因此具有两种功能，可以礼貌地开始对话，也可以作为交际对方说话后的礼貌应答。句首衔接双重式一般用名词作为代表词语，语言形式主要有：

（1）名词+名词短语，例如：在下愚见。

（2）名词短语+助词+名词，例如：鄙人之拙见。

（3）名词短语+名词，例如：犬子不才。

（4）动词短语+名词，例如：静候佳音。

总之，汉语礼貌语具有普遍性的句法形式主要有以上三种。对于礼貌语的很多其他句式，其形式不具有规律性，因此在这里不详细举例和说明。在英语语言中，这样的语法形式在礼貌语中很少存在或使用，因此属于汉语礼貌语中独有的形式。

在对外汉语教学中，教师应该注重培养学生理解和掌握汉语礼貌语中独特的语法形式，举一反三，掌握更多、更地道的汉语礼貌语。关于汉语礼貌语的语言特征，主要有两个方面，即语言意义及其文化内涵。我们在礼貌语言的研究中不只讨论语言意义，还要讨论文化内涵。语言意义具有空间限制和程度大小。表示人及事物的词具有空间的特点，这些词有一定的界限。而表示性质及状态的形容词，如“大、小、多、少、内、外、薄、拙”等，这样的词具有程度性，如果用表示程度的形容词来修饰表示空间的名词，程度性要大于空间性，如“薄酒”“拙作”等含有自谦意义的词语，表示程度加深。还有只由空间性名词组合成的礼貌语，如“犬子”“令嫒”等，这类的礼貌语可以表示对他人亲属的尊重，也是对自我的贬低。

3.4 汉语“请”和英语“please”的异同

在汉语和英语的礼貌用语中，表示对对方的尊敬时，常用到“请”和

“please”两个词。在汉英的翻译过程中，“请”和“please”也是经常会遇到的一个难题。原因是这两个词在不同语境中意思千差万别，不能简单、直接地把这两个词完全对等地翻译过来。另外，它们还在语义、句法以及语用方面有各自不同的用法。在本章，笔者结合现实生活中的常见例子，对汉英礼貌语中“请”和“please”加以对比分析，以便于避免在对跨文化交际和翻译中产生语用失误。

汉语“请”是形声字，言旁，青声。本义是“拜访”。除此以外，“请”有其他不同的意思，在礼貌语中表示“使允许”。在古汉语中，“王好战，请以战喻”，翻译成现代汉语是：大王喜欢战争；那就允许我以战争来作比喻。可见，古汉语中，“请”的意思为“允许”，而随着词义的演变，“请”字又发展了很多不同的含义。作为动词“请”可以表示：求、敬语、约人前来、拜见等，翻译成英语有几个含义：invite、please、engage、pray。“请”在礼貌语中十分常用，几乎在任何需要别人帮忙或麻烦到别人的时候，“请”都是十分必要的礼貌用语，如“请问”“请帮忙”“请留步”“请稍等”“请指教”“请用餐”“请多多关照”等。说话者通过使用“请”字，会使话语变得委婉而有礼貌，比较自然地降低说话人的地位，同时抬高对方的地位。在汉语中，当你向他人提出某种要求或请求时，一定会把“请”字放在句子的前面，而且说话时态度诚恳。

在英语国家，人们一般多用 excuse me（对不起）来表示汉语中的麻烦他人。敬语中的“请”与请求语中的“请”在含义上有区别，请求语中的“请”字侧重于求他人帮忙，而敬语中的“请”字则侧重于表达对别人的尊重，但两者本质意义仍是相通的。这两种意思都是“请”的礼貌用法。

“请”有常见的三个具体用法。第一，单独用“请”字作动词来表达多种意思，如在“请客”中，表达“款待”“接待”的意思，而在“请医生”中则表示“找”的意思，同时伴有尊敬的色彩。第二，“请”加在动词前面作敬辞用，代表说话者期待对方做出某种动作或行为，如“请坐、请吃、请稍候”等。动词后面也可带宾语或者补语，如“请稍等”“请留步”等。有时，还可以在“请”的前面再加副词组成“敬请……”这样的形式。第三，“请”和一些动词、名词、形容词共同结合成固定词组或复合词，这些复合词的含义更加复杂、具体，而不是每个组成部分的意义简单相加而得，如

“请安”是说话人向听话人表示问候，因此应该说“给您请安”。结构与此类似的还有“请假”“请示”“请愿”等。

please 在表达“请”的意思时，一般来说是用于“请求”的场合。英语中 please 表示请求有很多不同的形式，可以用在陈述句、疑问句当中。汉语中的“请”也有这样的用法，但不同的是，英语“please”通常用在句末，并且用逗号隔开。但是汉语中的“请”经常用于句首或主语之后，从来不用在句末，并且表示的意思也不尽相同，请看下面的例子。

陈述句：I’d like a cup of tea，please.（请给我一杯茶。）

疑问句：Can I have a cup of tea，please?（请给我一杯茶，好吗?）

祈使句：A cup of tea，please.（请来一杯茶。）

从上面的三个英语句子可以看得出，这三个句子所表达的意思在中文中都差不多，但是在英语当中却代表了不同级别的礼貌程度，疑问句是最高一级的礼貌语表达方式，陈述句次之，祈使句又次之。在英语中，问句表示礼貌更加常用，根据相关学者的调查数据分析，40% 说英语的人都喜欢用“Can I……please?”这样的问句式，“please”在这里起到加强语气的作用。但是在汉语当中，人们很少在问句中用“请”，而更多地用于陈述句中表示礼貌或尊敬。在表示提供或者给予的句子中，please 常常可以代替动词，而“请”不能代替动词，如 Please have a cup of tea.（请喝一杯茶。）

A：A cup of tea? 要一杯茶吗?

B：Please. 好的。

第一个句子是给予别人东西时常用，have 可以省略，意思不变。但是如果在汉语中，这样的句子就不能省略掉动词“喝”字，如“请喝一杯咖啡吧”去掉“喝”变成“请一杯茶”表意含糊不清。而第二个对话中在表示说话人的心理活动的状态时，please 有不同的声调，而“请”没有声调的变化。例如，在表示对某事不耐烦时，可以这样说：“Please，I am very busy now. Can you call me later? ”这时 please 要用降调。但是在表示说话人急切或激动的心理状态时，please 要用升调，例如，“I want to use your dictionary.”“I must consult a new word now，please.”

在英语中，please 还有一个作用，如果说话人想要避免听话人拒绝他的请求，可以在句中加上 please，但是汉语的“请”没有这种功能。试对比下面两个句子：

Close the window.

Close the window, please.

在这里，第二个例子看似一个请求，但如果是上级对下级说，意思就变为“I request you close the window.”听话人会把这句话看作是对听话人的一个命令。

在英语国家，孩子们从小就会使用“please”这个词来表示礼貌，有的人说，这是一个充满魔力的词，孩子用了它，父母就会很难拒绝他的请求。例如：

Child：Give me the chocolate.

Mother：Do you forget some words?

Clild：Please give me the chocolate.

“please”在一个句子中的位置有多种，请看下面的几个句子：

Please give me some paper.

Give me some paper, please.

Could you please give me some paper?

“please”可以放在上面几句中这几个不同的位置上，表达的都是一个意思。而“请”只可以用于主语前或者主语后，一般语法学家觉得“please”和副词的用法基本相同。在汉语当中，“请”是动词，并且放于主语前或主语后所表达的意义不同。例如：

你请喝茶。

请你喝茶。

请喝茶。

这样的三个句子，表达的意义都不相同，第一个句子“你请喝茶”有两个意思，可以表达说话人礼貌地让听话人喝茶，还可以表达说话人让听话人请他喝茶。第二个句子也可以表达说话人礼貌地让听话人喝茶，另外的一个意思是听话人想要请听话人喝茶。第三个句子是祈使句。

另外，“please”前面不能加副词等修饰成分，如 very、so。“please”还可以单独代替前面说过的一句话，“请”没有这样的用法。例如：

A：Would you like a cup of tea?

B：Please.

总之，“请”和“please”在语用中有相似点，也有很多差异，在翻译中和跨文化交际中不能简单地把它们对等起来。英语中的“please”用法更多，在句中的位置也相对灵活。而汉语“请”只能用于句首，有很多词义。在英语教学和对外汉语教学中，都要特别注意这两个礼貌词语在不同的语境中的差别，以免在跨文化交际中造成语用失误。

随着国家文化的发展变化，汉语礼貌语也经历了巨大的发展变化。汉民族的思维方式和风俗习惯在语言交际中体现出来，中国人非常注重精神意识和主观体验，经常依靠直觉去感觉和对比事情，探索其中的道理，如用“哪里哪里”来回答别人的赞美是一种表示自谦的说法。但外国留学生却认为这个词是问地点或者处所，如商店在哪里？另外，汉语词汇的含义非常丰富。“哪里”这个词除了表示自谦、地点外，还可以表示不确定，如你到哪里我就跟到哪里。除此之外，哪里还可以用于反问句，表示“否定”的意思，例如，“有那个霸王在，哪里会有我的立足之地?”在汉语礼貌语当中，“哪里”就用于压缩自己以突出别人，在表示处所问句及反问句中，“哪里”一般作主语或宾语，而在礼貌语当中，单独用在答谢中，经常单独使用或者修饰名词，如“哪里哪里”。

总之，汉语礼貌语是中国传统文化在现实社会中的反映，具有一定的文化意义，透过它我们可以体会中华民族的思维方式和意识形态。汉语学习者和外语学习者也可以学习礼貌语，如果掌握了不同语言的特点，就可以在社会交际中顺应文化的差异进行跨文化交际。

第4章　礼貌语的文化特性

语言作为一种社会现象，其系统的存在和发展变化不可能脱离社会文化之外。不同社会背景下人类的语言表现不可避免地受存在于该语言体系的社会文化中的各种要素的影响和制约。语言系统内诸多要素无一例外地与社会大系统的众多元素发生联系，并且这种联系必然是错综复杂的。本章主要介绍文化、礼貌语的文化特性并对英汉礼貌用语的文化价值观念进行对比分析。

4.1　语言的社会特性

中国人见面时常常打招呼说“你吃了吗?”，类似的方式在中国被认为是友好善意的行为并且为众多人所接受。然而英语国家，这种打招呼的方式无论如何也无法被人理解和接受的，他们常常会产生误解，会错误地理解为邀请他一起进餐。这种文化差异造成的误解不胜枚举。显然，不同的社会习俗对语言有重大的影响，相反不同的语言形式同时也传递特定的文化。因此，每一个国家和民族的语言都具有其特定的文化色彩、鲜明的社会属性。语言学家普赖德在《社会语言学》中提到，任何社会成员在学习一门语言时，他需要掌握的知识远远多于语言本身，他必须掌握与语言相关的社会和文化知识，因为社会文化对语言行为的约束是显而易见的。

随着人类社会的发展，人们之间的社会交往更加广泛，交谈也就更加密切，这就是语言与社会生活的结合，实际上也是一种语言运用的社会规则。这些规则在一定的社会范围中是大家共识的，它是一个社会的习俗。

4.2 语言的文化特性

4.2.1 文化的含义

文化（culture）是一个非常广泛的概念，我们很难对文化进行精确的定义。不少哲学家、社会学家、人类学家、历史学家和语言学家一直对文化进行研究，试图从各自学科的角度来界定文化的概念。笼统地说，文化是一种社会现象，是人们长期创造形成的产物，同时又是一种历史现象，是社会历史的积淀物。确切地说，文化是凝结在物质之中又游离于物质之外的，能够被传承的国家或民族的历史、地理、风土人情、传统习俗、生活方式、文学艺术、行为规范、思维方式、价值观念等，是人类之间进行交流的普遍认可的一种能够传承的意识形态。人类创造了许多的精神财富，包括宗教、信仰、风俗习惯、道德情操、学术思想、文学艺术、科学技术、各种制度等。

古今中外对于文化似乎有很多解释。但综合起来可以非常准确和精练地表述为：文化是人类在不断认识自我、改造自我的过程中，在不断认识自然、改造自然的过程中，所创造的并获得人们共同认可和使用的符号（以文字为主、以图像为辅）与声音（以语言为主，音韵、音符为辅）的体系总和。用更简练的文字表达，则可缩写为：文化是语言和文字的总和。但这个提法，必须在了解原义的基础上才能使用。不然，就会让人有不够准确，甚至是有点含糊的感觉。文化是一定社会政治和经济的反映，同时又影响和作用于一定社会的政治和经济，从旧石器时代的发明创造，到“康梁”的维新变法、何子渊的教育革新，再到孙中山的民主革命都是推动社会向前发展的动力。

广义文化指人类在社会历史发展过程中所创造的物质财富和精神财富的总和。它包括物质文化、制度文化和心理文化三个方面。物质文化是指人类创造的各种物质文明，包括交通工具、服饰、日常用品等，是一种可见的显性文化；制度文化和心理文化分别指生活制度、家庭制度、社会制度以及思维方式、宗教信仰、审美情趣，它们属于不可见的隐性文化，包括文学、哲学、政治等方面的内容。

人类所创造的精神财富，包括宗教、信仰、风俗习惯、道德情操、学术思想、文学艺术、科学技术、各种制度等。

广义的文化，着眼于人类与一般动物，人类社会与自然界的本质区别，着眼于人类卓立于自然的独特生存方式，其涵盖面非常广泛，所以又被称为大文化。随着人类科学技术的发展，人类认识世界的方法和观点也在发生着根本改变。对文化的界定也越来越趋于开放性和合理性。

"文化本不属人类所独有，我们更应该以更开放和更宽容的态度解读文化。文化是生命衍生的所谓具有人文意味的现象，是与生俱来的。许多生命的言语或行为都有着先天的文化属性，我们也许以示高贵而只愿意称它为本能。"

——李二和《舟船的起源》

狭义的文化是指人们普遍的社会习惯，如衣食住行、风俗习惯、生活方式、行为规范等。1871 年，英国文化学家泰勒在《原始文化》一书中提出了狭义文化的早期经典学说，即文化是包括知识、信仰、艺术、道德、法律、习俗和任何人作为一名社会成员而获得的能力和习惯在内的复杂整体。

4.2.2　文化的功能

认识了文化的本义，就能知道文化的作用——便于传达、交流情感和信息；便于认识和记录人生和宇宙万事万物的形态与内涵；便于更有效地认识自我、改造自我及提升自我的素质；便于更高效地认识自然、利用自然。

人类由于共同生活的需要才创造出文化，文化在它所涵盖的范围内和不同的层面发挥着主要的功能和作用，具体来说包括以下几点：

（1）整合。文化的整合功能是指它对于协调群体成员的行动所发挥的作用，就像蚂蚁过江。社会群体中不同的成员都是独特的行动者，他们基于自己的需要，根据对情景的判断和理解采取行动。文化是他们之间沟通的中介，如果他们能够共享文化，那么他们就能够有效地沟通，消除隔阂、促成合作。

（2）导向。文化的导向功能是指文化可以为人们的行动提供方向和可供选择的方式。通过共享文化，行动者可以知道自己的何种行为在对方看来是适宜的、可以引起积极回应的，并倾向于选择有效的行动，这就是文化对行为的导向作用。

（3）维持秩序。文化是人们以往共同生活经验的积累，是人们通过比较和选择认为是合理并被普遍接受的东西。某种文化的形成和确立，就意味着某种价值观和行为规范的被认可和被遵从，这也意味着某种秩序的形成。而且只要这种文化在起作用，那么由这种文化所确立的社会秩序就会被维持下去，这就是文化维持社会秩序的功能。

（4）传续。从世代的角度看，如果文化能向新的世代流传，即下一代也认同、共享上一代的文化，那么，文化就有了传续功能。

4.2.3 文化的要素之一——语言

文化具有两大要素：语言（声音）和文字（符号）。

语言是该社会文化的一个方面，语言和文化是部分和整体的关系。语言作为文化的组成部分，其特征表现在：它是学习文化的主要工具，人们在学习及运用语言的过程中获得整个文化，所以说，语言是文化的载体，是后者的主要表现形式。语言是文化的一部分，并对文化起着重要作用。语言反映一个民族的文化，同时又受到文化的巨大影响。

文化还是一个民族的生活方式，它决定了文化的传承性，即社会继承性。它是社会的遗产，是群体共享，并非个人行为，把社会群体扩大到整个民族，则是民族文化的体现。正是由于文化具有鲜明的民族性，即文化个性，不同的文化之间自然会呈现不同的文化形态，这种文化形态的差异反映到语言层面，则表现为语言差异。

4.2.4 文化的分类

因为文化具有的多样性和复杂性，很难将文化给出一个准确、清晰的分类标准。因此，这些对文化的划分，只是从某一个角度来分析的，是一种尝试。

对文化的结构解剖，有两分说，即物质文化和精神文化；有三层次说，即物质、制度、精神三层次；有四层次说，即物质、制度、风俗习惯、思想与价值；有六大子系统说，即物质、社会关系、精神、艺术、语言符号、风俗习惯。

文化有两种，一种是生产文化，另一种是精神文化。科技文化是生产文化，生活思想文化是精神文化。任何文化都为生活所用，没有不为生活所用的文化。任何一种文化都包含了一种生活生存的理论和方式、理念和认识。

文化的内部结构包括下列几个层次：物态文化层、制度文化层、行为文化层、心态文化层。

物态文化层是人类的物质生产活动方式和产品的总和，是可触知的具有物质实体的文化事物。

制度文化层是人类在社会实践中组建的各种社会行为规范。

行为文化层是人际交往中约定俗成的以礼俗、民俗、风俗等形态表现出来的行为模式。

心态文化层是人类在社会意识活动中孕育出来的价值观念、审美情趣、思维方式等主观因素，相当于通常所说的精神文化、社会意识等概念，这是文化的核心。

有些人类学家将文化分为三个层次：高级文化（high culture），包括哲学、文学、艺术、宗教等；大众文化（popular culture），指习俗、仪式以及包括衣食住行、人际关系各方面的生活方式；深层文化（deep culture），主要指价值观的美丑定义，时间取向、生活节奏、解决问题的方式以及与性别、阶层、职业、亲属关系相关的个人角色。高级文化和大众文化均植根于深层文化中，而深层文化的某一概念又以一种习俗或生活方式反映在大众文化中，以一种艺术形式或文学主题反映在高级文化中。

广义的文化包括四个层次：一是物态文化层，由物化的知识力量构成，是人的物质生产活动及其产品的总和，是可感知的、具有物质实体的文化事物；二是制度文化层，由人类在社会实践中建立的各种社会规范构成。包括社会经济制度、婚姻制度、家族制度、政治法律制度、家族、民族、国家、经济、政治、宗教社团、教育、科技、艺术组织等；三是行为文化层，以民风民俗形态出现，见之于日常起居动作之中，具有鲜明的民族、地域特色；四是心态文化层，由人类社会实践和意识活动中经过长期孕育而形成的价值观念、审美情趣、思维方式等构成，是文化的核心部分。

心态文化层可细分为社会心理和社会意识形态两个层次。

4.3 英汉礼貌用语的文化价值观念对比

语言（包括广义的非语言，如体态语等）作为社会交际的工具在人类历史的交往中扮演着重要角色。不同的社会和不同的文化背景极大地影响着人们的语言表达。礼貌是一种社会现象，它普遍存在于各国语言中，但由于语用文化价值差异和语用习惯特点的不同，人们对礼貌的表达、理解和使用方式各不相同。礼貌用语是人们在交往中通过称呼、问候、致谢、道歉、告别、称赞及回应等言语交际，保证交际顺利运行，建立和维持良好人际关系的常用语言。在跨文化交际中，人们的交往是在不同的社会背景、语言体系及不同的文化背景下进行的。对礼貌及礼貌用语在此状况下的运用自然需要考虑礼貌语的文化特性，即交际双方既要掌握自己语言特征和原则，又要了解交际对方的社会背景、语言体系及文化内涵。否则，就不能保证交际顺利进行，甚至出现交际误解和文化冲突。

“贬己尊人”是最富有中国传统文化内涵的礼貌现象。汉民族听到别人赞扬时往往会自贬一番，以示谦虚有礼。英语民族同汉民族相反，当他们受到赞扬时，总会乐意地说一声“Thank you.”表示接受，从而避免伤害对方的面子（布朗和列文森，1977）以及尽量增加双方的一致。由于不同民族的文化价值差异，汉民族认为英语民族人民过于自信，缺乏谦虚；而当英语民族听到中国人直接否定别人对自己的赞扬或听到他们否定自己，甚至在贬低自己时更感到惊讶，会认为汉民族人民常常言不由衷或过于直率无礼。

再以称呼语为例。称呼中使用礼貌语是汉语语言文化的特征，但关键是称呼的礼貌方式与西方有差异。某一种称呼方式在汉语言文化中被认为恰当、得体，但在英语语言文化里却是粗俗无礼的，例如，在汉语中我们常用“小王”“老赵”表示亲切、随意，英语国家人民则不能理解。相反，在英语语言文化某些称呼方式中可能被认为十分真诚、亲切，但在汉语语言文化里又会被认为是粗俗无礼的，如英语语言中有时不分尊卑长幼，均直呼对方名字，用来表示亲切或人格平等。在汉语语言中则会认为这样的称呼特别无礼、不能接受。

礼貌语中涉及隐私（privacy）的英汉语言文化也有差异。“隐私”在中西文化中概念不同，人们的理解也不同。英语国家人民对 privacy 这个词的含义理解较广，如年龄、婚姻状况、收入等都被列为个人隐私。中国传统文化中认为是关心他人的语言（如询问对方年龄等），在英语国家的文化中却会被认为是侵犯了别人的隐私，是缺乏礼貌的表现。有时对对方的询问还可能造成误解，例如，与英语国家人民见面时中国人常问“你吃了吗?”则可能被误解一种邀请，邀请对方一起进餐。

中西礼貌语中个人主义（individualism）的文化价值有很大差异。英语民族十分看重“个人自由”，这同英语民族的历史和文化有关。西方国家非常崇尚个人主义，他们更加强调个人的能力和作用。在西方社会，个人的成就、杰出的表现都代表个人的独立。他们认为每个人都有权利追求自己的目标，因此坚持个人的身份和作用，并且认为个人的努力和成就应当被社会认可。英语民族认为，在社会交际中，尊重个人自主的言行才算礼貌。汉民族则因其悠久的集体农耕历史，非常推崇“集体主义”（collectivism），因此而很难理解西方文化中关于个人自主的价值。于是，英语民族认为有损面子的言语行为，汉民族却不以为然。例如，中国人把“请接受某种礼物”“请多吃点”或“请喝酒”等看作是表达真诚的言语行为，他们有时甚至认为，必要时还得强迫要对方接受自己的诚意，才能体现他们的真诚。在西方社会，人们认为这样会侵犯了他们的个人自由，给对方的面子构成威胁。

4.4　结　语

礼貌语除了其特有的语言特性外还有其特有的文化特性，在不同文化背景中，礼貌语的理解和使用有其特定的习惯表达和规则。忽略语言的文化特性，必然造成跨文化交际的失误，也必然导致交际的失败，恰恰是基于这一点，礼貌语跨文化研究变得尤其必要。

第5章 英汉礼貌原则对比

近几十年来，语用学有了显著的发展，1983年出版的列文森的《语用学》和利奇 的《语用学原则》备受关注。《语用学》系统地评介了到目前为止语用学中出现的各种理论。《语用学原则》继已有的理论之后提出新的语用学原则，即“礼貌原则”（the politeness principle）。对礼貌语的礼貌原则的研究，中外许多学者有不同的观点，本章将进行详细的说明。

5.1 利奇的礼貌原则

5.1.1 利奇礼貌原则的基础

“礼貌原则”并非为利奇最先提出。在利奇之前有不少语言学家和社会学家都已经注意到语言运用中的礼貌现象，各种语言都有恰如其分的称谓语，如汉语中的“你”与“您”。

E. Goffman早在20世纪50年代就从社会学角度提出了“面子”（face）问题。他说，人们在日常交往中每时每刻都涉及“脸面工作”（face work）。“脸面”，体现于各类交际行为之中，是人类行为准则之一。一方面，人的行为受到面子的约束，另一方面人们也期待他人考虑自己的面子。面子是个人神圣的而不可侵犯的所有物，是安全感和幸福感的来源。不努力保护他人面子的人被认为不礼貌，不努力保护面子的人被认为是“厚脸皮”。Goffman认为脸面工作，需要交际双方的互相配合。一个人丢不丢面子归根结底掌握在他人手中。要想自己不丢面子，最保险的办法就是不去伤害他人的面子。如果交际双方都抬高自己、贬低对方，社会交往将是无法顺利进行的。因此，人们在谈话中往往是贬低自己，抬高对方。

1987 年布朗和列文森写了一篇受到广泛关注的文章——《语言运用中的普遍性：礼貌现象》。他们调查了英语、墨西哥一种土著语和印度南方一种土著语中的礼貌现象，发现在三种相互独立的文化中，语言使用中的礼貌现象却十分相似。布朗和列文森认为，语言运用中的礼貌现象并不是偶然发生的，而是一种普遍的语言现象。他们沿用 Goffman 的“面子”的概念，把面子进一步分为两类：一种是积极的面子（positive face），即希望自己的性格、职业、爱好、穿着等受到他人的赞扬；另一种是消极的面子（negative face），即希望自己的人身、财产、行动自由等不受他人的侵犯。因此，礼貌行为也分为两种：一种是积极的礼貌行为（positive politeness），即满足对方面子上正面的要求，如表扬对方的职业、地位、成就、相貌、孩子等；另一种是消极的礼貌行为（negative politeness），即满足对方面子上反面的要求，如尽量地不去冒犯对方的人身、财产、自由等。

例如，“What a nice dress you have.”和“I know you are akind – hearted person.”就是积极的礼貌行为。而“I hate to trouble you, but... 和 Would you forgive me if...”则是消极的礼貌行为。除此以外，布朗和列文森认为，避免直言不讳也是一种礼貌行为。换言之，不去直接损害对方的面子，而是把话讲得模糊，让对方自己去判断。例如，暗示法（用“It is cold here”告诉对方去关窗子），只讲原则而不讲具体（用“Children are expected to complete their homework.”来批评不完成家庭作业的孩子），等等。

以上概述的是两位研究者的论述。利奇的礼貌原则正是在他们的研究的基础上提出来的。

5.1.2 利奇礼貌原则的提出

利奇之所以要提出礼貌原则，是因为他认为言语行为论（speech act theory）和合作原则（the cooperative principle）都不完善，认为这两种理论还不能解释语言运用中的全部现象。

利奇认为言语行为论存在很多争论，由于说话语中的行为很难确定，言语行为论对语用学分析没有很大用处。利奇认为，言语行为是一种不断变化的、延续的变量，依赖于许多语言之外的因素。他认为，以语言中的行为动词为依据来划分言语行为是靠不住的。行为动词与其他语言单位一样，都是对自然现象和社会现象的任意切分。实际上，moutain 和 hill 之间，river 和 stream 之间，old 和 young 之间的界限都是模糊的。“命令”与“请求”之间，“请求”与“邀请”之间，“劝告”与“建议”之间，并非总是界线分明。利奇认为，在确定某种言语行为是命令或请求，或劝告，或主动帮忙时，必须考虑以下四种因素。

第一，要看对谁有利，对谁无利。例如，“Return the dictionary for me.”对讲话人有利，对听话人无利，这是命令。而“Have another cup of tea.”则对听话人有利，虽然也是祈使句，但绝不是命令。

第二，要看给听话人多少选择权。如“Return the dictionary for me.”的听话人没有选择的余地，而“Could you return the dictionary for me?”的听话人就有拒绝的可能。

第三，要看言语行为的间接程度。例如，在特定情况下，“The dictionary are borrowed from the library, I have no time to return it.”就可以是一种十分委婉的请求。

第四，要看客气程度。一种行为对听者越有利越客气，给听者的选择余地越大越客气，越间接越客气。当然，对听者有利的言语行为，表示得越直接越客气。“Do you want to have another cup of tea?”比“Will you have another cup of tea?”更客气。而“Would you mind having another cup of tea?”会让听者觉得莫名其妙，而且可能包含另外的意思——似乎茶已经变质。

利奇还用要求某人做某事的言语行为（impositive act）为例，来说明言语行为的复杂性，以及与礼貌原则的关系。请看如下例子：

Take me home.

I want you to take me home.

Will you take me home? /Are you willing to take me home?

Can you take me home? /Are you able to take me home?

Cold/Would you take me hone?

以上所有例句中，就客气程度而言，第一句最不礼貌，属于一种直接命令，听者失去了选择的自由。第二句比第一句稍礼貌一些，它不是命令，而是表达了说话者的愿望。但是如果听者也遵循礼貌原则，就需要满足对方的愿望。第三句比第二句又客气些，因为使用问句给听者拒绝的可能。但它询问的是听者是否愿意，而拒绝帮助别人是不礼貌的。因此听者的选择余地并不大。相比之下，第四句比第三更礼貌，它不仅是问句，而且询问听者有没有能力。如果听者没有能力帮忙，以此为理由拒绝对方也容易被接受。第五句比第四句还要礼貌，用 would 和 could 代替 will 和 can，使听者更有借口拒绝请求：情态动态的过去时标志着对听者要求的是一种假设的行为，“从理论上讲，听者就是做出肯定回答，也并未在现实生活中作任何承诺”（利奇，1983）。

Grice 于 1967 年提出了会话的合作原则，指出言语交际双方为了使交际能顺利进行，在交际中会遵循合作原则。如果说话人故意违反了合作原则，听话人应该根据当时的语境推断出说话人的隐含意义，即会话含义。关于合作原则，利奇认为合作原则只能约束我们在交际中说什么和如何理解对方的言外之意，但不能解释人们为什么使用如此大量的间接言语行为。

利奇用下面两个例子来说明礼貌原则是对合作原则的必要的补充：

① A：We will all miss Mary and Mike，won't we?

B：Well，we will all miss Mary.

例①中，B 只回答了 A 的问题的一半，显然违背了数量准则。B 的言外之意是我们不会想念 Mike。理解 B 的言外之意的依据是什么呢？显然不能仅仅基于合作原则，B 完全可以接着说“... but not Mike”，这样则完全符合合作原则，但这样就显示出 B 没有礼貌。所以，在这一对话中，B 是为了遵循礼貌原则才违背了合作原则。

② A：Someone has eaten the apple pie.

B：It wasn't me.

例②是家长与孩子的对话。A 并没对 B 进行直接批评，似乎 B 的辩解违背了相关次则准则。事实并非如此。A 不知谁吃了苹果派，但怀疑是 B。出于礼貌，A 没有直接指责 B。A 的话虽然符合质量次则，但不完全符合数量准则。B 理解了 A 的言外之意是间接批评，因此才声明自己没有吃。可以看出，B 的话之所以似乎违背相关准则是因为它是在回答 A 的言外之意，而 A 的言外之意产生于礼貌原则。

然而，合作原则并没有对于人们说话时为什么不遵守合作原则，而让别人去推断会话的含义做出解释。因此，基于 Grice 的合作原则，利奇提出了礼貌原则。他认为礼貌原则可以辅助合作原则，弥补合作原则的不足之处。

利奇认为，人们在交际中有效地运用语言属于一种修辞现象，人们的交际过程受修辞原则的制约。言语交际的语言修辞包括人际修辞和语篇修辞，它们分别由一些语用原则构成。礼貌原则是人际修辞的重要部分，它与合作原则是平行的，可以解释合作原则所不能解释的问题，援救合作原则，在交际中起着更高的约束作用。利奇提出的礼貌原则有六个准则，每个准则包括两条次则：

（1）得体准则：减少表达有损他人的观点。尽量让别人少付出；尽量让别人多受益。

（2）慷慨准则：减少表达有利于自己的观点。尽量让别人多受益；尽量让自己多吃亏。

（3）称赞准则：减少表达对他人的贬损。尽量少贬低别人；尽量多称赞他人。

（4）谦虚准则：减少对自己的表扬。尽量少表扬自己；尽量多贬低自己。

（5）一致准则：减少个人与他人的不同看法。尽量减少双方的分歧；尽量增加双方的相同看法。

（6）同情准则：减少个人与他人之间在感情上的对立。尽量减少双方的反感；尽量增加双方的同情。

礼貌是绝对的，即礼貌现象是各个社会普遍存在的。礼貌又是相对的，任何言语交际都是发生在特定场合的，受语境的制约。何兆熊对利奇的礼貌原则进行了评价，他认为利奇没有考虑语境的制约因素。因为语言必定受语境社会因素的约束，在一定的语境中是礼貌的话语，在其他语境中则可能显得不够礼貌，或者可能显得过于客气而疏远。不够礼貌固然会使话语不能被接受，但过分礼貌也同样不利于人际关系的建立和维护。

利奇的礼貌原则理想化地看待言语行为，把丰富的个性化的语言限定在“礼貌”的范围内，然后才对其加以分析。其依据是英语语言文化背景，虽然具有一定的概括性和普遍性，但无法对不同的语言文化背景的礼貌现象进行全面的解释。因此，提出具有自己语言文化特色的礼貌原则不仅是必要的也是必然的。

5.2 汉语的礼貌原则

中国学者对礼貌原则的关注最早始于外语界。这是因为礼貌原则属于语用学研究的对象范围之内，而作为语言学中一门独立的新兴学科，语用学的学科地位在20世纪70年代才在国际上得到认可。最早将礼貌原则介绍给语言学界的是刘润清。他撰文详细介绍了礼貌原则及其准则。在他之后，何自然、何兆熊在各自的语用学专著中也对礼貌原则进行了评介。徐盛桓对礼貌原则进行了比较深入的探讨，对利奇的礼貌原则提出评论和完善。他详细地分析了人们在某些情况下有意违反合作原则的原因，并在对礼貌语的运用方面提出了指导性建议，有其学术价值和实践意义。徐盛桓提出了新的礼貌原则，它包括两个方面：促进交际各方关系，运用礼貌策略。其中，促进交际各方关系包括注意自身一方、尊重对方、考虑第三方；运用礼貌策略包括积极礼貌策略以及消极礼貌策略。激励礼貌策略即说适度谦让、尊重或客气的话。消极礼貌策略主要是说适度中和的话。但是他的礼貌原则也不能解释礼貌语中所有的语言现象。他还提出了礼貌原则存在几点不足之处，首先礼貌原则不能解释礼貌语中的一些常见现象；另外，礼貌准则的尽量少或尽量多的说法过于绝对；礼貌原则在交际时可能涉及对第三方不够重视。

在汉语语言研究领域，顾曰国在利奇的礼貌原则和次则的基础上，结合汉语文化，提出了汉语的礼貌原则。钱冠连、索振羽、刘伯奎也分别依据汉语文化的特点，提出了基于汉语的礼貌原则或语用原则。

顾曰国指出，汉语言文化有以下四个方面的特征：尊重——自我尊重，赞赏对方；谦逊——贬己尊人；友好——关心、体贴、好客；文雅——举止谈吐得体大方。基于这四个特征，他根据利奇提出了汉语的礼貌原则。顾曰国的礼貌原则包括五个准则：

（1）贬己尊人准则——指与自己或与自己有关的事物时要贬，与听者或与听者有关的事物时要尊。

（2）称呼准则——用适切的称呼语与对方打招呼。

（3）文雅准则——所用语言要文雅，显示说话人有教养。

（4）求同准则——说话人和听话人在诸多方面力求和谐一致，尽量满足对方的欲望。

（5）德、言、行准则——在行为动机上，尽量减少他人付出的代价，尽量增大对他人的益处。

顾曰国的五个礼貌准则是结合汉语语言的特点提出的，他将中国人在言语交际行为中所遵循的礼貌行为规范概括起来，并且把不同文化中带普遍性的礼貌特征和中国文化中有鲜明特点的礼貌语和行为结合在一起。

我们可以对比利奇的英语礼貌原则与顾曰国的汉语礼貌原则，发现两种礼貌原则在本质上并没有太大差别，只是内容上各有侧重。例如，顾曰国的贬己尊人准则与利奇的称赞准则和谦虚准则相当；德、言、行准则与利奇的得体准则相当；求同准则与利奇的一致准则相当。除此以外，顾曰国将文雅准则作为礼貌原则的准则之一提出，填补了这个方面的空白。虽然使用雅言或委婉语也是任何文化中具有普遍性的礼貌特征，但是西方学者在这方面没有给予太多关注。当然，有一些学者提出顾曰国的礼貌原则也有其不完善之处。首先，礼貌准则是原则之下的一个范畴，其命名应当使用能够描述其特点的词语，但称呼准则没有做到这一点，没能反映出礼貌的特征与本质。因此，称呼不能算是一个准则，只能算是其他准则在实际运用时的具体表现，而且其内容已经包含在贬己尊人准则中，不能单列为一个准则。其次，他在德、言、行准则中提出了行为动机与言辞两个层面，将做人的道德准则与言语交际准则放在一起，也有不妥之处。

5.3　汉语礼貌原则的发展

索振羽赞成利奇关于合作原则不能完全解释交际中出现的所有语言问题的说法。他提出了得体原则，即一个涵盖力强，覆盖面大，能包容礼貌原则以及其他一些起辅助合作原则作用的、高层次的、具有普遍性的原则。他的得体原则把得体准则提升到能与合作原则互补的层次，而礼貌原则降为次则，是得体原则中的一个重要准则。索振羽认为，得体原则与合作原则的关系是分工合作、相互补益的关系。合作原则适用于直接的言语交际；得体原则适用于间接的言语交际。索振羽还指出，利奇的礼貌原则中的其他五个次则基本上适用于汉语文化，但根据汉语语言的特点，汉语交际中应当增加一个恰当的称呼次准则。在不同语境下，遵循这些次则与他人进行言语交际，能收到最好的效果。索振羽提出的得体原则包括三个准则：礼貌准则、幽默准则、克制准则。其中礼貌准则包括慷慨、称赞、谦虚、赞同、同情以及恰当的称呼六个次则；幽默准则包括打断、倒置、转移、干涉、降格、升格六个次则。克制准则根据语境的不同在程度上有差异，包括讽刺挖苦、指桑骂槐、反语。

钱冠连认为，不同的文化造就不同的言语行为，不同的言语行为促进不同的语用策略的产生，因此不同的语用原理与原则应运而生。毫无疑问，汉语的语用原则必须从地道的汉语文化中提炼。况且，合作并非原则，单由礼貌原则弥补不了合作原则。或者说，合作原则从根本上说就不需要弥补。钱冠连认为只需两个原则就可以实现语用学对言语交际的管制：目的—意图原则和相关原则。有了交际的总目的，人们在语言交际过程中必须中就会将社交目的分解成独立的说话意图贯彻到话语中去，交际就能顺利进行，否则真正意义上的交际就无法开始或者中途失败。但是钱冠连没有对相关原则展开讨论，只是提出有了意图，说出的话才可能产生最佳相关效果。另外，他还提出了语用策略，除了带全局性的得体策略外，他按汉语的语言特点列举了11种语用策略，以确保语用策略的描写性质：谢绝夸奖、虚抑实扬的恭维、把对方当第三者、把自己当第三者、借第三者的口说出自己的意见、多种言语行为与礼貌策略相伴、运用权威、回避、表面一致而事实否定、以言代行的答复极端手段。但他还指出，释放假信息、使用适当冗余信息、容忍语用失误也都属于语用策略。他强调语言是一个开放的复杂系统，是动态的，解释其功能的理论系统永远不可能完备。

刘伯奎从哲学的角度指出，礼貌原则对言语交际实际现状的涵盖和统领，远不如合作原则。他认为，言语交际的实践证明，遵守礼貌原则最多只能是可能有助于言语交际获得成功，并不必然使言语交际获得成功；礼貌原则在力图覆盖言语交际的实际状况时，放弃了对于有时也同样能促进言语交际获得成功的不礼貌言行的研究。六项准则只是如何遵循礼貌原则的一种行为规范，违反准则并不能产生新的会话含义，遵守礼貌原则并不具有全面性和普遍性的意义。作为得体原则的拥护者，刘伯奎对索振羽的得体原则进行了修正，认为得体原则应该包括三大准则：

切合准则——切合自己的角色身份，切合话题的性质内容，切合对方的理解承受，切合语境的场合氛围。

调适准则——礼貌次准则，幽默次准则、委婉次准则、克制次准则；

逆反准则——针对切合准则和调适准则做出的必要逆反。

综观国内学者对礼貌原则的评介及完善，可以看出外语研究者的研究仍然主要是以利奇的礼貌原则为主要的理论基础，在研究框架上仍然借鉴其主旨，没有根本性的改变，依然沿用利奇的术语。与此不同，汉语界的学者在礼貌原则的研究上似乎走得更远。从索振羽的得体原则到刘伯奎的得体原则，再到钱冠连的语用总则，摆脱了合作原则和礼貌原则的限制，他们的研究触及更大的空间。整体来讲，索振羽的得体原则比钱冠连和刘伯奎的语用原则更保守，因为他仍然赞同利奇的礼貌原则，并认为其中的五个准则对汉语文化还是适合的，只是从层次上对利奇的礼貌原则进行了调整。钱冠连的研究更为大胆创新，他摒弃了国外著名的言语行为的合作原则与礼貌原则，提出不需要遵守这些原则，并且建立一种以汉语文化为基础的语用原则。他所提出的将目的意图原则和相关原则作为语用原则的说法有一定的依据。另外，有学者认为钱冠连提出的 11 种语用策略过于烦琐且不能涵盖所有的策略。而刘伯奎提出的得体原则，语言学家认为其从表述上来讲过于笼统，没有能够恰当地概括出准则的特点。另外，需要引起注意的是，在讨论汉语的这些原则的时候，学者们的例证主要来源于文学作品，而不是从日常的言语交际中收集的语料。笔者认为，虽然文学作品源于生活并反映生活，但与人们日常生活的交际语言还是存在一定的差别。

5.4　中西方礼貌原则的语用差异

文化不同，礼貌要求的具体内容会有所差别。如中国文化重视谦逊准则，而西方文化突出得体准则。如果用 Grice 会话合作原则中的准则来判断，西方人觉得中国人说话违反了“质的准则”（说话人的话语必须真实，不是虚假和证据不足的）或“方式准则”（说话人表达必须简洁、有条理、清楚明白，避免晦涩和歧义)。更有甚者，西方人误会中国人过于自卑，言不由衷，话语啰嗦，主题不明，含糊其辞。而事实是中国文化中人际交往注重人情，即对人关心和自谦尊人。中国文化用道歉的方式表示感谢，西方人很难理解中国人用道歉的方式表示感谢，主要在于“人情”与“求真”的文化差异。中国文化把礼貌看成是道德修养问题而不是交际双方之间的利害关系的调整。如果中国人运用自己的礼貌准则去评价西方文化的会话交际时，又会觉得他们的言谈过于直接，没有人情味，甚至不顾及面子。简言之，中国人在会话交际时不惜牺牲“真实性”而保全“礼貌性”。西方人则不惜牺牲“礼貌性”而保全“真实性”。

从语用学的角度来看，中西文化中礼貌的差异主要表现在以下几个方面：消极面子的认同、对强加力的敏感性以及相应礼貌语策略的运用。在谈论礼貌行为的“得体性”时实际上存在双重标准。对于一次正常的交际，我们可以假设说话人采用礼貌策略与言语，但却无法确定听话人能完全认同说话人的礼貌。从交际的实效性看“得体性”的标准似乎总是倾向于听话人，但却对说话人提出各种要求。将交际失误完全推托于文化是不公平的。从实用主义的观点看，交际双方只要能相互表达善意并接受对方的善意，这样的交际行为应该就是“得体”的。在跨文化交际中探讨交际“得体性”的标准也许是没有意义的。首先，放弃交际双方文化特点的标准无法让人接受。迁就任意一方的标准对另一方都是不礼貌的。其次，在多数情况下“得体”与否只能从交际的结果去看。正因如此，在失败的交际中，交际双方都应负有责任。对于礼貌行为的“得体性”提出一些指导性原则也许要比探讨其标准更有意义与实效性。

同时，就中西跨文化交际来说，一味强调两种文化的不同，各自坚持自己的礼貌价值观念是无法正常交流的。只有掌握礼貌在两种文化中的共同点，同时在跨文化交际中多从对方的角度去理解，才能顺利地进行交际。这也就是要求在跨文化交际中要有“求同存异”的认知能力。当然，只是强调“求同存异”也有可能在交际中造成具体语用策略及用语上的混乱。林大津(1996)提出的“入乡随俗”可以作为跨文化交际中的语用原则来解决以上问题。即交际双方应共同认同所处的文化氛围，并尽量使用同一文化的标准与规范。在跨文化交际中，积极、主动地理解和包容对方的文化，是一种最为有效的积极礼貌策略。在实际交际中人们对母语文化的亲和会很自然地对能使用母语与自己交流的外国人产生好感。主动的“入乡随俗”可以在交际的开始阶段便占据优势地位，因为交际的愿望和结果比文化之间的差异更为重要。

5.5 中西方礼貌语语用差异的原因

中西方礼貌语语用差异在文化交往中有显性表现，但影响这些语用差异的是属于较为隐秘和深层次的，以各自文化特点、思维模式和民族性格为内容的隐性因素。一个民族的文化不同于其他民族的文化最关键的地方是思维方式，因为一个民族的典型思维方式往往是一切精神文明产生的基础（周志培，2003），而人们的思维方式又和社会规范、价值取向、民族个性等因素密切联系。从人与自然的关系，人与人的关系角度来分析中西文化差异，可以帮助我们更好地理解跨文化交际中礼貌语用的差异和疑惑。综观中西传统文化思维方式的差异，具体体现在集体的思维定势和个体的思维定势及集体主义和个人主义的不同。

中华民族有机整体的思维定势是建立在中国传统的“天人合一”的宇宙观和哲学观基础之上的。早于先秦时期，我国的“天人合一”的宇宙观和人生观的形成，开始于孟子、老子与庄子，这是中国古代哲学的重要特征。到魏晋时期，与儒道不同缘起的“天人合一”观，因玄学达到高度融合，至宋明道学而达高峰。“天人合一”观不仅成为中国文化的终极指向，也为中华民族思想意识上追求整体、综合和知觉上重直觉留下了深远影响。此外，中国民族传统的思维模式中最重要的是人和世界的关系问题。人和世界的关系包括人与心理世界的关系问题、人与自身的关系问题、人与人的关系问题、人与自然界的关系问题。正因为如此，中国人自古以来追求的修身、养性、齐家、治国、平天下是中国传统文化最重要的价值取向。在这种思想和价值取向的指导下，汉民族培养起顾全大局的处世观，强调人际交往中的“以和为贵”和“贬己尊人”策略。

西方文化的个体思维定势基于天人相分的宇宙观，认为人与自然，物质与精神，人与神乃至世界万物都是二元对立的，强调事物只有在与个体的对立中才能存在。他们强调个体自由和个人奋斗，认为只有不断探索世界和未知才可以实现理想。由此，在西方人的人际交往中，主张个性突出、坦白率直、富有逻辑。

基于不同的宇宙观，中西文化在人与人的关系上也各持己见，那就是思维定势中的集体主义和个人主义取向。在群己关系上，中国文化的主流是集体原则或他人取向，注重集体和社会价值，强调个体对集体的从属和服从关系，认为集体利益高于个体之上。先秦儒家提出“成己”与“成人”的观点和“己欲立而立人，己欲达而达人”的思想，认为只有通过成全他人才能使个体价值得到实现。到宋朝时期，儒家的“成人”“成己”思想已经发展到“无我”和“先天下之忧而忧，后天下之乐而乐”的极致。所以中国人的交往风格中特别习惯讲礼貌，贬己尊人。而明显不同的是，西方思维重视个人主义。这不仅源自西方传统的广义原子论的思维定势，也传承于西方理性思维的特点。理性势必产生距离意识，只有隔开距离，才能对研究对象进行冷静的剖析。所以，西方人在交际时，特别重视个人隐私权。

从社会结构来看，中国社会重视血缘宗亲关系，它不仅是维系群体社会的基本关系，而且最终发展形成了宗法伦理秩序、政治等级秩序，所以社会主要以道德伦理观念维持的差序格局，强调长幼有别、尊卑有序。这些在其复杂庞大的称呼系统上表现得淋漓尽致。而西方民族对血缘、长幼的区别比较淡薄，社会秩序主要靠法治。因此，其礼貌称呼系统相对简单、笼统。

除了以上分析的中西方思维定势方面对礼貌语用差异造成的影响外，民族性格也是另一方面的重要原因。民族性格是指特定民族在其形成和发展过程中凝结起来的表现在民族文化特点上的心理状态，是一个民族的共同特征。如果把文化思维定势看成是民族间文化差异的基础因素，那么与之相对应的民族性格差异则直接影响人们的人际交流。从礼貌语用的角度分析，中西方民族性格差异主要体现在：①谦和谨慎与冒险竞争的差异；②含蓄内向和独立自信的差异；③仁慈宽厚和坦率真诚的差异。深受中庸之道儒家思想的汉民族坚持“凡事叩其两端又取其中，不偏不倚，无过无不及”，再加“天人合一”的思维模式和贬己尊人的群体价值，待人处世时恪守“和”原则，以和为贵，忍为上策，克己守道，求同存异，互相依赖。利玛窦在提及中国民族性格时说中国人追求美德，尤其是其礼貌给人留下了很深的印象。对于中国人来说，办事要体谅、尊重和恭敬别人。莱布尼茨评价中国时说到地球上还有这样一个民族，它比我们这个自以为在各方面都有教养的民族更具有道德修养。中华民族不仅谦和又非常小心谨慎，正所谓中国的古语有云“谦受益，满招损”。而主张天人相分的西方人则坚信只有在人与自然、人与人的抗争中、奋斗中才能体现个人价值；同时受到基督教和其他宗教文化的影响，西方人注重现世利益和勤奋劳作，这些也对他们的民族性格起到一定的影响。值得一提的是，中华民族的宽厚仁慈和西方人的真诚坦率也各有其特点。“天人合一”、儒家的“仁”、孟子的“老吾老以及人之老，幼吾幼以及人之幼”和墨子的“兼爱”是我们中华民族推崇的传统美德。而西方人主张个人主义和理性，他们认为满足个人需要和实现自我价值是首要的，在语言表达上趋于直截了当，从而形成了坦率真诚的民族性格。综上所述，中西方不同的文化思维定势和民族性格等因素造就了中西礼貌语的语用差异。

5.6　结　语

随着全球化进程的不断加快，不同文化间的人们进行交流的机会也越来越多。尤其是在信息技术日益发展的当下，中国与国外的交往日见增多。来自不同国家人们在进行跨文化交流的过程中，由于各自不同的社会文化传统、价值观念与行为规范，势必会在交际中遵循各自的交际原则，而这样做可能就会引起误解或导致交际的失败。在很多情况下，跨文化交际中常见的错误不是因为语言问题而是因为语用问题引起的，而其中不了解目标语文化的语用原则与策略是其中的重要因素。因此，我们需要把握好自己以及目标语文化的语用原则，对言语交际中使用的语用策略有较好的了解，这样才能更好地指导我们的交际行为。除了理论探讨，我们目前更需要做的是结合各种不同的言语行为，如请求、道歉、抱怨、拒绝、赞扬、告别等开展英汉对比语用研究，探讨在不同的文化中什么样的策略才被认为是得体的、合适的。通过收集大量的来自实际生活中的语料为理论研究提供依据，为真实交际提供指导。进行这些研究的最终目的除了构建自己的理论体系，更重要的是帮助人们掌握交际策略，指导跨文化交际的成功。

第6章 英汉道歉语及其回应的策略选择对比

由于价值取向、情感特质等元素的不同，文化上的显著差异造成了中英礼貌语在很多方面存在区别，道歉语是礼貌语中较为典型的代表。道歉行为是道德修养的基本表现，是文明礼仪的重要组成部分，道歉语也是社会交往中不可缺少的一类语言。细致地阐述、恰当地使用道歉语是我们保持和谐人际关系，树立个人礼貌形象的关键。道歉语属于一种情感性的言语行为，关于道歉语的研究已经逐渐引起了语言研究者关注。在汉语和英语中，表达道歉的方式多种多样，具体回应的策略选择依据不同的语境特征而定。

由于复杂多变的社交语境特征，形成了各类不同的道歉回应方式。有学者研究发现英美人趋于保全自身的面子，所以乐于为自身而发起争执。而中国人往往为了对方面子考虑所以选择直接道歉。本章以语言材料为基准，归纳了英汉关于道歉的相关用语特点，分析其具体的差异性并探索造成这些差异文化方面的原因。

6.1 文献回顾

6.1.1 道歉策略研究

通过文献回顾，笔者发现国内外一些学者在道歉策略方面做了众多研究。Fraser 在其道歉言语行为研究中列出了九种道歉策略，他将其进一步分为四种直接道歉策略和五种间接道歉策略。Cohen 则将道歉策略分为五类，分别是含有“道歉、原谅、对不起”等词语的道歉表达、对情境的解释、承认责任、提供补救，以及承诺克制。在 Cohen 对道歉策略分类的基础上，另一位语言学 Trosborg 提出了新的道歉策略方式，包括减轻冒犯程度、承认责任、解释原因、提供补救、承诺克制，以及表达关心等。通过对比分析以上两位学者的道歉策略，发现他们在分类策略上有很多相似的地方，但道歉策略的分类还不够全面。

目前，国内关于道歉策略的研究多集中于英语道歉行为，以汉语道歉行为为主题的研究并不多。李军对汉语道歉行为进行了分类和阐述，认为汉语道歉行为由必有手段和辅助手段组成。除此之外，国内有关道歉言语行为的研究主要集中在英汉道歉言语行为的对比研究以及第二语言语用能力的培养上。侯慧芳、李雪梅的研究从不同角度研究了汉语和英语道歉行为的差异，指出不同文化背景会带来不同的道歉行为和策略使用。两位学者采用语篇补全测试的调查方式对中国和美国共三组大学生进行了调查，结果发现中美大学生在道歉策略的选择上未出现明显差异。然而，该研究采用的调查方式过于保守，带有一定局限性。同时，他们主要引用国外学者的道歉语策略分类法，也没有对英汉道歉策略进行重新归类。在本章，笔者将采用一种创新的动态研究方法，即情景重塑，尝试对英汉两种语言的道歉策略和回应方式进行全新的分类和对比。

6.1.2　道歉回应策略研究

在研究道歉言语行为时，国内外学者都将注意力集中在冒犯者的道歉语言上，并没有具体研究被冒犯者对道歉的回应方式。国内在道歉回应方面的研究非常少。钱乐奕和杨晖专门针对汉语道歉言语行为的回应进行了定量统计和定性分析，运用语篇补全法收集了调查对象的汉语道歉回应语料。在他们进行统计分析后，将汉语道歉回应策略具体分为五种：直接道歉回应、告诫、安慰对方、自我开脱，以及有条件的谅解。另一名学者傅蓓在研究汉语道歉语的同时，还研究了对话者在话语中如何使用不同的道歉回应策略，尤其调查了话题转变中交际者的互动特点，发现在实现道歉言语行为过程中，被冒犯者与道歉者起到了同样重要的作用。在此基础上，傅蓓、蒋盛芳和赛非采用角色扮演的调查方法收集语料，研究了中西方对话者的道歉及回应策略，总结了新的道歉策略类型，并归纳和命名了道歉回应策略及其次级策略，即“抱怨”“要求解释”和“提出要求”。然而，该研究只是收集了中英对话者的英语对话作为语料，没有涉及英语和汉语本族语者用各自的母语进行的对话，并且对道歉及其回应策略的分类不够完全，也没有进行英汉对比。

基于以上研究的现状，笔者将同时考虑英汉两种语言使用者各自的道歉回应策略，通过情景重塑的调查方法收集语料，然后对其进行分类和统计，之后比较和分析其各自的特点和差异，希望对国内外道歉言语行为的相关研究做更进一步的贡献。

6.2　理论研究

6.2.1　面子理论

“面子”是指一个社会中的每个成员在公众中获得的个人形象。著名语言学家布朗和列文森把“面子”分为“积极面子”（positive face）和“消极面子”（negative face）两种，并提出了“面子保全论”（face－saving theory）。“积极面子”是指希望得到别人的赞同、喜爱的欲望，是个人的“正面形象”。“消极面子”是不希望别人强加于自己，自己的行为不受别人的干涉、阻碍，是个人的“负面形象”。根据面子理论，被冒犯者接受道歉者的道歉言语行为就威胁了说话人的消极面子；而道歉者自己对被冒犯者道歉则威胁了道歉者的积极面子。所以人们在交往过程中既要尊重对方的“积极面子”，同时也要尊重对方的“消极面子”，这样既给别人面子又给自己面子，以免令人尴尬或者破坏交际双方的关系。在社会交际中，“礼貌”是维护公共程序，保持交际双方面子或解除“积极面子”和“消极面子”威胁的必要条件，是维持良好的人际关系不可缺少的因素，也是为维护和谐社会关系应当所做出的一种努力。

6.2.2　礼貌原则

由于社会文化背景的差异，中西方对“礼貌”的定义有差别。著名语言学家利奇（1983）提出了礼貌原则（politeness principle），他认为礼貌包括两个方面：①使自身受损最大，使他人受损最小；②使自身受惠最小，使他人受惠最大。在此基础上，布朗和列文森提出了积极礼貌策略和消极礼貌策略。而我国著名学者顾曰国（1990）概括汉文化中的德、言、行的礼貌要求，在利奇的策略准则和慷慨准则基础上提出了属于中国的汉语的礼貌原则，其中策略准则包括：①尽量减少他人付出的代价；②尽量夸大得到的益处。慷慨准则包括：①尽量增大对他人的益处；②尽量缩小自己的代价。

布朗和列文森（1987）认为许多交际行为在本质上是威胁面子的，因此在实际的交际过程中要采取一些弥补措施来“挽救”面子，其中包括“积极礼貌策略”和“消极礼貌策略”。“积极礼貌策略”主要满足对话人的积极面子需求，使听话人的个人形象与说话人在言语行为中体现听话人的个人形象一致。积极礼貌策略与面子威胁言语行为没有直接的联系，如称赞语的使用。使用称赞语的目的在于帮助双方建立和保持一种友好和谐的气氛。“消极礼貌”是以回避为基础的策略，说话人通过承认并尊敬对方消极面子需要、不干预对方的行动自由来维护对方的消极面子，维护受话人的个人领域和个人决策的权利。布朗和列文森认为礼貌就是用补偿威胁面子行为，是双方选择各种策略维护对方面子的言语行为，因而礼貌和面子的关系是手段和目的的关系。

中西方文化差异造成了不同的会话原则和礼貌原则，在跨文化交流中容易造成交际中语用的失误。例如，西方人的礼貌原则是着眼于个人的人生价值，更多考虑的是交际双方的利益得失，多让他人受惠和多让自己受损，所以他们把礼貌行为当作交往策略。如果合作原则和礼貌原则发生冲突时，他们注重合作原则在语言表述上注重叙述真实情况。

中国人长期以来在传统儒家文化背景的影响下更多考虑的是道德问题而不是语言策略问题。为了维持交际双方友好和谐的人际关系并不随时关注个人的利益得失问题。换句话说西方人的礼貌准则追求的是真实，而中国人追求的却是“善”。西方人和中国人用英语或用汉语进行交际的时候就会产生差异。在一种语言中恰当的道歉方式在另一种语言中可能会被认为是不恰当的。

6.2.3 道歉语的定义

道歉语是人们日常生活中常使用的言语。学者们对道歉语的定义有很多。Goffman（1971）视道歉为一种弥补性的语言，旨在重建由于真实或者假想的冒犯的发生而威胁到人际关系甚至社会和谐。Olshitain 和 Choen（1986）也认为这种冒犯可能是真实的，也可能是潜在的。布朗和列文森对道歉的定义加进了礼貌的因素。他们认为道歉是一种交际活动，在这个道歉行动中，道歉者要表现出礼貌，所谓礼貌不仅是语言上的表达，更重要的是考虑被冒犯者的面子需求。Holmes（1986）阐述了道歉的社会功能：道歉是这样一种言语行为，当 A 冒犯了 B，道歉可以被用来维护 B 的面子，并且弥补 A 冒犯的后果，进而恢复 A 与 B 之间的和谐。

人们道歉不仅是以言述事或称言内行为，更是以言行事或称言外行为。作为表达类的言外行为道歉其实施的前提是命题内容的真实性，即冒犯已发生或被认为存在，此时，道歉者实施道歉行为主要是表达自己的态度和心理状态。Searl 把使用语言看作是一种受规则制约的社会行为，要有效地达到交际的目的，就必须满足它的适合条件。Austin 和 Searl（1962）都曾在其对言语行为的研究当中提到言语行为道歉，但都没有对它进行详细的分析。

而后，Thomas（1983）曾参照 Searl 对“言语行为许诺”的分析模式，对言语行为道歉的适合条件做出如下的分析：命题内容条件，即说话人为其过去的某种行为表示遗憾：

（1）准备条件（preparatory condition）：说话人相信冒犯的行为不符合听话人的最大利益；

（2）诚意条件（sincerity condition）：说话人对冒犯行为表示遗憾；

（3）根本条件（essential condition）：被认定为对冒犯行为的道歉。

但是，Thomas 指出这些适合条件有必要做调整与修正。Fasold 曾在其书中也提到道歉的完全适合条件：

（1）说话人对其正在道歉的行为负有责任；

（2）说话人对该行为表示遗憾；

（3）该行为对听话人造成伤害。

Fasold（1990）指出，交际中的冒犯者可以使用这三个条件中的任何一个来表达歉意，但是其中的（2）要比（1）和（3）更为妥当，人们总是避免使用第三个条件，因为这样会造成更大的伤害或是冒犯。事实上，人们面对道歉最通常的反映既不是接受也不是拒绝，而是转移。履行转移责任的常是被冒犯者，那么冒犯者就应当把第三个条件留给对方，以便使其能通过说一些诸如“没关系”“不要紧”之类的话来否认第三个条件的存在。至于第一个条件，虽然能用它来直接表达歉意，例如，“这都是我的错”“都怪我”之类的话，但交际者倾向于用它来间接地致歉。例如以下情景：你在书店撞到了一位女士，碰掉了她手里的书，如果你马上对她说：“噢，我碰掉了你的书。”她一定不会表现得那么生气，因为她已经体会到了你的歉意，尽管你并没有说“都是我的错”之类的话。Fasold 认为，人们在道歉时，更多的是用第二个条件“ I’m sorry. ”表示遗憾，之所以会如此，是因为这样可以避免提到责任或是冒犯本身，而仅牵扯到说话人，并且它所传达的想法、感受是模糊的。“I apologize. ”是直接的道歉，它包含了上述道歉的三个适合条件。而“I’m sorry. ”并不是直接道歉，当冒犯存在时，它暗示了道歉，当冒犯不存在时，它表达的只是遗憾而已。尽管如此，人们在理解“I’m sorry. ”的意义时并没有经过这么复杂的思考过程，因为它已约定俗成地成为被人们接受的语言行为。

6.2.4 道歉语的常见表达方式

不管是汉语，还是英语，道歉的表达方式丰富多样，具体用语的选择依据所处的具体语境特征而定。尽管依照情境的差异，时常运用不同的道歉语言及行为，但常常是语言使用场合越正式，冒犯的行为越严重，道歉的用语也就越正式，需要的诚意也越大。因为，无论是在中国人，还是西方人眼里，道歉都是一种美德的体现。

表 6－1 是英语和汉语常见的道歉用语。

表 6－1 英语和汉语常见的道歉用语

使用场合	英语道歉语	汉语道歉语
非正式场合	Pardon me. It is my fault.	我错了

续表

使用场合	英语道歉语	汉语道歉语
中性场合	Excuse me. I am sorry.	对不起
正式场合	I apologize for my mistake.	对此我深表歉意

通常看来，中西方两种不同的文化背景下，人们在道歉的时候都常常使用“对不起”（I am sorry. /Excuse me.），“I am sorry.”指的是单纯性道歉，而“Excuse me.”则表达的是为了引起对方注意或者做了有可能打扰他人的事。值得一提的是，英汉道歉语有相一致的地方。另外，英语中除了“I am sorry”“excuse me”，还有诸如“I apologize.”“Forgive me.”“I regret.”等道歉语。同样地，汉语中除了“对不起”，还有“我向你道歉”“不好意思”等道歉的表达形式。

在中西方文化中，对于冒犯程度较轻的行为，人们的道歉用语都相对简单。汉语当中，“不好意思”等是使用频率较高的道歉用语；英语当中，“Pardon me.”等也是习惯用语。需要注意的是，这些表达方式一般只用于非正式场合。“对不起”或是“I’m sorry.”是英汉语言当中最常见的道歉用语，它们常见于一般场合，是在冒犯行为不太严重的状态下使用的。

汉语的“对不起”和英语的“sorry”之间，看起来具有较大的一致性，不过仔细推敲，还是可以看到它们的区别。依据《辞海》对“对不起”的解释，“对不起”指的是对人有愧，常用作表示歉意的套语。“对不起”有时也用作带威胁口吻的话，表示将采取对对方不利的行动。因为中西方文化差异，其造成的人们价值观念、个性特质等因素的差别，所以“对不起”与“sorry”所用的场合并不相同。

中国自古被称为东方礼仪之邦，损害了别人的利益或感情就应当道歉，这是受中国的道德舆论所限制的。在西方文化中，倡导的是绅士品格，因此“sorry”等是西方人司空见惯的口头语。尽管文化上存在较大差异，但是一旦人们的行为具有冒犯性，不论是中国还是西方国家的人，都需要进行道歉。道歉态度必须郑重诚恳，冒犯程度较重时语气必须强烈。例如，使用“我深表歉意”“I apologize for...”的形式表达更加复杂和高级的道歉，体现冒犯者诚恳的道歉态度。

6.3 定量研究

6.3.1 研究问题

鉴于中西方道歉语存在的差异，笔者采用了定量研究的方法，力求在现代社会发展的背景下，窥探中英道歉语使用策略及其回应的真实情况。本章旨在解决以下几个问题：

（1）英汉语言交际者使用各自的母语进行道歉时使用哪些语用策略？有何差异？

（2）英汉语言交际者使用各自的母语对道歉语进行回应时使用哪些语用策略？有何差异？

（3）以上这些差异的原因何在？

6.3.2 研究方法

共有两组调查对象参与了本研究。第一组受试为来自英国伦敦大学的50名大学生和研究生。他们均是土生土长的英国人，被定为英语本族语者组。第二组受试为来自河南省河南财经政法大学的50名大一学生，他们的英语水平较低，因此被定为汉语本族语者组。

语用学定量研究中，话语填充测试（Discourse Completion Test，DCT）是使用最为广泛的定量研究工具之一。尽管该方法容易操作，也能够在短时间内收集大量数据，但并不能显示不同语境以及研究受试的思维过程对交际的影响。相反，其他研究工具，如真实语篇和情景重塑，却能够充分显示语境因素下受试者在交际过程中的道歉语使用特征。其中，情景重塑是许多研究者的选择，因为它包含了众多不同对话情境并能收集到更多语料。另外，本研究的内容不仅仅局限于调查研究受试的道歉话语使用情况，还将调查研究他们的道歉回应话语。因此，传统的DCT研究方法不能满足本研究的要求，而情景重塑却能够收集到含有多个话题的语料。由于以上几个方面原因，本研究将采用情景重塑的研究方法来收集数据。

情景重塑的方法，具体说来，首先设定 10 个含有道歉及回应行为的对话情景（详见本章附录），然后分别制作成中文和英文卡片，以便研究受试进行情景重塑。对于英国大学生受试，以问卷的形式将英文对话情景发给 50 名英国学生受试，请他们按要求每人编写一组对话。对于中国大学生受试，利用课堂时间让他们在规定时间内完成任务。在河南财经政法大学随机选取了 50 名学生，给他们发放汉语对话情景卡片，请他们根据要求与伙伴在不同情景下用汉语进行口头对话，并进行录音，任务完成时间控制在 10 分钟。通过以上方法共收集到 1000 组对话，其中每组受试收集到 500 组对话。

6.4　研究结果分析

6.4.1　英汉道歉策略的选择差异

道歉是社会交往中不可缺少的一个环节。在日常工作、生活中，因为我们的有意或无意的冒犯，会给他人造成打扰，甚至伤害，为了维持和谐的人际关系，补偿别人的利益，我们必须表示真诚的歉意。

如表 6 –2 所示，根据我国学者贾玉新的研究理论，可以把道歉策略归纳为以下几类：

表 6 –2　道歉策略分类

道歉策略分类	汉语	英语
策略 1	拒绝道歉策略	strategy of rejecting
策略 2	减轻冒犯程度策略	strategy of minimizing
策略 3	承认责任策略	strategy of acknowledging
策略 4	解释原因策略	strategy of explaining
策略 5	直接道歉策略	strategy of apologizing
策略 6	弥补策略	strategy of offering repair

续表

道歉策略分类	汉语	英语
策略7	保证策略	strategy of promising forbearance
策略8	表示关心策略	strategy of showing concern

但在本次研究中笔者发现实际收集到的语料存在新的变化，因此将实际得到的道歉语料在此基础上进行了重新归类。基于前人对道歉策略的分类和本次调查的语料分析，将本研究中的道歉策略分为三大类：直接道歉策略、规约性间接道歉策略以及非规约性间接道歉策略。其中每一类道歉策略又包含各自的从属策略（如表6－3所示）。

表6－3　中英道歉语策略分类

道歉策略	道歉策略再分类	英语	汉语
直接道歉策略	一般直接道歉策略	"Sorry!" "I apologize!"	"对不起!" "我道歉!"
	加强语气直接道歉策略	"I'm so sorry!" "Oh my God, I 'm sorry!" "I'm sorry! I' m sorry!"	"非常对不起!" "天哪! 对不起!" "对不起! 对不起!"
规约性间接道歉策略	承认错误策略	"It's my fault."	"这是我的责任!"
	表示无辜策略	"I didn't mean to do that."	"我不是故意的。"
	责怪自己策略	"I was so foolish!"	"我怎么那么愚蠢呢?"
	后悔策略	"I would have come earlier."	"我真该早点到。"
	请求原谅策略	"Please forgive me!"	"请您原谅!"

续表

道歉策略	道歉策略再分类	英语	汉语
非规约性间接道歉策略	解释原因策略	“I’m late because of the traffic jam.”	“因为交通拥堵，我迟到了。”
	描述冒犯策略	“I can’t find your book.”	“我找不到你的书了。”
	博得对方同情	“You know, I need the job to support my family.”	“你知道，我实在需要这份工作来维持生活。”
	提供补救或补偿策略	“I will buy another new book for you.”	“我会买本新书给你的。”
	承诺克制	“I promise I will not make the same mistake next time.”	“我保证，下次不会再犯这个错误了。”
	关心策略	“Don’t worry. Your computer will be repaired very soon.”	“别担心，你的电脑很快就修好了。”
	赞美策略	“You are so considerate.”	“你真善解人意!”
	表示感谢策略	“Thank you for your forgiving!”	“谢谢您的宽容!”
	赞同策略	“You are right.”	“你说得对。”
	恳求策略	“Please don’t fire me!”	“请不要解雇我!”
	询问策略	“Are you angry?”	“你生气了吗?”
	理解策略	“I know that’s your favorite book.”	“我知道这是你最喜欢的书。”
	安慰策略	“Don’t worry. I will solve the problem.”	“别担心，我能解决这个问题。”

直接道歉策略是指直接使用道歉词语（如“道歉”“对不起”“sorry”“apologize”等）表达歉意的策略，直接使用了道歉动词或句式。直接道歉策略包括一般直接道歉表达和加强语气的直接道歉表达，后者是前者的强化型。间接道歉策略是指那些不含道歉词语的表达，通常与直接道歉策略一起使用，

被看作直接道歉的辅助手段。其中，规约性间接道歉策略与道歉发生的语境联系紧密，能直接表达实施道歉言语行为的目的，因此被称为规约性的间接道歉策略。非规约性间接道歉策略则不同，与语境的联系较弱，不直接表达实施道歉行为的目的。

统计显示，无论是中国的调查对象还是英国的调查对象，他们在三大类道歉策略中的分布比例非常接近，即非规约性间接道歉策略使用频率最高，其次为直接道歉策略，最后为规约性间接道歉策略。依照已有的数据显示，中国人与英国人采取道歉方略具有一定的相似性，当然也有极大的区别。

表 6 –4 英汉道歉策略分布情况

受试者	策略分组					
	直接道歉策略		规约性间接道歉策略		非规约性间接道歉策略	
	数量	百分比（%）	数量	百分比（%）	数量	百分比（%）
汉语受试	101	20.2	64	12.8	335	67
英语受试	150	30	40	8	310	62

表 6 –4 是三组受试各类道歉策略的分布情况，从中可以看出，英国人进行道歉时，直接道歉策略占了较高的比例（30%），规约性间接道歉策略的比例则较低（8%）；中国人进行道歉时，直接道歉策略与规约性间接道歉策略间的比例差距比起英国人差异不大。原因在于，西方人的思维方式比较直接、开放，而中国人则较为复杂、含蓄。根据面子理论，向对方道歉损害的是自己的积极面子，而中国人一向比较“爱面子”，所以当交际一方冒犯了另一方时，西方人喜欢直截了当地对对方说一声“Sorry”，而中国人则喜欢用一些含蓄的话语来表达自己的道歉之情，尽可能地保留自己的面子。

6.4.2 英汉道歉回应策略分类

基于本次调查的语料分析，将本研究中的道歉回应策略分为四大类：直接接受对方道歉策略、间接接受对方道歉策略、直接拒绝对方道歉策略，以及间接拒绝对方道歉策略。其中，每一类道歉回应策略又包含若干从属策略（见表 6 –5）。根据回应态度的不同，对道歉的回应策略可以大致分为两类：

①积极策略，即接受道歉策略；②消极策略，即拒绝道歉策略。根据道歉回应语的态度，前者又可分为直接接受道歉和间接接受道歉两类，后者也可分为直接拒绝道歉和间接拒绝道歉两类。直接接受对方的道歉有一般表达和加强语气表达两种形式；间接接受道歉的从属策略种类很多，都间接表达了被冒犯者接受冒犯者道歉行为的意愿。与此类似，直接拒绝对方的道歉也有一般表达拒绝和加强语气表达拒绝两类，间接拒绝对方道歉的所有从属策略都间接表达了被冒犯者拒绝冒犯者道歉行为的态度。

6－5　道歉回应语的策略分类

道歉回应语的策略分类	从属策略分类	英语实例	汉语实例
Ⅰ. 直接接受道歉策略	a. 一般直接接受道歉策略 b. 加强语气直接接受道歉策略	a. It does no matter. /It's ok. b. It really does not matter.	a. 没关系/不碍事。 b. 真的没关系。
Ⅱ. 间接接受道歉策略	c. 表示理解策略 d. 提出解决办法策略 e. 相信对方保证策略 f. 减轻冒犯程度策略 g. 责怪自己策略 h. 感谢策略 i. 转移策略 j. 关心策略	c. I understand. d. Could you search it? e. I believe you. f. It is just one book. g. I would have reminded you. h. Thank you. i. Let's forget it. j. Are you ok?	c. 我理解。 d. 你能再找找吗？ e. 我相信你。 f. 只是一本书而已。 g. 我该提醒你的。 h. 谢谢。 i. 别放心上了。 j. 你还好吗？
Ⅲ. 直接拒绝道歉策略	k. 一般直接拒绝策略 l. 加强语气直接拒绝策略	k. I can't accept your apology. l. I will never accept your apology.	k. 我不能接受你的道歉。 l. 我绝不原谅你。

续表

道歉回应语的策略分类	从属策略分类	英语实例	汉语实例
Ⅳ. 间接拒绝道歉策略	m. 责备策略 n. 拒绝弥补策略 o. 惩罚策略 p. 重述冒犯事件策略 q. 询问策略	m. It is your fault. n. It's useless. o. You will be fired. p. You lost my book. q. What are you doing?	m. 都是你的错。 n. 没有用了。 o. 你被炒了。 p. 你把我的书弄丢了。 q. 你在干什么?

6.4.3 中英道歉回应策略分布差异

根据笔者对道歉回应语的策略分类和数据统计，结果显示中英对道歉行为的回应策略选择上有众多差异。英语语言使用者在回应道歉时，大多数人（65%）的策略属于积极回应策略，即接受对方的道歉，少数人（35%）的策略属于消极回应策略，即拒绝对方的道歉。对于汉语本族语者来说，58.9%的策略属于积极回应策略，41.1%的策略属于消极回应策略。

6.5 英汉道歉语及其回应存在差异的原因

6.5.1 中西方对道歉行为的观念不同

首先，中西方文化在对道歉行为的认识上有本质上的差别。霍姆斯对道歉进行阐释：假设A为致歉者，B为被冒犯者，道歉是A为了弥补自己的冒犯行为，向B致歉，以挽回B的面子，从而恢复A与B的平衡言语行为。霍姆斯做出的解释基本上是围绕着“道歉”的动机，也就是为了挽回被冒犯者的面子，从而维持正常的人际关系。相对于英语道歉的目的性，中国文化中道歉更加偏向情感性，更加注重的是冒犯者本身的心理因素，出于心理上的负疚感而道歉。而英语国家的人民将礼仪视为行为手段，侧重于语言表达的形式，不侧重心理感受。中国人对于道歉的认识反映了中国传统文化的礼仪性，重视道德与人情，道歉必须发自内心而表现于语言行为中。虽然中英在对“道歉”认识上略有差异，但道歉语在各自社会中都属于必要的语言行为，是带有弥补意义的礼貌语表现，目的都在于维系和谐的交际关系。

6.5.2　不同的语境文化

通过对道歉语的跨文化研究，笔者发现，语境是不同语言交际中影响人们策略选择的关键因素。有学者指出，中国属于高语境文化（high - context culture），中国人在人际交流中更注重社会地位、礼貌语和其他的心理语境和外界语境信息；而英语国家属于低语境文化（low - context culture），他们经常忽略外界语境信息，在交际中更多依赖的是语言本身，即人们注重语言传递。由于这种不同的语境特征，形成了差别巨大的价值态度。在高语境文化中，人们为了维持人际关系的稳定，将交流内容蕴藏在语境中，话语常具有模糊性的，只要不影响人际关系的维持，冒犯者就不需要进行正式的道歉。而在低语境文化中，因为交流内容是相对明确的，一旦冒犯了对方，无论事件大小，冒犯程度严重与否，冒犯者都必须明确地使用道歉语。

6.5.3　道歉语使用频率上的差异

前期研究发现，在道歉语的使用频率上，英汉也有显著的差别。以英国为例，英国人的道歉语使用频率大大超过了中国人。就英国人而言，道歉是日常必需的一个关键部分。哪怕冒犯程度很小，英国人也要使用道歉语，不分时间、不分场合、不分对象。道歉的这种频繁性源于英国的文化特点。英国文化推崇个人主义，强调个人的自身利益。他们认为人际交往中需要关注他人的自由和利益，一些很平常的行为也有可能冒犯到其他人，如抽烟、开窗、问路等日常行为都会冒犯其他人，英国人都会使用道歉语来表示抱歉。与英国人不同，中国社会背景下道歉行为是很严肃的行为，道歉语的选择与冒犯他人的程度大小密切相关。

所以，汉英道歉语的使用频率是有区别的。英国人相当尊重他人的意见，哪怕是无关紧要的冲突，他们也会将其放大，把它看成民主精神的正面体现。对他们而言，分歧并不可怕，他们还会以分歧为乐，不像中国人侧重和谐，反对冲突的发生。英国人借助道歉语来缓解分歧，所以道歉语使用频率高于中国人。在实际交往中，通常中国人觉得微不足道的小事，而英国人会将其看成隐私，如年龄、收入、所购买物品的价格等。

6.5.4 社交距离对英汉道歉语的影响

社交距离指的是社会交往中交际双方的人际关系距离，具体到道歉行为中冒犯者和被冒犯者的人际关系、距离远近及亲密程度，包括陌生人、认识的人、熟悉的人、亲密的人等不同的等级。社会距离对英汉道歉语的影响非常显著。

对于陌生人，中国人往往采取相对简单的道歉形式，一般是直接道歉策略，如“对不起”；对于关系亲密的人，常常选择非正式的道歉用语，如“我错了，原谅我吧”，对于熟悉程度一般的人，会趋于选择内容较正式、形式较复杂的道歉手段，如“我不应该……”“我向你道歉”。比较起来，英国人对于认识的人道歉不那么郑重，对熟悉的人不那么随便。中国人在亲密的家人之间很少使用道歉语，尤其冒犯行为体现在长辈对晚辈时。但同样的语境中，大部分的英国家长常常会使用道歉语，同时选择弥补的策略来兑现自己的承诺。

从社会结构的角度来看，中国的社会结构是以典型血缘宗亲为基础的。社会关系的本质是差序格局。每个人在社会中都有固定的位置和角色，他所要做的是扮演好自己的社会角色，守好本分。这样，社会的和谐就有了保障。这样的社会关系不仅影响人们的社会活动，还左右着人们诸如道歉之类的言语行为。对中国人来讲，道歉的社会功能是维持和谐的人际关系，也就是维持好这种等级格局。在以英国为代表的西方文化中，社会结构是平等取向的，这就决定了道歉的社会功能是维持平等秩序的弥补手段。由于个人主义，不论是上级还是下级，只要冒犯了别人，就等于侵犯了别人的利益，就必须道歉，而且态度必须是诚恳的。

6.5.5 英汉道歉语的语用功能差异

汉语中的道歉语有时不仅仅表达对自己冒犯行为的歉意，有时还带有其他的语用功能。例如，“谢谢你帮我修电脑，浪费你这么多的时间，真抱歉。”这句话形式上是道歉，实际上中国人多用来表示感谢，可以说是一种带有歉意的感谢，其言外之意是“谢谢你为我花时间帮我修电脑”。在跨文化交际中而许多中国人在与英国人用英语交流时，还是按照中国式的“道歉”表达谢意可能会产生误解，前文例句翻译成英语为“Thank you for repairing my computer. I'm sorry for wasting so much of your time.”。英国人听后不认为说话人是在感谢他，而是向他表示道歉。按英国人的习惯，此时应说“I really appreciate your time.”。此外中国人在一些该道歉的情况没有道歉，如一名中国学生给笔者写的请假条如下：

Dear Miss Dai,

I've got a very bad cold and so I have to ask you for a leave. Thank you very much.

Yours sincerely,

×××

按英语表达习惯，请假条的书写应当表示歉意在前，还应当解释情景理由，例如，“I'm sorry that I can't attend your class because...”，另外该学生还犯了一个错误：在该道歉的场合用了表示感谢的语言，让请假条看起来像感谢信。道歉用语在英语中非常频繁，而在汉语中“道歉”的概念比较狭隘。在一些场合，按西方人的习惯要表示歉意，而按中国人的习惯则不必道歉。例如下面情景：

在路上，A向B问路：

A：Excuse me. Do you know the way to the cinema?

B：It's OK. The cinema is very far. You can take bus to go there.

在上面的情景中，英语表达习惯必须用“Excuse me”，表示问路时打扰到别人，需要使用道歉语。但在汉语中，常常使用礼貌问候语来引起别人注意，如“您好！请问去电影院怎么走?”

另外，英语“Excuse me”与“sorry”在语用上也有不同分工。如不小心撞到了别人，只能用“I'm sorry”，不能用“Excuse me”。在不得不打断别人谈话，吸引别人注意时则用“Excuse me”。而在汉语中，中文“对不起”能适用于英语中用“Excuse me”和“I'm sorry”的所有场合。

当然英汉道歉语在语用功能上除了上述一些各自的差异外还存在着共性，两种文化中的道歉都具有以下特征：①冒犯者对自己的冒犯行为表示后悔；②冒犯者对冒犯行为负有责任。

6.6 结语及研究建议

通过对中国和英国两组受试道歉言语行为及其回应的调查，可以发现：

（1）道歉策略的选择在一定程度上具有跨文化的共同性，也就是说在相同的情境中，在相同的社会因素和语境特征下，并且行为的冒犯程度也相同的条件下，说不同语言的人们实施道歉的方式大致相同。英国人和中国人在用各自的母语进行道歉时，都会使用三种基本的道歉策略：直接道歉策略、规约性间接道歉策略，以及非规约性间接道歉策略，每类策略又都包含不同的从属策略。

（2）英国和中国人在对道歉语回应时，会使用直接和间接接受策略，以及直接和间接拒绝策略，每类策略又包含从属策略。

（3）对于道歉语策略的选择上，英国人常使用直接道歉策略，而中国人则显得比较含蓄，然而在回应道歉时，英语本族语者趋向于使用间接的回应策略；而中国人则显得更为直接，常使用直接接受或直接拒绝的回应策略。

（4）中西方不同文化背景中人们在回应道歉时，大多数人的态度是积极的；大学生由于英语教育的原因，受到西方国家语言和文化的影响，呈现出一定的英语策略选择倾向。

（5）中西方道歉策略和道歉回应策略的选择受语境因素，包括社会关系、社交距离和行为的冒犯程度等因素的影响。

道歉行为是道德修养的基本表现，在东西方文化中，它都是文明礼仪的重要组成部分。社会交往中，交际一方一旦冒犯了别人，应当及时进行道歉，弥补对方所受侵害，尊重他人权益。经过对英汉道歉语的调查分析，笔者发现了这一语言现象的背后反映了中西方不同的文化价值观。文化与语言相融一体，文化影响着语言，语言反映了文化，两者密不可分。

在当今经济全球化的时代，跨文化交际越来越频繁。我们在进行跨文化交际时，必须认识到语言行为发生的文化背景，以确保语言的可接受性。因此我们必须掌握不同语言情境下的道歉用语，明确文化的差异性，从而推进不同地域文化之间的紧密交流。总之，社会语用能力是语言学习者所需要掌握的最重要的策略之一。完全具备这种能力在非母语的环境中是不切实际的，但至少要了解和尊重对方文化，提高跨文化交际的意识。在人际交往中，尽可能多地实践，这样才能真正掌握第二语言，实现成功的跨文化交际。

当然，本研究还存在一些不足之处。例如，设计对话情景还不够全面，由于时间和场地的限制，语料不够充足，没有考虑性别因素对道歉语及其回应的影响等，希望后续研究能在这些方面进一步探索。

附录1

情景对话（汉语）

情景一：甲（大学教授）和乙（即将毕业的学生）约好在甲的办公室见面，讨论乙的毕业论文事宜。乙准时来到甲的办公室门口，可是门关着，里面没人。乙在门口等了半小时后甲才赶来。甲和乙碰面之后，对话开始。

情景二：甲（大学教授）在课堂上布置一篇作文，要求学生在一周内上交。乙（甲的学生）没有完成作业。作业上交时间截止后，乙到办公室找到甲，对话开始。

情景三：甲和乙是好朋友，关系很好。甲和乙约好周末一起看电影，乙临时有事没有和甲一起去。两人再次见面后，对话开始。

情景四：甲和乙是好朋友，关系很好。毕业在即，甲因为要写论文，向乙借手提电脑用，不料在图书馆将手提电脑弄丢了。甲见到乙后，对话开始。

情景五：甲（乙的父亲）答应在乙（甲的儿子）过生日时，陪乙去游乐场玩。但因为工作原因，甲没有实现自己的承诺。甲加班回到家后，对话开始。

情景六：乙（甲的女儿）答应甲（乙的母亲）周末一起在家打扫卫生。周末到了，乙和同学一起去郊游，甲独自一人打扫。乙回来后，对话开始。

情景七：甲（乙的丈夫）和乙（甲的妻子）一起去旅行，乙给甲买了一套衣服。旅行结束，甲把衣服丢在酒店了。两人回到家，甲发现衣服不见了，对话开始。

情景八：甲（乙的丈夫）和乙（甲的妻子）约好晚上在某餐厅共进晚

餐。乙准时来到餐厅，可是甲迟到了半个小时。当甲和乙碰面后，对话开始。

情景九：甲和乙互不相识。有一天，甲乙同在自由教室自习，两人前后桌。甲正在看书，乙在路过甲的课桌时不小心把甲桌上的水杯打翻，把甲的书弄湿了。此时，对话开始。

情景十：甲和乙是同一所学校的学生，互不相识。有一次甲乙都到图书馆借书，借书的学生很多，排队时，甲不小心踩到了乙的脚。此时，对话开始。

附录2

情景对话（英语）

Situation 1：A （a professor of a university） and B （a student of the university） had made appointment to discuss B's thesis in A's office. B arrived on time. But A was late for half an hour. When they meet each other, the conversation begins.

Situation 2：A （a professor of a university） had gave students assignment to write an essay. A asked students to hand in their writing in one week. B didn't hand in his/her writing. After one week, B meet A in his office, the conversation starts.

Situation 3：A and B are good friends with close relationship. They had made appointment to go to watch a movie together. B didn't come with A. When they meet again, the conversation begins.

Situation 4：A and B are good friends with close relationship. A is going to graduate. So A borrowed a computer from B to write his/her thesis. Unfortunately, A losted B's computer in the library. When they meet each other, the conversation begins.

Situation 5：A （B's father） promised B （A's son） to visit amusement park to celebrate A's birthday. A didn't keep his promise because of his work. When A came home from his work, the conversation starts.

Situation 6：B （A's daughter） promised to clean the house with A （B's mother） . B went to have an outing with her classmates. When B returned home, the conversation begins.

Situation 7：A （B's husband） and B （A's wife） went to travel. B bought a suit for A. A lost it at the hotel. When they returned home, the conversation begins.

Situation 8：A （B's husband） and B （A's wife） made an appointment to have dinner together. B arrived on time. A was late for half an hour. When they meet again, the conversation begins.

Situation 9：A and B are strangers to each other. One day, A and B studied in one classroom. When B was passing A's desk, he or she knocked over B's cup. The water in the glass was poured onto B's book. At that time, the conversation begins.

Situation 10：A and B are students in one school. They are strangers to each other. One day, they went to the library to borrow books. Many students were standing in queue to borrow. A stepped on B's foot. At that time, the conversation begins.

第7章 英汉称呼语的对比研究

称呼语是自从人类社会建立以来，人们在生产、生活的发展过程中逐步形成的，标志着人们身份、地位、社会关系和人与人之间关系的名词。称呼语是言语交际中用得最广泛、最频繁的词语，具有鲜明的社会性。中国历史悠久，素有礼仪之邦的美称，但由于漫长的封建阶级的统治，儒家思想在人们头脑中根深蒂固。而英国的封建时期比较短暂，受到宗教信仰、民主自由制的影响很深。不同的社会制度和文化形成了各自不同的称呼语的表达方式。作为言语交际的先导语，称呼语不仅局限于词语上的含义，而且蕴含着丰富的社会和文化内涵。称呼语的使用，反映出交际双方的角色身份、社会地位、亲疏关系和情感好恶等。人们在言语交往中潜意识地根据这些因素选择不同的称呼。有时，仅仅通过称呼语就可以清楚地表达众多的意义。

7.1 称呼语及其研究背景

7.1.1 称呼语的定义

《现代汉语词典》对“称谓”的解释是：人们由于亲属和其他方面的相互关系，以及身份、职业等而得来的名称。对“称呼”的解释是：当面招呼用的表示彼此关系的名称。从词典的解释来看，称谓重点在“谓”，以称道彼此的关系；而称呼重点在“呼”，用于“当面招呼”。根据曹炜的研究，称谓语和称呼语两个概念并不等同。所谓称谓语，简单地说，就是人们用来表示彼此间的各种社会关系以及所扮演的社会角色等所使用的名称；所谓称呼语，指的是人们彼此间当面招呼所使用的名称。前者着眼于人们相互之间的各种社会关系以及人们所扮演的社会角色等，而后者着眼的是人们当面招呼的言语手段。两者存在一种交叉关系：既有相似之处，也有很大的不同。

言语交际中，称呼语属于用途最广、最频繁的词语，而且常是语言交际时传递给对方的首要信息。在人际交往中，选择正确、适当的称呼，反映着自身的教养、对对方尊敬的程度，甚至还体现着双方关系发展所达到的程度和社会风尚，因此对它不能随便乱用。称呼语对人际关系有着敏锐的反应，它不仅提醒对方语言交际活动的开始，更重要的是能设定称呼者与交际对方的关系，便于开展语言交际。称呼语不仅是词语，而且是语言交际时的语用单位。通过使用称呼语，交际双方可以相互提供关系信息，传递与说话情景相关的、有关说话人与听话人之间社会关系等方面的信息，这是它的语用信息功能。此外，通过使用称呼语，交际双方可以建立和保持联系，因此具有社会指示功能。称呼语还能反映出社会的变化对文化的影响，反映出具体社会背景下人们的文化特性，包括知识、信仰、价值观念和语言习惯等。

中国人的称呼，实质上就是一部中国文化的发展史，其中蕴含着中华民族悠久的文化历史的沉淀与变迁。中国人的称呼是宗法、习俗、等级、地位、声望等的反映，尊长、后辈、上级、下属各有各的一套称呼，谁也不能逾越。从称呼中我们可以看到国人对宗法礼制、尊卑长幼等礼法习俗的重视，对官职、科举的表示方式。古往今来，中国人的称呼既反映出了人们对于成功的观念，又透射着一种谦恭精神，这种人生精神，必定要在人们的称呼语中体现出来。

国外有些学者认为，在不同的社交活动中，人们会选择使用不同的称呼语，这一选择过程一定程度上依赖于社会交际者的社交能力和语言运用能力。布朗和吉尔曼（1960）提出称呼语假设说，认为称呼语的选择倾向首先反映出交际双方在交际中的角色、身份、社会地位和亲疏程度。布朗和吉尔曼（1960）指出，称呼语的使用受两种因素的制约，一种因素是“权势关系”（power），另一种因素是“同等关系”（solidarity）。“权势关系”显示的社会地位，只要交际一方在年龄、辈分、资格、财富、地位、力量等方面优于另一方，就相对于交际的另一方具有“权势”；“同等关系”显示出的是社会距离，它是指交际双方在某些方面，如经历、年龄、性别、职业、兴趣、宗教信仰、种族等方面具有共同性。Austin（1962）的言语行为理论认为，称呼语的选择常常反映出说话者与受话者的思想感情，如亲昵、喜爱、威胁、警告、讽刺、蔑视等含义，这些都是称呼语的额外功能（illocutionary force）。

7.1.2　英汉称呼语的语用功能

称呼语是社会在长期使用语言的过程中形成的，同该语言的社会文化息息相关。从语用的观点看，不同的称呼语预示着不同的交际目的，表达不同的会话含义。要正确地理解和使用称呼语，就必须了解其语用功能及隐藏在其背后的民族文化特征，否则就会出现语用失误，导致交际失败。具体来说，称呼语的语用功能主要概括为以下几方面：

（1）引起注意或打招呼的功能。在日常交往中，称呼语常常带有招呼功能，能吸引听话者的注意，或者达到寒暄的目的。例如：

小姐，你的书忘掉了。

张校长，晚上好。

赵师傅，下班啦！

英语中的“Hi，How do you do?”，“ Sir，what's your problem?”类似于汉语中的打招呼和寒暄功能，其交际意义在于调节人际关系，或者为进一步的交际做准备。

（2）情感表达功能。有时称呼语可以被说话者用来表达对听话者的态度或情感。例如以下情景：一位职员和领导商量调班的事情。

员工：老李，还是让我调休两天吧。

部门经理：小李，不行啊，现在人手不够。

员工：经理，我家里确实有事啊！

部门经理：可你也得先工作。

在上面的情况中，员工为了达到请假的目的，一开始用“老李”称呼对方，意在拉近相互的距离，后来被拒绝要求后，又称呼对方“经理”，这里称呼语有意地改变，是想表示对上级的尊重。经理从称呼员工“小李”到零称呼，是因为一开始想得到对方的谅解，后来想表示自己坚定的意见，用了零称呼，使双方关系疏远，意为这件事没得商量。

（3）体现交际者的身份，表明交际双方的关系。例如在双方关系很近时，我们汉语中可以直呼其名，在不熟悉的人之间则不能如此。在英语中，情况也是如此，双方关系很近时，可以直接称呼名字，或者“Dear...”；关系疏远时，则用“Mr.”或“Mrs.”加姓氏。

（4）反映交际场合的特点。例如在正式的场合，对交际对方使用职业称呼，以表明对对方职业的尊重。即使熟悉的人之间，在交际场合非常正式时，也需要区别于私下的称呼，使用恰当的称呼语。

7.1.3 关于称呼语的研究

在关于称呼语与文化的关系上，学者们也进行了详尽的研究和论述。Sapir（1921）的研究指出，语言和文化相互依存，存在密不可分的关系。人们的言语表现形式总是受到各种社会文化因素的制约，语言系统内部的所有要素都与社会文化因素发生千丝万缕的联系。刑福义（1990）也认为，“语言是文化的符号，文化是语言的管轨。好比镜子或影集，不同民族的语言反映和记录了不同民族特点的文化风貌；就如管道或轨道，不同民族的特定文化，对不同民族的语言的发展，在某种程度、某个方面、某一层次上起着重要作用”。这些研究都达成了共识，即语言是文化的载体，文化通过语言得以表现。语言又是文化的一部分，语言背后反映着深刻的文化内涵。

归纳前期的研究成果，目前对称呼语的研究可以分为两类，第一类是称呼语的分类研究（布朗和福特，1960；布朗和吉尔曼，1961；陈夏芳，1997；杨德峰，1999 等）；第二类是对称呼语的跨文化比较研究（如陈夏芳，1997；包惠南，2001；曹琳琳，2001；韦琴红，2001 等）。前期的研究表明，称呼语可以反映出语言与文化的生动紧密关系，同时反映出称呼语背后的特定的不同文化特点，不同的文化背景下人们拥有着不同的称谓体系。

包惠南（2001）认为，称谓包括称谓语和称呼语，两者有区别，但又难以割裂开来解释。由于文化背景的不同，各民族称谓词语的方式和指称的范围都不同。中国传统文化重视人伦的封建伦理观念，这与西方社会以人为本，个人主义至上的价值观念有所不同。因此，中西方在语言称谓系统上存在显著的差异。在中国古代汉语中，称呼形式十分复杂，对于不同身份的人要用不同的称呼，对于不同的场合也要用不同的称呼，甚至为了达到不同的目的和效果，也需要用不同的称呼。在中国漫长的封建社会历史影响下，封建伦理要求人们在称呼他人时，要遵循“仁”与“礼”的原则，在传统儒家文化的影响下，称呼人应遵守“贵贱有等、长幼有序、男女有别”。在此原则影响下，人们的称呼需要“贬己尊人”。而西方社会非常崇尚个人主义，侧重表现自我和肯定自我。这种注重个人的价值观念使西方人更推崇自我价值的实现。因此，英语称呼语中的谦语比汉语的谦语少得多。

汉语称呼语一般需要清楚说明交际双方间的关系，亲属、同事、师生、上下级之间的称呼均要表达出辈分、职务、头衔等。英语称呼无关于此，常常以“先生”“女士”“小姐”为称，在当代英语中，称谓一般直呼其名，例如：Ms Smith，Mrs Brown，Miss Green，Mike，Tom。但也有少数表示职务的称呼，Ervin - Tripp（1973）提出了几个表示职务关系的称呼：

(Cardinal)：Your Excellency

(U. S. President)：Mr. President

(Priest)：Father（+surname）

(Physician)：Doctor（+surname）

(Professor)：Professor（+surname）

汉语文化以集体主义为行为准则，主张社会方面的和谐统一，注重集体观念和人际关系，因此才有用亲属称谓广泛使用之说；英语文化以个人主义为行为准则，侧重个人方面的发展，注重个人独立和个人自由，个人的利益高于社会利益，所以在称呼语中具体表现为直呼其名。

前期的研究还反映出，中西方不同文化的称呼语还体现了对人的本质的界定上存在着差异。英国人倾向人的独立性，他们常将个人与自然及社会相分离，将人的灵魂同人的肉体相分离。中国文化则倾向将人与自然、与社会的和谐统一，把人看作一切社会关系的总和，认为个人的价值只有在一定的社会关系中才能表现。任裕海（2000）认为中国文化不存在西方式的个体灵魂分离的观念，具有较强的非宗教性。中西方文化对人的本质的不同界定，形成不同的自我理念模式：西方文化为“个体型”，中国文化为“社会型”。个体型与社会型的不同理念体现在实际言语行为中。西方注重个体的特点、独立性等，多采用平等和较为直接的方式，如西方人常常不分年龄亲疏地直呼其名；中国人则注重人的社会地位、人际关系、所属群体等，遵循个人在集体中的身份所规范的准则，在语言交际中倾向于采用委婉的或间接的方式称呼他人。汉语中十分复杂的称呼语形式，尤其是亲属间复杂的称呼语和丰富多样的职业称呼语，既可用于称呼与之有着真正血缘关系的人身上，也可以用于称呼无血缘关系的人身上。

7.2 英汉称呼语所遵循的礼貌原则

语言学家 Wolfson（1989）在对外语教学及其运用效果的研究中发现，本族语者在与外国人的交往中，比较能够容忍他们的语音错误和语法错误，但对他们违反说话规则的行为却难以接受，认为这些是不礼貌，甚至是粗鲁的言语行为。何自然（1997）对跨文化交际进行研究并指出，在言语交际中，礼貌问题是人们首先应当考虑的问题。话语的合适与否、得体与否是言语交际中最重要的问题。由此看来，言行礼貌得体与否已成为跨文化交际中直接影响人们的交际能否顺利进行的关键因素。

Lakoff（1973）也认为，在非正式场合的交谈中，维持并加强交际双方的关系比交谈本身更为重要。因此，在会话的有效性中，礼貌的因素至关重要。然而，不同文化背景的人们对于礼貌的界定和礼貌语的不同表达方式有不同的理解，他们遵循各自社会约定俗成的不同礼貌原则。换言之，在不同的语言和文化的国家中，人们有属于自己国家的礼貌规范。礼貌是普遍现象，是世界各国都注重的现象。我国自古被称为礼仪之邦，有着自己民族的礼貌表达方式。同样，西方社会在其社会交往中也要遵循自己的礼貌原则。利奇（1983）根据英美等西方国家人们的语言习惯，提出了指导人们行为交际的礼貌准则。

利奇的礼貌准则主要是根据对英语国家人民的会话文化特点进行分析而提出的。结合利奇的礼貌准则，顾曰国（1990）根据中国人的会话特点，总结了汉语文化中礼貌规范的四大特点：尊重（respect）、谦逊（modesty）、热情（enthusiasm）、文雅（refinement）。并在此基础上，顾曰国进一步提出了汉语的五大礼貌准则。

顾曰国提出的五条汉语礼貌准则与布朗和列文森（1978）以及利奇（1983）关于英语中礼貌的研究进行比较，就会发现英汉礼貌在语用和文化价值上的差异。其中汉语中贬己尊人准则是最富有中国文化特色的礼貌语现象。具体体现在称呼语上，表示尊重他人的称呼有“令公子”、“令嫒”、“贤弟”等，表示贬低自己的谦称有“在下”“晚生”“拙荆”“犬子”等。

7.3　英汉称呼语常见类别的差异

7.3.1　通常称呼

通常称呼指一般的称呼，除了指说话者、听话者和第三者以外，没有其他特殊的含义。通称就是说话人不考虑听话者的职业、职务级别以及年龄等方面的因素而使用的一种称呼。例如，中国古汉语中，对男士的通称有“子”、“君”等。而在现代汉语当中，比较常见的对男士统称是“先生”，但是一般用来称呼社会地位比说话者高的人。一般来说，对社会地位不高的人群不称呼为“先生”。汉语最常见的通称形式是我、你、他/她，复数则用我们、你们、他们/她们。但英语中，对男士通称为“Mr.”。对未婚女子称为“Miss”或是“lady”，称已婚女士为“Mrs.”。但是在现代汉语中，并不常称呼女士为“小姐”，因为从事不良职业的女士也被称为“小姐”。如果在非正式的场合，称一位女子为“小姐”有可能还会引起误会甚至冲突。另外，在汉语中，对未婚及已婚女士有一个通称，那就是“女士”，在英语中相对的一个词是“lady”，这个词相对来说更加文雅。而且不从被称呼者本人来进行称呼，不从属于她的丈夫，带有尊重的含义。所以，汉语中对于从事工作的职业女性，常在其姓氏前加上“小姐”“女士”等组成“张小姐”“李女士”等，这也是尊重被称呼者本人社会地位的表现，显得更加有礼貌。但是，这种称呼也有场合的差别，如果是正式场合，例如，男士携带妻子一同参加正式的聚会，这个时候称他们的妻子为“太太”则更加适合。

7.3.2　表示尊重的称呼语差异

表示尊敬的称呼就是在指称听话者的时候使用的一种尊敬的称呼形式，用来表达对听话者的尊敬。在汉语中，常见的尊称有“您”等。同时，在汉语中，经常用“您”来代替“你”，这样会显得更加客气一点，这是说话人谦恭态度的一种体现。有些语言学家正在对“您”进行系统的研究，力图追寻这个尊称的起源和历史。现在北方很多地区用“您老人家”的省略形式“您老”作为对人的尊称。在湖北方言中“你家”有时就是“你老人家”的省略用法，“他家”就是“他老人家”的省略用法，因此语言学家们认为“您”是由“你老”演变而来的。还有一种表示尊称的形式是用表示尊敬的词组的省略形式称呼听话者。

英语中的“you”源于第二人称代词“thou”的复数形式“ye”，而现已经不再使用单数的统称“thou”，只剩下作为复数的同时又作为单数的尊称形式。而在英语当中没有这种汉语的尊称省略形式用法，因为在西方国家，“old”这个词在语言表述上是有一定的忌讳，通常会联想到体弱多病，需要别人照顾。所以在英语中人们还常使用“elder”这个委婉用法，突出表现其有丰富的人生经验，需要被人尊敬。因此，在英语中没有用“old”来称呼对方。

还有直接把一些表示尊敬的名词转化为代词的尊称形式。追溯到古汉语中，“君”“子”本来指品德高尚的人或具有较高地位的统治者，是具有实际意义的名词。现在这两个代词都失去了原来的意义，在现代汉语中，它们表示对听话人的尊称。

总结起来，汉语中表示尊敬的称呼有着特有的语言特点，不同于英语。

首先，虽然普通话来源于北京方言，但是在词汇方面也有所不同，如“您”的使用在北京方言中频率要远远高于普通话，有的时候，年长者对年纪小的人也可以用“您”来称呼，这在普通话中是不多见的。

其次，在进行汉语语言交际的时候，需要根据交际双方的年龄、地位、性别以及其他的因素选择不同的表示尊重的称呼。这一礼貌原则在不熟悉的人们之间尤其需要注意，特别是社会地位不同的人之间，如晚辈对长辈，下级对上级，都要采用表示尊敬的称呼。不过，这一点在关系亲密的熟人之间，也可以忽略。

最后，汉语礼貌称呼语常常将亲属称谓使用到亲属之外的范围。汉语中，有的时候为了表示尊敬，会用一些亲属称谓来称呼一些非亲属成员，有时候还可以在前面加上称呼者的姓氏，例如，对于老年人称为“奶奶”或“爷爷”，对于年轻的男性长辈称为“叔叔”或“伯伯”。

可见，英汉两种语言中在尊敬的称呼方面有很大的差异。英语礼貌语尊称趋于简单，汉语礼貌语尊称相对复杂，最大的差别在于汉语礼貌语尊称还可以将亲属称呼运用到亲属关系之外的人们。在英语中没有这种现象。英语礼貌语中的尊称形式几乎仅限于皇室成员，而汉语尊敬除了“您”以外，还有很多其他的表示尊敬的称呼形式。

7.3.3　表示轻蔑的称呼语

表示轻蔑的称呼是违反语言中的礼貌原则的一种称呼，通常代表了说话者对听话人的轻视。人们通过礼貌语来维持良好的人际关系，虽然礼貌语的主要作用是向人们表示尊敬和友好，但表示轻蔑的称呼是称呼语言中必不可少的特殊部分。表示轻蔑的称呼语一般只用于某种特殊的场合或某个特定的历史时期，在现代社会中一般不使用。不恰当地使用表示蔑视的称呼语会造成交际双方关系疏远，甚至造成冲突，因此不可以随意使用。

在新中国成立前的旧上海，上海人常用“印度阿三”指印度人，是带有种族歧视意味的贬义称呼。上海话中非常喜欢用“阿”字，而上海话中与“三”相关的词汇（如阿三、八三、瘪三、十三点、猪头三）多为蔑称。上海当年的英租界中经常会有从印度调来的“公务员”，负责一些杂事，而这些印度人是英国人的忠实“看门者”，整天警棍乱舞，因此上海人便蔑称其为“阿三”。但是，我们现在不能用此类称呼来对待来我国工作、学习及生活的外国人。中国是礼仪之邦，并一直以尊重的态度对待国际友人，我们应该发扬这种美德，而不应该无礼地使用蔑称称呼外国人。

另外，对于“老”字，汉语除了表示年龄大外，它可以加在某些名词的前面，“老”字含有褒义，用来表示尊重的意思。例如，“老奶奶”“老学者”等是对年长者的尊重，年龄大的朋友或者邻居之间可以称呼为“老李”“老张”等。“老”字同样也有贬义，是对人的轻视。例如，有些人用“土老帽儿”来称呼农民，这就有蔑视的意味。在英语中，“old”象征着“过时”“缺乏精力”，因此英美国家的人避免使用这个词，而是使用“elder”。

英语中有个别带种族歧视的蔑称，但蔑视意的强弱度取决于说话时的语境与说话人的情绪。例如，称呼黑人为“Nigger”，称呼日本人为“Jap”等，这些词都不能随便使用，否则会产生交际冲突。

7.3.4 亲属称呼的差异

亲属称呼是称呼语中非常重要的一个组成部分。亲属称呼指专门用来称呼有血缘关系的成员间的称谓。汉语亲属称呼属于叙述式，其形式非常庞大而复杂，它是以封建社会的“九族五服制”为基础，不仅区分辈分，而且区分性别、年龄、社会地位及血缘的关系。中华民族对于血缘关系的格外注重造就了汉语中相对复杂多变的称呼系统，它也反映出了人们的社会心理。汉语中称呼对亲属间的辈分界定严格，讲究长幼有序，男女有别。这是因为在汉语中，称呼语的区分关系很明确，交际双方可以明确各自的权利和义务。在汉语称呼语中，交际者不同的社会地位、不同的社会关系得以全面详细地区分。在称呼亲属成员的时候，不同的民族有不同的称谓系统以及使用习惯，这与特定语言社会的经济制度、风俗习惯以及家庭结构有着密切的联系，赵元任先生对汉语称谓系统进行过详细的研究，他在《中国人的各种称谓语》一书中写道，汉语中复杂的亲属称谓多达 114 种，区分严格并且名目繁多。孙一级的称谓就有七代之多，如孙、曾孙、玄孙、来孙等。有些称谓需要区别年龄大小及性别，讲究“上下有义、长幼有序”，还要确定交际者之间的亲疏关系，如“表哥”和“堂哥”，“表姐”和“堂妹”。

不同的称呼语代表了人与人之间的一种社会关系。亲属称呼语的形式除了复杂多样外，在使用上也有一定的要求。如果遇到排行问题，就需要根据排行在共同的称谓前面加上“大、二、三”加以区分，如“大舅”“二舅”“三舅”。亲属称谓的使用需要考虑辈分高低。晚辈对长辈不能直接称呼名字，而长辈对晚辈就不一定按照亲属关系来称呼，可以直呼其名，也可以叫小名，还可以按照排行来称呼。同辈之间也有长幼之分，年龄小的不能对年龄大的直呼其名，必须按照亲属称谓叫作“哥哥”或者“姐姐”等，有排行的还需要加上排行。年长的可以不按亲属称谓称呼年幼的，可直呼其名也可以叫小名。

英语的称呼语属于类分式，简单而概括，这一现象恰巧反映了英国历史文化的特点。任何民族文化的形成和发展变化都是受其特定的地理环境、经济条件、社会结构三方面的影响。英国的文化没有像中国那样受到几千年的封建传统因素的影响。英国家庭结构简单，一般是由父母及子女组成家庭单位。历史学家和社会学家曾对英国的家庭结构进行了考察和研究，他们发现英国很少出现祖孙三代的家庭模式。因此，他们不需要太复杂的亲属称呼语，更不需要像汉语中那样严格地区分。常用的亲属称谓非常贫乏，总结一下，只有 father，mother，brother，sister，son，daughter，nephew，cousin，grandfather，grandmother，grandson，granddaughter，uncle，aunt 等。与汉语相比，英语亲属称谓的特点是对众多的亲属使用同一个称谓之下，部分称谓指代很笼统。例如，英语中的“uncle”可以用来称呼很多亲属，汉语中的“叔叔”“伯伯”“舅舅”“姨父”“姑父”等；同样英语中的“aunt”也可以用来称呼汉语中的许多亲属，如“姑姑”“小姨”“舅妈”“姨妈”“姑妈”等；汉语里的“哥哥”“姐姐”“弟弟”“妹妹”根据年龄分得很清楚，而英语“sister”和“brother”则不分长幼，需要根据情况分清楚指代的是“姐姐”还是“妹妹”，是“哥哥”还是“弟弟”；英语中对亲属的称呼非常简单，“cousin”这个词可以用来称呼汉语中表示堂兄、堂弟、表兄、表弟、堂姐、堂妹、表姐、表妹的众多亲属。另外，还可以在这些基本的称呼语后面加上“in law”，变成一种复合称谓，用来表示所指对象与称呼人之间并没有直接的血缘关系，只是因为法律上的婚姻关系而成为亲属。例如，“father in law”用来称呼岳父，“daughter in law”用来称呼儿媳。但是在实际生活中，一般英美国家的人除了对自己的父母以及祖父母使用亲属称谓之外，一般都称呼他们的父名或者直接叫名字。这是由于西方人很早就脱离了家族制、宗法制的生存方式，亲属称呼就简单多了。

另外，英汉称呼语之间最明显的差别就在于一部分汉语中的亲属称呼可以用来称呼非亲属成员。尽管亲属称谓用来称呼亲属成员，但是在很多的情况下，汉语亲属称谓语当中最突出的特点就是亲属称谓的复杂化和使用中的扩大化。而英语中，并没有把亲属称谓泛化到非亲属的现象。对和自己母亲年龄相仿的称为“阿姨”或“姑姑”；对于和自己父亲的年龄差不多的称为“叔叔”“伯伯”“大爷”等；对于比自己大一点的女性可以称呼“大姐”或“姐”，对男性称呼“大哥”“哥哥”；而对于比自己年龄小的女性称呼“妹妹”，比自己小的男性称呼“弟”或者“弟弟”。在中国的传统文化中，用亲属称谓来称呼不是亲属的听话人一方，比直接称呼对方的名字更加有礼貌，并且显得更加亲切，如称呼不相识的老年人，往往用“爷爷”或“奶奶”。

而在英美国家当中，并没有这样的称呼。因此，英美国家的人常常辨别不清中国人之间的真正关系，误以为用亲属称谓的就是亲属关系。这一点在对外汉语教学中，需要特别注意。

7.3.5 职业称呼语的差异

职业称呼语是使用在比较特定的场合，如在学校、工厂、机关、部队等地方或者人们在谈论工作时或在比较正式的交际环境当中使用。这种职业称呼语代表了对对方职业的尊重，属于一种礼貌性的称谓。虽然当今的职业种类很多，并不是每个职业都有一个职业称谓。在汉语中，常见的职业称谓有以下几个：

（1）“师傅”。“师傅”一词本来是指传授别人技艺的长者，而现在已经专门用于指有特殊技艺的老工人，它既是一种职业称呼，又带有对长者的尊敬的含义。“师傅”的使用范围已经扩大化了，现在不只是对有技艺的工人如此称谓，对服务业的工作人员也叫作“师傅”，把很多职业的人都叫作师傅。

（2）“医生”或者“大夫”。这种职业称呼语专门用于对在医院的工作人员的称呼。但是，并不是所有从事医务工作的人都可以用这个称呼，如“护士”等。

（3）“老师”。这种职业称谓是针对专门从事教学工作的人。“老师”一词的原义专指教育部门中传授学生知识，答疑解惑的人。现在，“老师”的使用范围也不仅仅局限于真正意义的老师了，凡是在学校内外从事教职工作的工作人员，无论是教学、科研、行政工作的人，都被称作“老师”。

以上三种职业称谓本身带有对交际对方尊敬的意思，通常会在这些职业称呼语前面加上对方的姓氏，如“王老师”“李师傅”“郑医生”等。

另外，有些职业称谓除了表明对方的职业以外，还需要表达其具体的职务。职务称谓的使用目的是为了区分各个工作部门人员的职责，例如，在行政机关的职务称谓有局长、部长、处长、科长等；在部队里职务称谓有司令、指导员、参谋、政委、师长、连长、班长等。在汉语当中，对上级的称呼需要在职务前加上姓氏，如“张主任”“王科长”“郑部长”等，这源于中国封建社会的官职制度的影响。在交际中贬低自己，抬高他人，一方面符合中国的礼貌原则的核心，另一方面也反映交际方对权势的敬畏心理。还有一些服务行业常使用的职务称呼有“司机、售货员、服务员、护士、邮递员”等。但是，与上面提到的三个典型的职业称呼不同的是，这种职务称呼没有礼貌的意味。如果交际方想表示对对方的尊重，可以在后面加上“同志”两字。

职衔的称呼语反映了社会地位和权势的关系。语言学教授 Ralph Fasold 在其《语言的社会语言学》中提到，拥有权势者对别人使用 T，而他人对拥有权势者使用 V。这里 T 和 V 分别代表中文中的“你”和“您”。在显示社会地位的某些场合需要使用职衔称呼，例如在法庭、大型会议、国会等重要场合，需要对参加者的社会地位标示清楚，对人们的称呼都要考虑其社会地位。在非正式场合则不然，年长者可以直接称呼他人名字。另外，英语相对于汉语，没有复杂职衔称呼语用法，例如，“师傅”“老师”等都可以叫作“sir”“madam”“Mr. /Mrs. ”“Miss”，大夫或医生可以叫作“Doctor”，也可以称“sir”“madam”“Mr. /Mrs. ”“Miss”，并没有职业称谓的泛化现象。对于上级或是长辈，也可以直呼其名，为了表示尊敬，可以在前面加上“先生”或者“小姐”，因此可以看出，汉语的职业称谓更为复杂，而英语较为简单直接。

7.4　英汉称呼语中的零称呼问题

零称呼是一种特殊的省略称呼的面称方式，运用恰当就显得自然、亲近，拉近交际双方的关系，而运用不当容易让人觉得不礼貌，产生反感。零称呼也是称呼的一种，究其重要作用，在称呼语的研究中，不能忽略零称呼的问题。

7.4.1　零称呼的概念和特征

零称呼是一种当面称呼的方式，一般不能表明对方的身份或对话双方的关系，因此取名“零称呼”比“零称谓”更科学。零称呼常用来称呼陌生人。因为在我们的现实生活中，常有说话人不知道怎样称呼听话人的时候，如果不称呼对方，则给人一种缺乏礼貌、过于内向的印象。因为不知道怎么称呼对方而使用的某些语言，被叫作零称呼。使用零称呼一般来说有以下三种情况。

第一种情况往往是当说话人不确定或拿不准与听话人的关系时，会出现称谓缺失的问题。这样的情况可能由以下几个原因造成。交际双方关系较以前有了很大改变，说话者不能确定应当采用哪种关系来进行称呼。第二种情况是由于交际双方从不同角度形成的不同交际关系的冲突，如人的辈分和年龄之间的冲突。再如：甲比乙的年龄要小，但是甲比乙的辈分高得多，这样就会形成相互称呼是无从选择而造成了零称谓的问题。当今的多数年轻人可能不愿意再按照辈分来称呼年龄比自己小很多的人，他们经常会从年龄的角度来选择称呼，或者为了避免令人感觉不礼貌而避免称呼。第三种情况是交际双方对相互关系无从判断，选择称呼语上有困难而造成的零称呼。例如，对自己认识的人的妻子或丈夫，由于不知道对方年龄，不知如何称呼。

学者们对于零称呼的定义并未达成一致。零称呼一般具有两个主要特点：一是省略称呼直接进入对话。零称呼的这一特点使其与常见的亲属称呼、社会称呼、姓名称呼等称呼方式有所区别。使用零称呼有时也会使用“喂”“哎”“那个谁”“不好意思”“请问”等词语来引起对方注意，进而交际双方开始对话，此时常常需要辅助眼神、手势等。二是零称呼只能是当面称呼的一种方式，不能用于背称，因为背称中使用零称呼会造成指代不清。零称呼在中国传统文化中是一种很不礼貌的称呼方式。但现在这种现象似乎有增多的趋势。日常生活中我们有时会对别人使用零称呼，有时又会用零称呼去和别人说话，大家似乎对于称呼缺失现象不那么介怀了。

7.4.2　零称呼产生的原因

对零称呼产生的原因，可以归纳为以下几点：首先，随着我国经济的飞速发展，不断有一系列新阶层、新职业的出现。交际时对于不熟悉的人，说话者不确定用什么样的语言来称呼他们，出现了所谓的“称呼语缺失”现象。其次，随着社会发展，人们的思想观念较之以前有了很大改变。以前人们喜欢通用的称呼语，如“同志”“师傅”等都非常受欢迎，随着改革开放，人们越来越喜欢个性化的称呼，乐于接受新生词语，所以之前的某些称呼语似乎不再受到人们的青睐，如“同志”等。在说话人不知道如何选择适当的称呼才能让对方接受时，就常常使用零称呼。例如，现代年轻女性都非常介意自己的年龄，不愿让别人称呼为“阿姨”，认为会显得年龄太大，因此造成了越来越多的称呼语无从选择的情况。可以说，社会发展和人们思想观念的改变造成了零称呼现象也就越来越常见。

除了汉语，零称呼在其他语言里同样存在。在英语中，也有零称呼的情况，但是形式要简单得多。例如，在英语国家，人们不知道如何称呼对方时，也常常用“Hello”“Hi”“Excuse me”等词语开始他们的交谈。

7.4.3　零称呼的制约因素

交际称呼语有以下几方面的功能：唤醒功能、区分功能、礼仪功能和感情功能。零称呼作为一种特殊的面称方式，唤醒对象和区分指称的功能较弱，但传递感情的作用却很明显。一般情况下零称呼使用看似随意，运用恰当会增进人际关系，而运用不当也会让对方觉得不够礼貌，从而破坏人际关系。零称呼的语用功能受到交际双方关系和交际场合等多种语境因素的制约，具体来说有以下几点：

（1）受语言交际双方的社会地位差别的制约。布朗和吉尔曼（1960）的研究表明，交际双方的社会地位差别是影响称呼语选择的两大重要因素。交际活动中，地位的差别主要表现交际方在年龄、辈分、资格、财富、地位、力量等方面的差别上，地位高的一方常常使用表示亲密关系的代词称呼对方，而地位低的一方一般只能用表示礼貌的代词称呼对方，这种由权势关系所支配的代词用法是“非相互性的”（non - reciprocal）；具有平等关系的交际双方则两种代词都可以使用。零称呼属于表示亲密关系的称呼方式，使用起来亲切、随意，有时甚至显得不够礼貌，因此常常只能用于权势高的一方称呼权势低的一方，相反却不行。人们在日常生活中，能否使用零称呼也需要考虑自己与对方的年龄、地位关系，如果判断不清滥用零称呼就可能引起对方反感，导致交际失败。对话双方的社会地位的差别对于能否使用零称呼以及使用零称呼的效果有很大关系：权势高的一方对权势低的一方使用零称呼会显得随意、自然、亲切，产生积极的语用效果；相反，权势低的一方对权势高的一方使用零称呼则会让人觉得缺乏礼貌，产生消极的语用效果。

（2）受交际双方人际关系的制约。一般来说，特别熟悉的朋友之间可以使用零称呼，这样显得亲切自然；而对于陌生人和一般认识的人就应该使用正常的称呼语，否则会被对方认为不礼貌。零称呼的语用效果一般与对话双方的熟识程度密切相关。但这种情况也不是绝对的，如果为了表达特定的目的，如请求对方帮忙等，对特别熟悉的人使用确定的称呼就比零称呼效果要好。因此在特殊交际目的的作用下，权势关系和熟识程度对使用零称呼的制约只是相对的。

对陌生人当不知道或不敢肯定该怎么称呼对方时，恰当使用零称呼可能更好。假如你要向一个陌生女性问路，对其称呼语的选择就很困难。因为现代女性对年龄非常敏感，说话者害怕令其不愉快，这时候只有选择零称呼，礼貌地说声“你好，请问……”或者“打扰了，请问一下……”。对陌生人使用零称呼是一种为了达到语用效果采取的措施，却避免了可能的误会，也能达到交际的目的。

（3）受交际语境的制约。交际语境包括交际的场所、交际参与者和交际目的等因素。一般来说，越是公共场所，交际人员越多，交际双方熟悉程度、语言行为不是代表个人而是代表某个集体，那么交际场合就越正式。例如，会议、谈判、各类仪式、法庭等就是比较正式的场合。人们往往在正式场合使用正式称呼语，在非正式场合选择比较随意的称呼语，以体现双方平等或亲密的关系。零称呼一般只适用于非正式场合。如常有这样的情况：父子两人在同一单位上班，父亲级别比儿子高，在单位正式的工作场合，儿子必须以职务称呼父亲，回到家父亲就可以对儿子使用零称呼。零称呼的语用效果受到交际场合这一因素的影响，其语言选择必须考虑诸多因素。

7.4.4 零称呼的特指性

称呼语能使被称呼者区别于其他听话者，也就是说其具有特指功能。不过不同的称呼语特指功能也有区别。在一般场合，亲属称呼、职业称呼、姓名称呼等指称的对象往往是唯一的，特指功能强。相比之下，“喂”“哎”“请问”等零称呼语就缺乏特指性。在有多个听话人在场的情况下，会因指代不清而造成误解，影响交际的顺利进行。所以，零称呼只能在听话人确定的情况下才能达到良好的交际效果，一般是交际时只有两个人在场，或者在多人在场时只有一个听话人适合零称呼的情况。除以上因素制约零称呼的使用之外，零称呼的使用还可能受到交际目的、社会心理、交际语境等因素的制约，其语用效果也往往受到这些因素的影响和制约。语境因素，包括交际的时间、地点、话题、说话的方式、交际者的地位及相互之间的关系、彼此了解的程度、人的世界知识以及交际的文化、社会、政治背景等。在交际过程中，人们总是自觉或不自觉地受到语境的影响并利用语境很好地进行称呼语的选择，为交际服务。

称呼语是个复杂的语言系统，在这个系统中，零称呼常常被人忽视，其交际功能也大多被归结为消极的。但随着零称呼现象的增多，人们开始认识到它也有积极的语用效果，例如表示亲切关系。结合交际语境恰当使用称呼语，才能使交际顺利进行。零称呼的使用与人、社会、文化都密切相关，需要考虑到对话双方的社会地位差别、熟悉程度、交际的场合以及零称呼的特指性等制约因素，才能避免零称呼的消极影响，发挥其积极语用效果。

7.5　英汉称呼语差异的原因

英汉称呼语之间的差异是巨大的，对其产生差异的原因，首先要考察文化的根源。因为任何一种语言都是特点文化的载体，文化是语言产生和发展的根源，是语言不断发生创新变化的动力。通过英汉称呼语的差异，我们可以观察和分析由其所折射出的各自深厚的历史和文化印迹。

7.5.1　社会制度与价值观的差异

在中国历史上封建制度的影响下，中国人的礼仪规范要求遵循“贬己尊人”的礼貌准则，由此产生了许多贬己的自谦词，如“卑职、鄙人、在下、寒舍”等；还产生了许多表示尊重对方的称呼，如“令尊、令嫒、贵公子”等。现代社会的发展使这类表示自谦和尊重的词使用大为减少，多在书面语中才使用。同时，在崇尚儒家文化的封建制度下，通称中称“先生”“学生”也较多；而近代的称呼，如“同志”则在特殊的历史阶段反映出其特定历史时期的独特政治色彩。随着历史的发展和中西方交流的增强，“先生”“小姐”“夫人”以及“女士”的称呼语也得到了广泛使用。这反映出随着社会制度的改变，人们的价值观念发生了变化，语言也产生相应的变化。

在英国等西方国家，社会制度中起领导作用的一直是私有制。15～16世纪的欧洲文艺复兴运动中就树立了人文主义的思想旗帜。17世纪英国工业革命和整个资本主义的发展，都促进了以私有制为核心的社会政治和经济制度发展。人们在价值取向上注重个人主义，强调自我独立精神，淡化家族观念，强调个人进步和价值的实现。因此，在言语交际中较少用谦语，敬语也比汉语少得多。它与汉文化价值取向截然不同，从英语称谓的统称、姓名称谓的使用中便可体现出来。

7.5.2 等级制度与宗教影响的差异

中国官制体系在封建社会就形成森严的等级制度，表现在称呼语上，是存在着数量庞大的表示官衔、级衔的称呼。从君到臣，从官员到普通从业者，几乎都有职衔称谓。在语言交际中，人们把用职衔称呼对方视为表达对对方尊敬的方式。从历史上看，不同时代有不同的官职体系，也有了不同的职衔称谓。这些对现代中国社会产生了深远的影响，部队或事业单位内部，人们对交际方的称呼都需要区分职衔。

英语国家中职衔称谓在皇室、军界较为多见，同样也存在着极其森严的等级制度。而且应当注意到，英语国家的职衔称谓以宗教界为普遍，甚至包括普通的神职人员，如修女（Sister）、牧师（Reverend）等。称谓中多用首名、教名，而姓氏名字也多源于《圣经》。这些称呼语都反映出宗教在英语国家语言、文化中造成的重大影响。

7.5.3 家庭结构与家庭观念的差异

英汉亲属称呼语在数量上和类别上都存在巨大的差别，充分反映了中西方家庭结构与观念的差别。中国社会自古就推崇封建大家庭的结构形式，并强调宗亲和血缘关系。汉语亲属称呼语种类繁多，年龄、辈分区别清晰，更严格地区别父系与母系，显示出人们心目中因血统不同而形成的亲属间的远近亲疏关系。而汉语亲属称谓语在非亲属间使用的泛化现象是汉语亲属称呼中独特的一点，它反映了人们在语言交际中利用亲属称呼语来表达亲切关系的社会心理。

西方人血统亲缘观念较为淡薄，这与他们简单的家庭结构有很大关系。绝大多数英国家庭是由两代人所组成的小家庭，而且大部分儿女成人后也会离开父母组成新的核心家庭。很少有出现中国式的祖孙三代的大家庭。对西方人来说，过多的亲属称呼语没有用途，更没有必要区别。这说明英语民族血统观念较淡薄，他们也不会将亲属称谓用在非亲属成员上去增进感情。

7.6　称呼语引起的语用失误及启示

7.6.1　语用失误

跨文化交际中的语用失误，指的是不同文化背景下的交际双方在交际过程中由于不能准确地理解话语中的文化含义，而造成对语言的理解和使用上的失误（彭增安，1997）。语用“失误”不同于语言“错误”，因为语言运用中的主要问题不是运用对错的问题，而是运用是否适当得体的问题。这种失误不是指语言错误，而是指说话方式不恰当，或不符合表达习惯，或不符合特定的时间或场合等，导致语言交际不能取得预期效果的失误。

语言学家 Thomas（1983）在研究语用失误时将其分为两大类。一类是语用语言方面的失误（pragmalinguistic failure），另一类是社交语用的失误（socio pragmatic failure）。前者主要是语言表达方式、表达结构等的误用，后者指因为不了解或忽视谈话双方的社会文化背景差异而出现的语言表达失误。跨文化交际中的语用失误属于第二种，即社交语用失误。这种语用失误是由于社会文化规则、社会距离、价值观不同引起的。语言语用失误一般只影响到交际是否达到目的，对交际者造成的情感伤害是轻微的，而社交语用失误不仅影响交际是否能顺利进行，而且造成的误解极其严重，对情感的伤害程度很大，因此它更应引起人们的广泛关注。

另一位语言学家 Wolfson（1989）也认为，引起跨文化交际中的语用失误有两方面的原因，一方面是由于不同社会文化背景的人存在不同的价值观体系。这些价值体系表现在语言和其他社会行为中使其产生巨大差异，语用失误就源于这些差异；另一方面的原因是不同价值体系及表达这些价值观的不同方式通常在交际中被忽略或没有被正确的理解。来自不同文化背景的人交际时，趋向于依据自己的价值体系考量对方的行为，所以对对方文化的忽视或不理解是跨文化交际中产生语用失误的根源。

汉语称呼语沿袭了“上下有礼、长幼有别”等传统礼制，因此人们在选择称呼语时侧重考虑自己和他人的身份、地位与权势；而英语国家的人民在称呼上注重双方的亲近关系。语言学家 Verschueren（1987）提出的语言顺应论（Adaptation Theory）认为，在跨文化交际中，交际方要理解和掌握不同文化背景下的礼貌原则，在自己的言行和举止中，都要顺应不同的文化和心理世界，这样才能真正地避免交际语用失误。所以我们在跨文化交际时，要首先了解双方特有的文化特点、民族习惯，尊重和理解来自不同的文化背景的交际方的礼貌规范和准则，使双方交际成功，避免语用失误。

总之，不同的称呼语体现不同的民族文化，反映不同的文化取向、社会格局、教育程度、人际关系、宗教信仰、礼貌原则等。就英汉称呼语来说，地域差异及不同的使用语境，很难确保它们之间的得体性、一致性与和谐性。如果不了解这一点，一味地根据自己的称呼规则去称呼对方，有时不仅达不到交际的目的，反而会引起双方的误解和冲突，造成交际失误。

7.6.2 对第二语言教学的启示

称呼语作为语言交际中最先使用并且十分频繁的一类语言，其使用必须引起足够的重视。我们应注意在跨文化交际中得体地使用它，以避免引起交际开始时就产生误解和冲突。在第二语言教学中，教师不仅需要讲授称呼语的基本语言知识内容和运用技巧，还要培养学生的跨文化交际能力。目前，在英语教学和对外汉语教学中，还存在教师对称呼语的地位和作用并没有清楚认识甚至在教学中忽略的问题。在教学中，教师对称呼语讲解也只注重其不同的称呼形式，对称呼语背后的文化信息和交际功能缺乏必要的重视。

笔者认为，第二语言教学应当以培养跨文化交际能力为目的，以语言表达的不同形式为基本内容，侧重于学生的理解和实践。通过对学生进行不同文化背景中语言使用差异的讲解和演示，让学生了解不同文化的不同称呼语系统，将语言的学习和文化学习紧密联系起来。通过这样的教学方式，不仅可以进一步激发他们学习语言的兴趣，还可以培养他们对外国文化的敏感意识，增强他们的跨文化交际能力。教师和学生都需要透过语言领会文化的内涵，以及通过对文化的感悟，提高语言学习的兴趣。同时，只有在具体语境里进行练习和实践，才能真正提高学生的语言交际能力。在课堂上，教师教学可以通过交际教学法，利用多媒体等先进的教学技术，激发学生的学习兴趣和主动性，与学生进行实践的交流和演练，培养学生具有得体的语言能力和语言运用技巧，为跨文化交际打好基础。

7.6.3　对英汉称呼语翻译的启示

从本章前半部分的论述可以看出，在具体社交语境中，称呼语往往包含特定的语用意义，施行不同的交际功能。因此，在翻译这些称谓语时，译者首先要深入分析称呼语是在怎样具体的社交语言环境中使用，准确把握其语用含义和功能，才能选用恰当、得体的语言翻译出来。在翻译时，需要遵循不同的礼貌原则和语言习惯，并注意称呼语在汉英两种语言中所蕴含的语用意义，寻求语用层面的对等。根据汉英两种语言中称谓语的特点和演变，本书提出称呼语翻译的策略，即意会策略、顺应策略、转化策略。

（1）意会策略。所谓意会就是对原文中的称呼语在特有语境中进行准确分析领会其称呼语的功能意义，使翻译出的词语在深层意义上达到与原文切合。

（2）顺应策略。顺应就是指为了提高译文的可理解性，对那些原文中常见而译入语中空缺或罕见的称谓语，可以按照译入语的语言习惯翻译。汉语称呼语，尤其是汉语亲属称谓语，形式丰富而复杂，而且文化内涵特别丰富，而且在英语中很难找到相对应的称呼语，这时我们就可以顺应译入语国家人们的表达习惯，译出其最基本的指称意义，使译文更容易理解和被接受。

（3）转化策略。转化是指在一定的条件下，译者可以改变原文的视点和角度，采取相对灵活方式，对称呼语进行转变，以便于理解和表达。

上述方法只是称呼语翻译的三种具体方法。在实际翻译过程中，译者应根据具体的社交场合选用恰当的翻译策略。称呼语的翻译也并不只限于上述三种，在特定情况下，我们也可以采用直译法，向外国人介绍汉语称谓的习俗。

探索称呼语和文化间的关系，深化对这一语言现象的认识，了解跨文化交际中不同的民族心理和文化差异，才能保证交际活动顺利地进行，避免造成语用失误。在翻译时，我们应该依据特定社交语境所提供的背景信息，理解称呼语的准确语用含义，体会称呼者的语气以及交际双方的社会关系，同时运用恰当的翻译方法，最大限度地翻译出称呼语的真正含义。

7.7 结 语

通过英汉称呼语的对比研究，我们发现中英称呼语在语用功能上有许多共性，都具有引起注意或打招呼的功能，都能表达交际者的情感，表明交际者的相互关系和交际的场合。在不同类别的称呼语上，如在通常的称呼语，表示尊敬的称呼语，职业称呼语，表示轻蔑的称呼语和零称呼中，英汉称呼语存在着差异。在研究英汉称呼语的过程中，我们了解到英汉称呼语语用失误的表现和其产生的原因，也得到了第二语言教学和翻译方面的众多启示。第二语言教学应当以培养跨文化交际能力为目的，以语言表达的不同形式为基本内容，侧重于学生的理解和实践。在称呼语的翻译中可以使用意会策略、顺应策略、转化策略，依据特定社交语境，理解称呼语的准确含义，体会称呼者的语气以及交际双方的社会关系，最大限度地翻译出称呼语的真正含义。

目前，世界各国都更注重国家之间的经济文化交流。当我们了解到英汉称呼语中的诸多不同及其形成原因，就会对两种文化中不同的称谓体系有所认识，减少跨文化交际中误解甚至冲突现象的出现，从而有助于跨文化交际的顺利进行。在人际交往中，选择正确、适当的称呼，反映着自身的教养、对对方尊敬的程度，甚至还体现着双方关系发展所达到的程度和社会风尚。

通过本章对英汉称呼语的对比研究，我们可以窥探到其特定的文化内涵。透过中英称呼语的差异分析和掌握文化的这些差异和特色，这对于语言文化的对比研究是非常有意义的。

第 8 章　英汉请求语的对比研究

虽然请求语和其他言语行为，如赞美、感谢、道歉一样，在各种语言中都普遍存在，但是由于语言本身及文化的不同，英语和汉语的请求语也存在许多不同。布朗和列文森认为一些言语行为本身会威胁话人的面子，被称为“face treatening acts”，即威胁面子行为。当然，在不同的文化中，人们对于什么样的请求行为是威胁面子行为的观念是不同的。例如，邀请在中国文化中被认为是对话人有利，所以不是威胁面子行为，而在西方文化中却被认为在一定程度上妨碍了说话人的自由，因此是威胁面子行为。无论是在西方文化还是中国文化中，尽管一些请求对说话人有益处，但绝大部分请求语都是威胁面子行为。因此，一方面说话人要达到自己的目的，另一方面还要减少对话人面子的威胁，所以说话人应该采用恰当的语言形式。英语和汉语的请求语在这一点上是相同的，但是又有自己的特点。这些不同有的是由语言本身的差异造成的，另外就是中西方文化的差异。

在纷繁的文化体系中，价值观念是非常重要的影响因素，它深刻影响着人们的言行。价值观有许多定义，美国学者 M. Rokeach（1973）认为价值观是人们关于什么是最好的行为的一套持久的信念或是依据重要性而排列的一种信念体系。关于价值观念的构成要素也有许多分类，其中荷兰心理学家 G. Hofstede（1991）的分类法最为流行。他将价值观分为五个构成要素，即个人主义—集体主义、权利差距、男性化—女性化、回避不确定性和长期观—短期观等。中西方价值观体系的主要差异体现在个人主义—集体主义和权利差距两个方面，西方国家强调个人主义，中国强调集体主义，西方国家比中国更注重权利差距，这些不同对于中西方请求语有着很大的影响。如前所述，各种语言都有很多形式使其使用者避免对受话人面子产生威胁。

中西方请求语中的一些语言形式能使请求更为礼貌。作为语言学的一个分支，文体学对这个方面也有所涉及。Enkvist 和 Spenser 的文体标记就是突出的文体特征。在文体学中一般把语言特征分为四个层面：音系、字位、词汇、句法/语法。钱缓曾列出礼貌语在语音、句法和词汇上的文体标记。在音系层次上，升调比降调在表达请求时更为礼貌，字位、词汇、句法/语法方面的特征更为复杂，这里探讨中西方请求语在句法层次和策略选择上的特征及差异。

8.1 理论研究

8.1.1 请求言语行为

言语行为理论是语用学研究的重要课题之一。它是 20 世纪六七十年代由语言学家 Austin（1962）提出的，即语言不仅是对客观世界进行描述的工具，而且本身就是一种行为，即言语行为。Searle（1969）把这一理论提高为解释人类语言交际的理论，认为语言交际的最小单位就是言语行为。他将言语行为分为陈述类，如主张、建议、抱怨等；指令类，如命令、请求、提议等；承诺类，如宣誓、承诺、威胁等；表达类，如祝贺、感谢、责备等；宣告类，如任命、指派、宣判等。很显然，请求语隶属指令类。舍尔的理论在语言学界引起了语言学家的广泛关注，特别表现出对请求言语行为研究的同时进一步提出了间接言语行为理论以及“指令”（directive）言语行为所具有的共同的言外之意（illocutionary force），即说话人试图让听话人去做某事。“请求”（request）实际上就是一种具体的言外行为。请求语的特点及其丰富的语言表达形式使之成为英语学习者掌握这种言语行为的困难之一，同时也成为众多语言学家和跨文化语用学家研究的对象。充分了解言语行为能进一步促进不同语言和文化的交融。许多语言学家对此进行了大量研究。

布朗和列文森在他们礼貌原则的理论中指出，请求是一件有碍面子的事，听话人有可能认为所提请求是对他们行动自由的侵犯，而说话人也因所提请求可能会有伤对方面子或顾虑自己的请求被拒绝而不会轻易暴露自己的需求。提出请求既要维护听话人的面子，又要有效传达自己的意图。因此，正确地发出请求的策略可以较小地伤害听话人的面子，而且有助于表达说话人的意图，在跨文化交际中有非常重要的作用。

Blum Kulka 等一批学者开展的跨文化言语行为实施计划 Cross – Curltural Speech Acts Realization Projects（CCSARP），是一项国际性的合作研究计划，收集并分析不同语言文化中各种言语行为的表现方式，主要研究请求语和致歉语。该项目主要采用话语补全（Discouse Completion）的问卷形式。语种涉及美式及英式英语、澳大利亚英语、加拿大式法语、丹麦语、西班牙语和希伯来语。该项目旨在调查不同语言文化的请求语的相似性和差异。Blum Kulka 将英语请求策略划分为三类：直接请求策略，规约性间接请求策略和非规约性间接请求策略。CCSARP 仅研究西方语言，没有将日渐重要的汉语包括其中，因此，研究并对比英汉请求言语行为是非常有意义的。

8. 1. 2　请求策略类型

不同国家的人们，由于价值观念、思维方式、地理环境、社会规范的不同，在请求语的使用方面存在着很大的差异。英语国家的人们在实施请求言语行为方面似乎严格遵循礼貌原则，在请求别人做事情时，经常使用不同的间接言语行为来表示礼貌和文明。研究西方"请求"言语行为的代表人物是厄文·特瑞普（Ervin Tripp，1976），她把"请求"行为方略分为如下六类：

A. 需求陈述（need statements）：主要用于工作中上司对下属，或家庭中长者对年轻者请求时。

B. 祈使（imperatives）：常用于家庭成员之间，地位较高者对地位较低者，或平等关系的人际之间。

C. 内嵌式祈使（imbedded imperatives）：当被"请求"的事或行为极为困难，或当"请求"者是受惠对象时，常用此行为策略。

D. 允许式请求（permission directives）：这是不常见的请求策略，是工作或家庭环境中地位（或年龄）较低者向地位较高者请求时使用的策略。

E. 非明晰或问句式请求（non – explicitquestion directives）：这是给对方留一条退路的"请求"策略。措辞模糊而又常以疑问句、带附加成分（tag）的问句出现，常用于地位或年龄相差悬殊的人际关系中的地位或年龄较低的一方。

F. 暗示请求策略（hints）：这是给对方留有余地的有较大灵活性的策略，是当请求内容很特殊而且交际双方关系十分密切、共享最充分的情况下所常用的策略。

厄文·特瑞普（1976）的六种请求方式基本上概括了西方人“请求”时通常使用的行为策略。通过分析不难看出，“请求”策略的选择与请求者和被请求者的社会地位、级别、年龄、环境、交际场合，双方的社交距离、请求的内容或行为的特殊或困难程度、被请求者是否有义务做某事或拒绝请求的可能性等有很大的关系。被请求者社会地位越高，年龄越大，应尽的义务就越小，请求的方式就越间接。同时，在双方熟悉程度较低时，请求行为的间接程度也较高。当请求人为了本人受惠而请求别人，或当请求行为发生时有地位较高的第三者在场，间接程度也都较高。

在 CCSARP 中，Blum - Kulka（1989）等学者根据请求的直接程度将请求分为三大类型，共九小类，它们在直接程度上呈现递减的趋势。

（1）直接策略类（Direct strategies），包括五小类：

A. 语气导出型（Mood derivable）；

B. 施为动词型（Explicit performative）；

C. 慎用类施为动词型（Hedged performatives）；

D. 义务陈述型（Obligation statements）；

E. 需求陈述型（Want statement）。

（2）规约型间接策略（Conventionally indirect strategies）包括两小类：

A. 建议表达型（Suggestory formula）；

B. 探询型（Query preparatory）。

（3）非规约型间接策略（Nonconventionally indirect strategies），包括两小类：

A. 强暗示型（Strong hints）；

B. 弱暗示型（Mild hints）。

规约型间接策略代表中等直接性，而非规约型间接策略则指最弱的直接性，它没有一个总的形式和强求的习惯性。通过使用暗示来实现请求，说话者的目的是让听话者完成一些（暗含）请求行为，以便他的真正意图不至于在现实话语中体现出来。因此，非规约性间接型请求或请求性暗示本来就是模糊的（Weizman，1989）。

社会语言学研究证实，交谈双方的社会距离和权势差距是制约请求言语行为的重要因素。但这些主要变项是同请求言语行为出现的社会语境中的其他因素相互作用的，这些因素包括年龄、性别、请求行为的性质、受话方实现请求目的的难易程度等（布朗和列文森，1978）。而不同语言之间请求语的本质区别在于直间接程度上，即请求策略的差异，因此请求策略的选择会随着这些因素的改变而改变。

本研究从实际数据分析角度出发，将问卷中出现的非以上九种策略的请求语句型归为第十种策略，即其他类（other strategy）。

8.2　请求语的语用原则

目前，国外关于语用原则的研究取得了丰硕的成果。其中，美国伯克利加州大学的哲学教授格赖斯（H. P. Grice，1976）首先系统地总结出人们交际行为的规律。他于 1967 年在哈佛大学作的一次讲演“*Logic and Conversation*”（即《逻辑与会话》）中，论述了“合作原则”（Cooperative Principle）的具体内容及其制约“会话含义”（conversational implicature）产生的过程。格赖斯指出，会话是受一定条件制约的。人们的交谈之所以能够顺利进行，是因为双方都遵循一定的目的，相互配合默契。他把说话者和听话者在会话中应该共同遵守的原则称为合作原则。合作原则包括以下四条准则：

A. 数量准则（quantity maxim）。

（a）所说的话应包含交谈目的所需要的信息；

（b）所说的话不应超出所需要的信息。

B. 质量准则（quality maxim）。

（a）不要说自知是虚假的话；

（b）不要说缺乏足够证据的话。

C. 关系准则（relevant maxim）：话语同话题要有关联。

D. 方式准则（manner maxim）：说话要清楚明白。

（a）避免晦涩；

（b）避免歧义；

（c）要简练（避免啰嗦）；

（d）要井井有条。

前三条准则均与话题内容有关，回答“说什么”的问题。第四条准则与表达方式有关，回答“怎么说”的问题。但是该合作原则存在很多不足之处。它只解释了话语的字面意义和它的实际意义之间的关系，解释了会话含义是怎样产生和理解的，但它却没有解释人们为什么要违反会话准则以含蓄地、间接地表达自己。为此，布朗和列文森以及利奇等提出了与合作原则相互补益的礼貌理论，以补充合作原则的不足。效仿格赖斯的合作原则，英国著名学者利奇对礼貌原则（politeness principle）也划分为六类，每类包括一条准则和两条次则。

A. 得体准则（tact maxim）：减少表达有损于他人的观点。

（a）尽量少让别人吃亏；

（b）尽量多使别人受益。

B. 慷慨准则（generosity maxim）：减少表达利己的观点。

（a）尽量少使自己受益；

（b）尽量多让自己吃亏。

C. 赞誉准则（approbation maxim）：减少表达对他人的贬损。

（a）尽量少贬低别人；

（b）尽量多赞誉别人。

D. 谦逊准则（modesty maxim）：减少对自己的表扬。

（a）尽量少赞誉自己；

（b）尽量多贬低自己。

E. 一致准则（agreement maxim）：减少自己与别人在观点上的不一致。

（a）尽量减少双方的分歧；

（b）尽量增加双方的一致。

F. 同情准则（sympathy maxim）：减少自己与他人在感情上的对立。

（a）尽量减少双方的反感；

（b）尽量增加双方的同情。

礼貌是与面子（face）联系在一起的，布朗和列文森进一步把面子分为正面面子（positive face）和负面面子（negative face）两种。正面面子指希望获得他人的肯定、喜爱或赞许，以及被视为同一群体的成员，如果这些得到满足，正面面子就得以维护与保留。负面面子指有自主的权利、有行动的自由，行为不受他人的强制或干预。在正常的言语交际中，说话人会采取一些措施去维护说话人。

然而，在实际交际中，人们发现合作原则存在说话人、听话人或第三者的面子问题，如果某人被迫改变自己的观点或被迫做某事，他就会丢面子。因此在言语交际中，说话人必须考虑双方的亲密程度、权势关系以及该行为在多大程度上会强求对方，进而决定采用何种礼貌策略或手段。

布朗和列文森提出的礼貌策略包括：

A. 直接性策略（bald on record strategy）：说话人不采取补救措施、赤裸裸地公开威胁对方面子的行为；说话人不需道歉或采用调节措施就可以实现某一行为。

B. 正面礼貌策略（positive politeness strategy）：它会使听话人产生好的感觉或使对方感觉到自己的价值观得到对方的认同等。

C. 负面礼貌策略（negative politeness strategy）：如说话含糊其辞、道歉、给听话人留有选择余地或明确表示不希望影响对方行动的自由等。

D. 间接性策略（off record strategy）：在严重威胁对方面子的情况下，说话人会采取隐含的手段，给对方留有余地，使其从中意识到说话人的威胁面子的行为不是故意的，从而实施了该行为。

E. 放弃实施威胁面子的行为（refraining from the act）：如果 FTA（face threatening acts）足以威胁对方的面子，说话人可能会放弃执行该行为。

8.3　英汉请求语的句法、文体对比

（1）祈使句。祈使结构通常只包含动词和宾语或者其他的补语成分，如果不是出于特殊原因，如用于强调，祈使句是不包含主语的。祈使句用于表达请求的情况在英语中是非常有限的。与陈述句和疑问句相比，祈使结构是礼貌程度最低的。例如：

Lend me your dictionary.

Would you lend me your dictionary?

前一句由于没有任何的修饰而显得很唐突，而第二句要礼貌得多。但是汉语中用祈使句表达请求的情况比英语中要多。在上述例句中，“借我用用你的词典。”和“你能借我用用你的词典吗?”作为请求在汉语中都能接受。再如当所请求的事物是咖啡、食品、饮料或其他生活用品，说话双方的关系为夫妻、家人、好友、同事、亲朋等情况下，汉语中用祈使句是可以接受的，没有任何被认为是不礼貌的地方。而在英语中，人们会选择比较间接的表达方式来减小对受话人面子的威胁。例如：

Can you pass me the salt?

用于家庭成员之间，这样的语言在英语中是很平常的。而在汉语中，人们会直接说“把盐递给我”，造成这种差异的原因既有语言上的，也有文化上的。因为祈使句的受话者在很多情况下为第二人称，这样的祈使句增加了请求的直接和唐突。此外，由于价值观念体系的不同，尤其是对于个人主义—集体主义认识的不同，导致人们对于人际关系的认知的不同。受价值观念的影响，中国人更愿意寻求稳定的群体社会关系，为他人提供服务和帮助是每个人的义务，人们普遍能接受并且会潜意识地服从这样的观点，同时希望别的个体也都这样做，只有这样，群体的生活才更加融洽，人与人之间的关系也会越来越亲密。例如，到关系很熟的人家里去做客，如果客人在每次请求添菜、加饭时都很客气，就会被认为是过于礼貌而显得见外了。一个家庭内部的成员，如夫妻、父母与子女之间的关系更被认为是一个家庭整体，相互之间不需要客气。在注重个人主义的英国文化中，即使是每个家庭成员也都被认为是独立的个体，相互之间也应保持一定的距离，整个社会的人际关系更是如此，因此提出请求时要用礼貌级别高的表达方式。

（2）一般疑问句。英语中的请求在很大程度上与带有情态动词的一般疑问句紧密相连。用下面的例子来阐述强加性。

① Pass me the cup.

② I want you to pass me the cup.

③ Will you pass me the cup?

Are you going to pass me the cup?

④ Can you pass me the cup?

Are you able to pass me the cup?

⑤ Would /Could you pass me the cup?

①是直接祈使句，因为它给受话人留有的余地最小，所以强加于人的程度更深。②比①礼貌程度高，因为它表达了说话人的愿望。③比②礼貌，因为它是在询问对方的意愿。④比前三个礼貌，因为它是在询问对方的能力，如果对方拒绝完成被请求的事物的话，原因是他的能力达不到，而不是不愿意。⑤是礼貌级别最高的，因为它使用了情态动词的过去式，听起来好像是与现实世界脱离的一种假设的行为。英语中情态动词 must、should 和 shall 不用于表达礼貌的请求。

尽管请求是否合适与环境、说话双方关系、内容等有很大关系，但是有一点是肯定的，英语中的请求语更多使用较为复杂的包含情态动词的一般疑问句而不是祈使句，因为情态动词能够加强说话人迟疑的态度，减小强加于人的语气，从而减轻对受话人面子的威胁。在汉语中，与英语“can”对应的词“能够”与“will”对应的词“愿意”即使在用于请求时也在很大程度上表达了它们字面的意思，听起来过于生硬，用在熟人之间又显得过于文绉绉。而例句⑤由于使用了情态动词的过去式，在汉语中没有对应的表达。当然，汉语中可以在句子后面加上附加问句，如“行吗”“好吗”“可以吗”等来减轻语气。

（3）省略结构。省略结构指的是句子的一部分没有明确地表达出来，但是可以根据语言和语言之外的上下文或说话双方的共同知识来理解的情况。省略结构可以划分为三种情形，即省略动词、省略名词宾语、仅用礼貌标记词“please”或称呼语等。在省略动词的情形下，省略的动词通常是“bring”“speak”“give”和“be”等。例如：

(Bring) My book.

(Be) Quick, you have no time.

(Give) Another cup of tea.

在服务场所，这样的省略是很普遍的，如顾客对服务员说“steak, white wine”，服务员会明白顾客的意图。省略名词的情况有时在英语中也会出现。

尽管如此，在英语中，省略名词宾语的情况是非常少的，因为很难省略掉“hold”“eat”“drink”这些及物动词的宾语。但是这些词的汉语对应词“拿着”“吃”“喝”都可以省掉后面的名词宾语，因为相对于英语，汉语的及物动词与不及物动词的界限本来就是模糊的，汉语的很多动词本来就具有及物与不及物两种功能。

“please”在英语中是最明显、最普遍的礼貌标记词，它的使用可以缓和请求的语气。汉语中的“请”可以用作动词，如“请医生”“请假”等。此外，同英语中的“please”一样，它也是一个礼貌标记词。但是汉语中的“请”大多用在服务场所和不太熟悉的人之间，而家庭成员或非常熟悉的人之间很少用。相比之下，英语中的“please”用得更为广泛和普遍。只使用称呼语即可表达请求的情况英汉语中都有，如小男孩想请姐姐帮忙洗衣服，他说“Oh，my dear sister，my dear sister.”（好姐姐，好姐姐。）

总的来讲，因为英国人喜欢独立，与别人保持一定的距离，不喜欢参与，而省略结构的理解在一定程度上依赖于双方的共同背景知识，需要听话者积极的参与来补充语言上没有直接表达出来的内容，加上前面提到的语言本身的原因，所以使用省略结构表达请求的情况在英语中不如汉语中多。人们之间的关系越亲密，越不正式，对语言的准确性和清晰度的要求就越低。受价值观念的影响，中国的家庭成员和群体成员之间有很多的共同背景知识，因而用省略结构表达请求的情况能够被人接受，因此更为普遍。

（4）陈述句。陈述句可以分为“暗示”和“需要陈述”。Brown 和 Levison 列出了暗示表达请求的两种情况：

a. 表达做某事的原因或动机。例如：

I feel cold here.

（说话人想让受话人关上窗户。）

b. 说出做某事的条件。例如：

You didn't open the window when you came in.

用暗示表达请求，其礼貌程度是很高的，因为说话人只以非常模糊的方式表达了请求，给受话人造成的压力较小。另外，由于暗示很容易被误解，所以有时候会导致交际的失败。

8.4　定量研究

8.4.1　研究问题及研究意义

本章从中介语语用学的角度，主要探讨了中国大学生英语学习者在请求语使用中的请求语策略及语用迁移。其研究问题在于：①在使用请求语时，英语语言和汉语语言有哪些相似之处和差异？②影响英汉请求言语行为的语言因素和文化因素有哪些？③跨文化请求语使用上常见的语用失误有哪些？原因何在？

本章的研究主要是在前人关于言语行为理论及请求语跨文化比较研究的基础上，采用对比分析的方法对中国大学生英语学习者请求语学习的情况进行了跨文化对比研究和探讨，并从语用语言迁移、社交文化迁移等方面分析了中国英语学习者的语用迁移并讨论其原因。这些发现对外语教学有一定的理论和实践指导意义，而且对于跨文化交际实践以及英语学习也有着重要的指导意义。

8.4.2　受试选择

本书中的数据来自两个研究群体：非英语专业的中国大学生和英语本族语者组，共 150 人。英语本族语组为英国伦敦大学本科生，共 50 人。该组学生为英语本族语者，对中国语言和文化均不了解，该组数据作为本研究参考数据。中国大学生组为河南财经政法大学二年级学生，他们分别来自河南财经政法大学会计学院、金融学院、计算机学院，共 100 人，年龄为 18 ~ 22 岁。

8.4.3　研究方法

研究采用的“语篇补全测试”（DCT）以 CCSARP 的 DCT 为基础，共涉及 12 个场景参数涉及交际双方的社会距离（social distance）及权力地位（dominance value），即朋友亲戚间社会距离小（ – SD）；陌生人间社会距离大（+SD）；请求者相对被请求者的权力地位可能为：高于被请求者（H→L）；低于被请求者（L→H）；相等（E-E）。

参照 CCSARP 的实验数据，汉语请求行为策略的实施分布情况具体如下：

（1）直接请求策略。直接请求策略是说话人不加任何修饰，以明确的话语直截了当地向受话人发出请求。分为四大类：语气导出型、施为动词型、义务陈述型、需求陈述型。

a. 语气导出型

英语“close the door”“go out”是没有任何起缓和语气作用的助词或标志词汇的祈使句，汉语也有如“换个尺码”“快把门关上”这样类似的表达，这是语气导出型的第一种分类。这种请求策略不经常使用，语气过于强硬，往往含有命令的意思。

话语中附加“……吧”“最好……应该……”等是语气导出型的第二种分类，例如，“今天有点累，你代劳一下吧”“今天已经有安排了，下周再见面吧”。

第三种分类中通常含有“好不好”“好吗”“可以吗”“可以吧”“怎么样”“行吗”和“请”等词语，“请”和“可以吗”“好吗”“行吗”可以同时使用。例如，“站着很累，你帮我排队好不好？我先去占个位子。”“您好，请把您的行李放到行李架上，祝旅途愉快！”。

b. 施为动词型

施为动词型包括清晰施为型和模糊施为型。清晰施为型含“求”“要求”“请求”“恳求”“让”“叫”等词。例如，“请你帮我签个字”“求您帮帮忙，给我开个证明”，英语多用“ask”“make”“let”等，汉语模糊施为型除了含“求”“请求”“让”“叫”等词外，还在话尾加上“好吗”“行吗”“可以吗”等。例如，“你帮我交下作业，行吗？”“我想请你帮个忙，好吗？”，而英语的模糊施为型多用情态动词或表达行为意图的动词，如“would like to”。

c. 义务陈述型

义务陈述型通常指受话人必须或出于某种义务要执行的请求。例如，“you will have to/would/should/must/ought to clean the room”，其中，“would/should/ought to...”是义务陈述型的标志。

汉语有“应该，该，得，不得不”等标志。例如，“旅行得推迟到下周末了，这周工作太多，没时间出行了”“天气很好，你应该把被子拿出来晒晒”。

d. 需求陈述型

需求陈述型指话语通常表达说话人的欲望、需求和希望，言语生硬且直接。英语多含“I would like to...”，“I hope/wish/want to...”。

汉语出现“想”“要”“需要”等词语。例如，“你好，我前几天在这里买了衣服，想换一下尺码”“刘教授，我的论文题目没选好，开题报告需要推迟一下再交”。

（2）间接策略。间接策略又分为规约性间接请求及非规约性策略两种。

a. 规约性间接请求

Blum Kulka 认为，语言使用的规约由意义和形式的规约组成，即意义和语言形式决定请求力度。意义的规约决定间接请求言语的句子类型。语言形式的规约就是使用特定的词汇。例如，“Can you...?”就是典型形式的规约。规约性间接请求包括建议表达型和询问型。建议表达型指发话者把请求转换成双方都有益的建议。例如，英语用“How about clean the room?”；汉语用“要不、不如、你看是不是、怎么样、为什么不……”等表达，如“要不你去买电影票，我先去买爆米花。”“老师，您看看我是不是可以请一节课的假?”询问式策略包含询问的前提条件，询问听话人的能力、意愿或可能性。英语有“would you mind/will you/would you/why don't you...”，“能……吗?”“能不能”“可不可以”“能否”“可否”“是否可以”“是否”等汉语词汇也表达此类型。例如，“服务员，我没带现金，能不能刷卡付账?”“你好，这件衣服是我前几天给家人买的，回家发现号码小了，能不能换个大码的?”

b. 非规约性策略

非规约性间接策略主要是指发话人表达意思的不明确，话语意思具有多重性和非具体性，即语用模糊。话语多为暗示性言语，有强暗示和弱暗示之分。听话人需要根据上下文和相关知识做出判断其是否请求行为。例如“你忙不忙?”，可以表示为询问听话人是否有时间和说话人聊天，或提供某些帮助。

（3）策略组合。策略组合指不单独使用一种策略表示请求，而是将两种或两种以上类型的请求语组合使用。需求陈述和语气导出型的结合，如“你好，服务员，这件衣服我想换件大码的，可以吗”；需求陈述和模糊施为型结合，如“叔叔，我们想让你帮我们把行李放架子上，好吗”；询问型和语气导出型的结合，如“今天可不可以不吃火锅啊？还是吃点比较清淡的吧”。

8.4.4 结果和分析

问卷发放分别在伦敦大学三位教师和河南财经政法大学五位英语教师的帮助下完成。前者共发出问卷50份，收回49份，其中有效问卷45份，问卷收回有效率为98%；后者共发出中英问卷各200份，收回190份，其中有效问卷186份，问卷收回有效率为95%。

从场景数据显示来看，探询型（query preparatory）是英语组和汉语组使用最为频繁的一种请求语策略，其次是需求陈述型（want statement）和语气导出型（mood derivable）策略。而对于施为动词型（performative）和慎用类施为动词型（hedged performatives）两种策略则显示两组受试者基本不使用或者很少使用。

但是数据中也显示在策略使用的具体数值和频度上以及其他几种策略的使用情况尚存在一些差别。策略的选择和社会距离之间是相互影响、相互映射、动态循环的一种关系。社会因素会影响到语言的选择，反过来语言也会映射和引导人际关系的变化（姚舜霞、邱天河，2003）。也就是说话语请求方式会对人际关系变化起到映射和引导的作用。

本研究调查结果表明，无论是在陌生人间社会距离大（+SD）还是在朋友及亲戚间社会距离小（-SD）的情况下，英语组和汉语组两组数据都显示受试者倾向于使用规约型间接策略和直接策略类。但是在非规约型间接策略和其他类策略的使用上英语组更愿意在社会距离大的情况下使用其他类策略，而汉语组更喜欢在社会距离小的情况下使用非规约型间接策略。

无论当请求者相对被请求者的权力地位高于被请求者、低于被请求者或者出于相等情况时，英语组和汉语组的数据都显示受试者倾向于使用规约型间接策略和直接策略类。但是在非规约型间接策略和其他类策略的使用上英语组更趋向于在权力地位高于被请求者的情况下使用非规约型间接策略，而汉语组在权力地位低于被请求者的情况下趋向于使用其他类策略。

8.5　影响英汉请求言语行为的语言因素和文化因素

8.5.1　英汉语请求策略差异的语言因素分析

英语是一种形合型语言，其规约型间接请求策略可借助其丰富的形式来实现，如“Why don't you... ?”“Why not... then?”“How/What about... ?”这些疑问句式都已经规约为一种言语行为。而汉语是一种意合型语言，在要表达有关请求的间接含义时，是直接通过词语手段而不是依赖于言语的形式来实现的。因此，人们即使要表达委婉的含义，也是多用直接请求策略，而把尊重放在内部的礼貌词语的使用上。如经常借助于“请”“麻烦您”“帮”等词语即可。这也是为什么姚舜霞和邱天河（2003）在对英汉请求言语行为研究后提出英语规约型间接请求策略不符合汉语的间接请求策略结论的原因。

8.5.2　个人主义和集体主义

关于英汉两种语言请求策略的差异主要动因，笔者认为是个人主义和集体主义、内群体和外群体观念的差异。从个人主义角度看，面子在很大程度上是个人的事。但若从集体主义角度看，个人的面子就是个体所属群体的事，而这个群体不管是个人家庭、文化群体或是个人所属公司，也正是集体主义文化采取特殊的话语方式来保持内群体与外群体间的界限。

个人主义与集体主义是衡量个人与集体关系的尺度。霍夫斯泰德对 40 个国家和地区个人主义取向程度的调查表明，美国社会中的个人主义取向占第一位，澳大利亚、英国、加拿大分别占第二位、第三位、第四位，中国香港地区占第 32 位，中国台湾占第 36 位（关士杰，1995；贾玉新，1997）。可见中西方文化在个人主义和集体主义价值观方面差距甚远。中国文化属于典型的集体主义文化，西方文化属于典型的个人主义文化。

与漫长的封建制度相适应，中国传统文化中的集体主义的核心内容是宗法（或者拟宗法）性质的。宗法集体主义也称封建宗法集体主义，它是与封建宗法制度分不开的。在封建宗法制度的中国，封建社会是以血缘关系为纽带，与国家制度相结合，以维护家长、族长和贵族世袭统治和世袭特权行为，而形成了由政权、神权、专权组成的封建宗法制，形成了等级森严的宗法制度。而作为这些制度在思想文化和价值观领域的表现就是一种以维护国家、民族和贵族为中心的集体主义，而个人利益则要绝对地服从宗族的利益，故称宗法集体主义。封建宗法制度的显著特点，是血缘家族制度成为国家制度的模本。《孟子·离娄》中提到，“人有恒言，皆曰天下国家，天下之本在国，国之本在家”。这种说法把“家”与“国”这两种不同的社会组织混为一体，并且把家当作国之本。张东荪在《理性与民主》一书中对这种家国混同的社会组织结构做了具体描述：中国的社会组织是一个大家庭而套着多层的无数小家庭。可以说是一个家庭的层系。所谓君就是一国之父，臣就是国君之子。在这种层系组织的社会中，没有个人观念。这形象地说明，家族组织结构对中国社会组织形态的形成和发展有极为深刻的影响。像中国这样社会价值至上文化也称“我们”文化，或是“无我”文化。它是东方文化，特别是儒教文化的特点，极力推崇社会的有序及和谐，尽管现代中国文化受到西方文化的影响和冲击，但集体主义仍然是中国文化价值观的主流。

在英语语言文化中具有以个人为中心的社会价值即个人主义的特点，相信每个人都是一个独特的个体，以个人的工作和成绩来评价个人。英语文化忽视传统的贵贱之分，人们之间平等意识较强，无论社会地位和贫富差距，个人必须得到尊重，更不允许别人侵犯自己的权利。这一点在英语请求语中的反映很明显。西方的个人价值至上文化也被描写为“我”文化，这种对“自我”的强调、对个人主义的崇拜可以从英语中大量的以 ego 或 self 组成的词组体现出来。他们放任个性、自由发展、自我实现、自我肯定，强调个人的智力、能力与性格，强调外在的、个人的、功利的，他们以个体的形式存在，强调个体的重要性。

8.5.3 权利差距

权利差距是指人与人之间社会地位不平等的状况，是各种社会文化群体中普遍存在的现象。不同文化在处理权利不平等问题的方式上不尽相同。根据霍夫斯泰德的调查结果，权利差距指数高的国家和地区有菲律宾、墨西哥、委内瑞拉、印度、新加坡、巴西、中国香港、法国、哥伦比亚等，权利差距指数低的国家有美国、加拿大、澳大利亚、英国、爱尔兰、新西兰、丹麦等。可见，中西方文化在权利分配方面存在很大差距：中国文化属于差序格局的社会结构，西方文化属于平行的社会结构（关世杰，1995）。

在中国经过了长期的积淀与强化，传统文化以儒家思想为正统，形成金字塔式的等级特权制度，《含文嘉》：“君为臣纲，父为子纲，夫为妻纲”。在现代虽没有如此严格的等级制度，相对而言中国文化更加维护等级制度，顺从权威，尊重长辈，强调做事情要符合自己的身份。汉语中很多符合词的排列顺序就充分展示了中国人的“等级”观念，如天地、日月、国家、父子、长幼等。在这种等级体系中，人与人之间的关系是竖式的，它强调个人要严格按照自己在等级体系中的位置来规范自己的言行，在最大限度上服从于自己所在的社团或社会，以期达到社会道德规范的标准。

在中国这个强调和谐、融入的社会里，人们在发出请求时通常遵循“亲近原则”，除非双方在社会关系上有较大的差距如陌生人或是上下级关系，亲属或好友之间较少使用“请”，不然会使对方觉得自己是外人，有可能造成人际关系的疏远。在请求言语行为中，汉语中的“请”和英语中的“please”可以作为策略之用，它们在功能上也有许多相似之处。

英语是世界上唯一将“我”大写的语言。西方人尊重个人权利，向往自由，崇尚平等，他们心目中理想的社会是任何人不论身份地位，都能得到平等的机会去实现梦想。西方人认为每个人不仅是独立的生物个体，而且是一个独一无二的心理存在和社会的独立成员（Stewart & Bennett，1991）。在与个人主义联系最紧密的文化传统中，强调“自立”意识。在西方，人们强调独立自主，不能依赖他人，甚至依靠父母生活都是一种耻辱。西方人都想成为 self - made man 或 self - made woman（靠自己奋斗成功的人）。按照 Rokeach 目的性价值观的划分，平等与自由是他们生存的最终目标。这一“平等”观念体现在行为模式中常表现为西方人更强调距离感，平等与自由的价值观使得西方人对陌生人甚至是家人的过分客气和礼貌。对陌生人甚至是亲密关系的人使用请求语时也要使用“please”，因此，发出请求“please”使用频率明显高于中国人。

8.6 请求语的语用失误

8.6.1 请求语语用失误的表现

笔者对请求语语用失误的调查采用了调查问卷的形式，问卷采用了 Reiter 设计的 12 个情景，对请求言语行为进行了详尽的分析。研究的主要对象为河南财经政法大学非英语专业二年级的 100 名学生，具备一定的交际能力和社会常识。这些情景在交际者双方的社会权势（social power），社会距离（social distance，即交际者双方关系的亲密程度）和强加程度（weight of imposition）上各不相同，而它们正是决定言语行为中所用的策略和礼貌程度的重要因素。调查问卷由任课教师当堂发放给学生并在填写结束后收回，申明答案也并无对错之分，鼓励其根据自己的实际情况填写，并对调查数据绝对保密，从而保证调查的真实性和客观性。

请求策略有两种，直接策略和间接策略，间接策略里又有惯用间接请求和非惯用间接请求。上述称述或祈使的方式，惯用间接请求多是建议或者疑问。在中国大学生中，常犯的请求策略方面的语用失误主要有以下几种：

（1）请求句式选择比较单一，没有根据语境采用正确的句型。中国大学生在表示请求时，不管任何场合用都只有几种句式："Would you..." "Can you..." "Could you..."。实际上，英语在表达请求时句式上比较丰富，除了上面说的几种，还有"Can you fancy..." "Can I..." 等。从种类上说，这种应该属于语用语言的缺乏，需要语言学习者日常的学习积累。

（2）存在英语请求语乱用的情况。大多数英语学习者不清楚不同句式的请求语表达的礼貌程度是有区别的，造成请求语乱用的情况。在我国的英语课堂学习中，很少有教师和学生会去分析归纳请求语的语境以及礼貌程度，再加上一些中文思维定势的影响，导致现在学生到了大学依然觉得请求语都是表达请求的意思，词语的选择或是句式的转换没有太大的差别。依据本章前面部分对请求语的分类，我们发现，英语请求语策略选择是依据一定的语境而定的。而且，中文里没有情态动词，非专业的大学生也大多不明白在英语中过去式比现在式更礼貌一些，使得学生在交流时“will”和“would”“can”“could”随意混用，造成失误。对英语文化的理解不足。

（3）中国英语学习者对于直接请求的使用频率要远高于英语母语使用者。中国的英语学习者有的受中文思维影响很大，会根据中文的“好吗”在英语请求语中加入“OK?”“let me”之类的句式，这是非常中式的英语表达，也是非常不礼貌的表达。而对比较委婉的暗示请求如“Why not...?”“Won't you...?”“Do you mind...?”这样的句式运用较少，“May I...?”这样的句式在英语学习者中也比较少见，这样的失误则应该属于社会语用失误。

（4）英语学习者还有一些起始行为语上的语用失误。起始行为语的目的是在请求前引起对方的注意，可以用称呼语、招呼语和礼貌语等。中国大学生由于受到汉语的影响，在起始行为语上的语用失误较多。在中文里，“请”的使用往往在亲疏关系较远或者层级关系比较明显的时候使用，平常用称呼语和招呼语更多，而且称呼语的形式也很复杂。所以学生在权势地位较高或社会距离较远的人表达请求时一律使用“please”祈使请求语，他们认为这是一种礼貌的请求语。实际上，英语里的“please”是个非常常用的词汇，在各种场合都会遇到，表示行为礼貌。若要在请求中表示尊敬或者礼貌，应该采用委婉疑问的句型，例如，“Do you mind?”

8.6.2　请求语语用失误的原因

（1）英语水平有待提高。对于非英语专业的低年级大学生而言，他们刚离开高中不久，在使用英语交流时掌控力较差，对英语情景接触少，不了解不同请求语之间的区别，缺乏语感，出现语用失误的概率更大。特别是一些英语语言基础薄弱的学生，能够运用的句式句型十分有限，在使用英语进行交际时只关注于如何表达自己的意愿而忽略了语言使用的情景，有时会造成双方的尴尬。因为传统的英语教学大部分是灌输式教学，片面强调语法的正确性以及句式的多样性，关注于灌输语言知识，而缺少实践。高等教育总的英语课程对于礼貌语的教学没有系统和专业的培训，因此学生了解不够。英语学习者应当学习跨文化交际的内容，并在实践中锻炼自己把握语言的能力。

（2）对语境的理解不够。在不同的场合之中根据交流双方的关系，使用请求语的策略是不同的。双方关系包括双方亲疏关系、地位的高低、社会距离的远近等。语言学习者在使用请求语的时候，有时无法将请求语的礼貌程度与交际双方的社会关系很好地对应起来，而且请求者说话时既然要满足被请求者的潜在心理需求，就要了解被请求者的个性特征，包括年龄、性别、性格、涵养等。例如，年龄大的人可能需要说话者更加礼貌和尊重，要多用“May I ...”“Could I ...”这一类句型；对中国女性可能要慎重使用亲昵的称呼语，而对于西方女性，使用“honey”等称呼语没多大问题；性格比较温和的人会更加理解隐喻请求，使用“I wish...” “I wonder if...” “I hope...”等是比较好的选择；涵养好的人也许更喜欢用疑问请求，类似于“Could you...”“How about...”现在很多大学生没有系统地接受英语礼貌语的实践训练，又由于在学生社交环境的单纯性，导致在实际运用中对英语语境的把握相对缺乏，无法正确地表达自己的请求意愿，达到交际的目的。

（3）文化间的差异。文化的差异对请求语的表达造成了很大的影响。我国强调集体主义，社会权势差距很大，等级制度比较严格。在西方则强调自由民主，偏向个人主义。所以中国学生在请求别人的时候更多偏向使用“Could you...”“Would you...”之类的句型，而英语母语的使用者在有的场景下更喜欢使用“May I ...” “Could I ...”等。另外，还有一个很明显的差异就是，在被请求方地位或者等级较低（中国学生看来）的时候，中国学生用直接请求如命令祈使句或者“I would like to...”“I want you to...”这类句式的概率也会大得多，而对于地位较高的对象，则使用疑问请求更多。相比之下，英语母语使用者只有在关系很亲密的情况下才会使用直接请求，特别是祈使句的直接请求，层级关系之间多采用间接请求，甚至家长对孩子说话大部分都是用间接请求，而命令式的请求语，如“You should...” “I ask you to...”在日常交流中则更为少见。

8.6.3 如何避免请求语语用失误

（1）提高英语学习者的英语能力水平。造成英语请求言语行为中语用失误的一个原因就是英语基础薄弱。因此，为了减少语用失误，首先要积累大学生英语语言知识。在教学中，可以采取情境性的教学模式，培养学生的听说交际能力，提高学生对语境的判断能力，在语言交际训练的过程中教师需要从旁指导和建议，让学生在遇到实际交际的语用失误或交际失误时能及时得到纠正，最终使学生能熟练流利地使用正确的请求语表达方式。

（2）增加礼貌请求言语行为语用知识的讲解和实践。首先，教师要增加课堂上对于礼貌请求言语跟语境对应关系的讲解。这要求英语教师在日常的教学中增加对请求言语行为的系统讲解，将不同语态、句式对应的礼貌程度一一对应起来，使学生能够真正理解明白不同词语和不同语态句式间的礼貌程度差异，减少请求言语行为语用失误产生的可能性。

其次，要增加课堂上对于不同文化间可能造成的语用失误的内容讲解。文化差异是导致产生语用失误的一个重要因素，为了减少语用失误的产生，在教学中就要注重对文化差异的讲解。教师要对东西方之间的语言文化有比较深刻的认识，培养学生的跨文化交际意识。

最后，英语课堂教学中应采用更加丰富的教学手段——视频、音频、图片等来表现东西方文化之间的差异导致的请求语语言行为上的差异。这样能让英语学习者对礼貌请求语的选择有更深刻的领悟，在日常交流中才能主动分析语境选择正确的请求语表达方式，避免出现语用失误。

8.7　结　语

通过本章的定量研究及场景数据显示来看，探询型（query preparatory）是英语组和汉语组使用最为频繁一种请求语策略，其次是需求陈述型（want statement）和 语气导出型（mood derivable）策略。而对于施为动词型（performative）和慎用类施为动词型（hedged performatives）两种策略则显示两组受试者基本不使用或者很少使用。

但是数据中也显示在策略使用的具体数值和频度上以及其他几种策略的使用情况尚存在一些差别。无论是陌生人间社会距离大（ + SD）还是在朋友及亲戚间社会距离小（ - SD）的情况下，英语组和汉语组两组数据都显示受试者倾向于使用规约型间接策略和直接策略类。但是在非规约型间接策略和其他类策略的使用上英语组更愿意在社会距离大的情况下使用其他类策略，而汉语组更喜欢在社会距离小的情况下使用非规约型间接策略。

当请求者相对被请求者的权力地位无论是高于被请求者、低于被请求者或者出于相等情况时，英语组和汉语组的数据都显示受试者倾向于使用规约型间接策略和直接策略类。但是在非规约型间接策略和其他类策略的使用上英语组更趋向于在权力地位高于被请求者的情况下使用非规约型间接策略，而汉语组在权力地位低于被请求者的情况下趋向于使用其他类策略。

英汉请求言语行为受到语言因素和文化因素的影响。但这并不意味着一个民族比另一个民族更礼貌或是不礼貌，只不过礼貌从不同的特有的文化角度兑现罢了。

对请求语语用失误的研究发现，英语请求语的语用失误表现在以下几个方面：①请求句式选择比较单一，没有根据语境采用正确的句型；②存在英语请求语乱用的情况；③中国英语学习者对于直接请求的使用频率要远高于英语母语使用者；④英语学习者还有一些起始行为语上的语用失误。究其原因主要包括两个方面：一方面英语学习者的英语语言基础薄弱，另一方面受客观存在的东西方文化差异的影响。因此，要避免请求语的语用失误，需要提高英语语言的水平，还要增加对礼貌请求语的系统教学，培养学生的跨文化使用请求语的意识和能力。

本章对于英汉请求语的对比研究，仅调查了影响言语行为的社会距离和文化因素，实际上影响请求言语行为的还有其他因素，如年龄、言语直接或间接程度的态度和性别差异等。建议语言研究者扩大数据收集的范围，从这些方面开展更广泛深入的跨文化研究。

第 9 章　英汉感谢语的对比研究

毕继万（2006）认为感谢语表达的是对他人帮助的感谢，是促进人际关系的礼貌行为，这是各种语言和文化共有的。感谢语作为一种广泛使用的日常交际用语，可以反映出文化的多样性和差异性。不论是西方人说“thank you”，还是中国人说“谢谢”，或者是其他类似的语言表达方式，大多数情况下他们是出于共同的目的，就是对他人的帮助表示感谢。然而，在一种文化背景下适用的语言表达不一定适用于另一种文化环境，因为不同的文化在许多方面本身就存在许多差异。在不同的历史、地理环境、宗教信仰、政治体系中，感谢语的使用存在差异。

国内外众多的专家学者都对感谢语的使用和文化内涵方面做过了一些研究。Aijmer（1996）在其著作中详尽分析了感谢的功能/形式和策略等方面。Aston（1995）研究了“thank you”在调节和确定谈话双方角色的作用，强调了外语教学中提高跨文化意识的重要性。国外关于如“thank you”的感谢语表达的这些研究很有意义，研究使用这些语言表达背后的文化内涵也同样具有参考价值。邓炎昌和刘润清（1989）指出，一门语言的学习与语言背后的文化学习是密不可分的。汉语感谢语通常比较注重礼貌，形式复杂多样，英语感谢语则一般比较简洁直接，而文化差异正是造成这些不同的原因所在。

尽管之前的这些研究广泛地涉及英汉感谢语的功能、语用规范和意义等，但是对汉英感谢语之间的文化差异还没有进行深入的探索和研究。本章通过探讨感谢语语言表达上的这些差异，深入探究其背后的文化原因，丰富和巩固之前的相关研究。在实践运用中，本章的研究以作为跨文化交际的一种补充性指导，使我们更加认识到中西两种不同文化的差异在礼貌语交际的许多方面上扮演着非常重要的角色。

9.1 研究背景

感谢是全世界所有文化的一种礼节，它是促进人际关系的有效润滑剂。随着语用学的建立和发展，国内外的学者开始表现出对感谢语的研究兴趣。然而，由于各自不同的文化背景，表达谢意或感激的语言表达方式也随之有所不同。如果缺少对这些相关差异的认识，很可能会造成跨文化交流中的误解和障碍。为了更好地促进中西跨文化交流，在英汉感谢语差异表面的基础上，有必要更详尽地了解其背后的文化差异。

9.1.1 关于感谢语研究的回顾

布朗和列文森（1987）指出，表达感谢就相当于说话者承认欠对方的情，也正因为如此，采用恰当的策略表达感谢是很重要的。传统意义上感谢语的表达被视为言语行为和礼貌的标志。语言学家 Searle（1976）把言语行为分为了五大类：阐述类、指令类、承诺类、表述类和宣告类。根据 Searle 的言语行为分类，感谢语属于表述类，也就是说感谢语可以反映出说话者的心情，更确切地说，就是传达了说话者对对方所提供的帮助或其他行为的感激或认可（杨春红，2008）。利奇（1983）从社会功能的角度把言语行为划分为四类，即竞争类、和谐类、协作类和抵触类。感谢语属于其中的和谐类。换言之，从某种程度上来说，恰当地表达感谢将有助于建立和维持良好的人际关系和营造和谐的社会氛围。相反，错误地使用感谢语将可能会被视为一种冒犯，甚至伤害交际双方的感情，对彼此之间的关系造成不利的影响。我国学者毕继万（1996）认为，感谢语是对他人帮助的认可，是促进人际关系的礼貌行为，这是各种语言和文化所共有的。赵欢（2007）认为感谢语是全世界的人们广泛使用的语言，用以表示他们的礼貌，认可他人提供的帮助，并改善彼此的人际关系，因此感谢语是人际交往不可或缺的一部分。

9.1.2 关于英语感谢语的研究

对于英语感谢语的功能、形式、策略等方面，国内外学者对此都从不同角度做了不同程度的研究。在日常交际中，英语感谢语的功能语块的形式通常是“thanks”和“thank you”等形式。很多研究者都认为，对于英语文化背景里的人来说，他们表达感谢的方式通常比较简洁，“thanks”和“thank you”是最广泛使用的表达感谢的方法。学者们还发现，除了表达感谢的用途外，这些语言也常被用作结束会话的标志，经常包含着一种话题完全的转变（Wong，2010）。在现代英语中，在一些语境下人们需要使用感谢语以达到礼貌的要求（Wong，2010）。在 Aijmer（1996）的研究中，这些语境或者受惠类型分为两大类：在 London – Lund 语料库中，它们被称为物质的和非物质的东西。Aijmer（1996）利用 London – Lund 语料库和她本人收集的数据等相关资料，从功能、形式以及策略等方面对感谢进行了详尽的分析。Aijmer（1996）认为“thank you”的社会作用在于承认或认可从他人（或其行为）那里得到好处，即便是很小的好处，如售票员递票给乘客，银行职员从柜台处递钱给顾客，或是服务员给顾客端来一杯咖啡等。基于使用得最普遍的感谢语形式，如“thank you”或“thanks”，适当添加一些词语可以巩固和强化礼貌的感情色彩，如“Thank you very much indeed”“Thanks ever so”。Aijmer（1996）还对感谢语的具体作用进行了较为全面的总结：①承认得到好处；②当东西传给自己时，承认得到帮助；③提前表示感谢；④拒绝他人的帮助；⑤标志谈话结束（尤其是电话中）；⑥表示接受他人帮助；⑦用语寒暄，如“How are you”的回答“Fine，thanks”。Aijmer（1996）同时指出，感谢语结合不同的语调或用词还可以表达出生气、讽刺和无礼的意味，或是传达出某种消极请求，例如，“Thank you for not smoking”。

9.1.3　关于汉语感谢语的研究

由于文化背景的不同，许多西方人对汉语感谢语存在一些迷惑，容易出现误解的情况。我国学者毕继万（1996）总结了西方人对汉语感谢语的三方面的主要误解：①中国人不懂礼貌，该表示感谢的时候不说感谢语，常常表现在电话交际时；②虚而不实，感谢语的使用没有尺度和约束，常常话说过了头；③在回应感谢时，不是拒不接受，就是说成不得已而为之，如“这是我应该做的”“这是我的职责”等。虽然这些说法不是完全错误的，因为涉及的某些汉语特色感谢语表达确实存在，但是西方人不明白中国人对感谢语的使用与西方会有如此大的差异。反过来，中国人也不了解为什么西方人频繁地使用感谢语，以及他们的感谢语表达为何那么简洁直接。毕继万（1996）认为造成这些误解的原因在于不理解双方感谢语的文化差异，在使用汉语或英语交流时信息的解码和编码发生了错误。

另一位中国学者李丽娜（2004）也对汉语的感谢言语行为进行了研究。她发现了汉语感谢语具有形式复杂性和多样性的特点。说话人倾向于站在施惠者的角度考虑问题，明确传达出了自己欠对方情的信息，如典型的汉语感谢语“您辛苦了”“麻烦您了”“叫你受累了”。李丽娜（2004）指出，这种从对方立场考虑问题的态度，比简单的一句“谢谢”所表示的认可程度要强得多，显得更加亲切和真诚。而且，汉语感谢语多用于确实受人之惠时，少了西方文化的客套，多了发自内心的真诚。

然而，在一些场合和特定的人际关系间，中国人很少使用感谢语。例如，在服务性行业没有要求一定要说谢谢，中国人倾向于认为对方的帮助仅仅是在工作范围内履行职责，不包含主观意识上提供帮助的意图，所以按照中国的社会礼貌原则，可以说谢谢也可以不说（杨春红，2008）。另外，对熟悉的朋友或亲人之间，中国人也很少使用感谢语，如果用了就会显得很不自然，而且还会显得见外。毕继万（1996）指出，中国社会现存的等级差异意识也深深影响着汉语感谢语的表达，对不同年龄和社会地位的人使用感谢语时表现较为明显。

关于英汉感谢语的语言及其背后的中西文化原因，学者们在各自的研究都进行了一定的探索，而且对中英感谢语的差异也做了对比，他们中有人总结了英汉两种感谢语言各自的特点，并介绍了这些感谢语表达差异的一些原因。然而，随着社会文化的发展变化和跨文化交际的逐渐增多，相关的中西文化差异仍然需要更加深入地进行研究和探索。在本章的内容中，笔者将从英汉感谢语的表达相同点和差异点出发，讨论和分析造成英汉感谢语差异背后的中西文化差异。

9.1.4 感谢语的内涵

根据 Searle 的分析，致谢是说话人表达对听话人感激之情的一种行为，并且这一行为建立在听话人已经完成某一行为的基础之上。换言之，表达感谢的原因是前期行为让说话人受益，并且说话人也承认受到这种恩惠，由此利用一系列词语或句子完成致谢行为。这种认识仅仅建立在对致谢动机的原因分析上，当将致谢的行为环境扩大到整个社会关系中，致谢的功能将更加多样化。毕继万认为，感谢语是对他人帮助的承认，是促进人际交往的礼貌行为。利奇认为，表达感谢有利于建立和保持谈话者之间和谐而友好的氛围，从而达到促进社交的目的。可见，表达感谢是有利于人际关系的行为，具有广泛的社会意义，致谢语的应用强化了积极礼貌策略。从意义来看，它是指受惠方对他人的施惠行为如他人给予的帮助和好处等表示认可、谢意或感激之情的话语行为，是融洽人与人之间关系的一种常见的言语行为。从言语行为的类属来看，根据 Searl（1969）对言语行为的分类，表述类行为表达说话人的某种心理状态，而感谢语是说话人针对听话人实施了有益于自己的行为而表达的谢意，因而属于表述类行为。

9.2 感谢语研究

9.2.1 感谢语的定义

感谢语是日常生活中随处可见的一种交际语言。受惠方对施惠方的施惠行为要做出一定的表示，以此来表达对该施惠行为的认同和感谢。毕继万先生在对感谢语进行定义时，将它划分到礼貌用语的范畴，他指出“感谢语是对他人帮助的承认，是促进人际关系的礼貌举动”。同时也表明，受人恩惠需表示感谢，这是世界所有民族都应遵守的一个文化准则。

语言是人类文化的重要载体，文化对语言又有着重大影响，所以文化和语言难以分开。文化在很大程度上影响了语言本身，文化本身对其会话成员如何使用这种语言有着积极的推动作用。从意义上看，感谢语推动着礼貌语的发展，所以可将感谢归入礼貌这一大的文化范围中，这一准则同样是世界所通用的行为要求。人们被礼貌所要求进行会话，同时会话言语又对礼貌起着推动作用。在生活交际中，因受礼貌制约而使用感谢语或与感谢语相关的礼貌语，同时这些语言的使用又成为各个民族评价礼貌的准则。在这一准则形成过程中，世界各种文化群体都有人类所共有的思维规律，即在人际交往中，人应该礼貌地进行对话，同时也在自己独特的文化氛围中形成各具特色的语言习惯，在这一过程中，不仅仅是一种会话言语，同时也是礼貌文化的一部分。

从言语类属上看，Searl 首先提出了言语行为理论，并将它划分为言内行为、言外行为、言后行为三类，同时他又将言外行为划分为五类，即裁决型、行使型、承诺型、行为型和阐述型。Searl 批判地继承了言外行为的分类，也将它划分为五类，具体如下：

阐述类，指说话人对某种情况的真实性做出承诺；

指令类，指说话人试图使听话人做某事；

承诺类，指说话人对一个将来的行为做出许诺；

表达类，指说话人对某种客观状态表达自己的心理状态；

宣告类，指引起命题内容与现实之间的关联。

感谢语是指说话人对听话人所做的对自己有利的事情做出反应，通过言语来表达自己内心的心理状态，所以根据这些观点，感谢语应属于表达类言语行为，在一定的交往情境中，受惠方因受惠行为对施惠方表示感激的一种言语行为，它是由受惠方向施惠方所实施的一种礼貌言语表示，受惠方的感情相对于施惠方要强烈，同时施惠方对受惠方的言语行为也可有所表示。这一点对之后感谢语的研究具有非常重要的价值和意义，在这之后的感谢语的研究者，每在提及感谢语时必然会提到 Searl 的言语行为理论，后人的感谢语研究也都是在这一行为理论的基础上产生的。

9.2.2 感谢语的分类

感谢语在日常交际过程中，是一种频繁出现的交际言语行为，同时又隶属于礼貌语的范畴，因此它的表达方式也是多种多样的。从形式上来看，感谢语主要可以分为直接感谢语和间接感谢语，前一类有明显的感谢标志，如“多谢”“谢谢”“感谢”等词语的使用，而间接感谢语则无明显的感谢标志，但是间接感谢语这种类型在生活中又非常常见，而且很具汉语的语言文化特色。上述两种感谢语表达方式的具体运用主要取决于特定的语境。下面具体来分析一下这两类感谢语。

（1）直接感谢语。直接感谢语主要是指说话人主要通过话语的表面意思直接完成感谢这一行为。在对话过程中常常使用一些基本的感谢词，这些基本感谢词都能够直接地表达说话者的感谢意图。在直接感谢语中也可以细分为两类。第一类为使用单一感谢词的感谢语。在日常行为交际中，人们经常听到如“谢谢”“多谢”“感谢”等直接的感谢词。另外，与感谢有关的词语还有如“答谢”“道谢”“谢意”等。一般情况下，直接感谢语的使用多发生在双方人际关系是平等的日常人际交往中，说话人即受惠人在用这些直接感谢语表达谢意时，仅仅是对听话人即施惠人行为的一种认可，一般所受恩惠较少。第二类为添加其他成分的感谢词。在实施感谢行为的过程中，受惠人对施惠人感谢程度有所加深，在表达过程中受惠人使用添加其他成分的感谢词来表达感谢，这样的语言表达使受惠者的感情色彩更加真挚浓烈。其中最为常见的形式是用程度副词充当状语来加强说话人的感激之情，如“太谢谢你了”“很感谢”“非常感谢”；另外，在感谢词后加补语也很常见，如“感激不尽”“感谢万分”等；当然也有在感谢词后面添加宾语的形式，如“谢谢你们”“谢谢你的关心”“谢谢您的帮助”等；感谢语的重复表达也是汉语感谢语的一大特色，通过对感谢的重复表达来加强说话人的感情色彩，如“谢谢！谢谢！”“谢谢您！谢谢您！”等。感谢词进行加工修饰的感谢语表达方式相对于直接用感谢词表达谢意，语气更为强烈一些，同时也显得更为诚恳。

（2）间接感谢语。在言语行为交际过程中为实现不同目的而进行不同内容和形式的言谈，是人们日常生活中一项重要而又频繁的活动。间接感谢语即为实施感谢这一行为而通过特定的句式或言语习惯来实现。从人们的日常交际中很明显地反映出中华民族是较为含蓄内敛的民族。即使在对方表示感谢时，也常常趋向于不直接表达感谢，而是使用较为简洁婉转的方式来表达谢意，在这一点上极具有汉语语言的文化特色。对间接感谢语的分类，前期的研究者意见并不相同，毕继万（1996）将间接感谢语分成以下几类：称赞式、无感谢标志形式、物质报答形式、道歉式、关心式；而李丽娜（2004）则将间接感谢语分成关心式、道歉式、赞美式、承诺式、假设式、责备式和表达主观感受这几类。这里主要对以下五类生活中最常见的间接感谢语进行讨论：

关心式。这种是受惠人出于对施惠人的施惠行为感到不安进而对其表示关心的感谢方式，不仅成功地表达了内心的感激之情，同时也表现出一种为他人考虑的精神。这种关心式的表达有利于缩短交际双方的距离，产生人们之间的亲切感，表达方式常常灵活多样，没有固定模式，如“您辛苦了”“让您受累了”等。关心式的表达方式是汉语独有的感谢表达形式，主要表现为着重站在对方的角度上来考虑问题，既能实现感谢的目的，同时也能够表现出说话人的体贴用心。关心式的感谢表达方式相对而言较为简洁，貌似简单的关心话语实际表达的却是对施惠人的感激之情。尽管关心式感谢语来表达感谢没有固定的模式，但是“你辛苦了”这样的话使用的频率更大一些，在汉语中的“辛苦了”常常用来表示对别人的关心。有时用“辛苦了”来对别人的辛勤劳动和付出做出肯定，并表达了对别人的慰问。

称赞式。用称赞表示感谢，也是常用的汉语中的一种感谢表达方式，用称赞来表示感谢不仅是对施惠人表示感谢，同时也是对施惠人的行为、能力等方面做出了肯定。在中国和西方，如果受惠人受到很大帮助时，会对施惠人表示赞美，常见的就是“你真好”“你太好了”等这样的说法，这是一种双方受惠的表达技巧，在英语中和汉语中都有类似的言语方式，甚至于西方人更常运用这种称赞的感谢方式，例如，“It's so nice/kind of you to...”是常见的感谢表达方式。

道歉式。汉语中，用道歉语表示感谢是一种重要方式，同时也是极具中华民族特点的一种感谢表达方式。在汉语中，道歉、感谢两个功能是密切联系的。在一定语境下表示感谢，人们往往不直接表示感谢，而是用“真是太麻烦你了”“不好意思”“实在过意不去”等道歉的语言。这种极具汉语文化特色的感谢语表达方式很难为西方国家的人所理解。因此，在与西方人交流过程中如果出现这样的感谢语，不仅不会达到礼貌表达的效果，可能还会造成对方的误解，认为中国人不领情，甚至没礼貌。事实上，这种道歉式的表达方式体现了中国人民彼此关心友爱之情，受惠者认为自己受到了帮助，却给施惠人造成了麻烦和打扰，于是对其表示抱歉。在中国人看来，这种道歉的感谢方式比直接感谢更能表达受惠者的感激之情。

许诺式。许诺式也称作回报式，主要是指采取一种回报的方式来表达自己的感激之情。中华民族自古讲究知恩图报，自古以来就有“滴水之恩当涌泉相报”的说法。使用许诺式的感谢语不仅有对施惠人行为的强烈认可，同时也是受惠人对施惠人行为表示感谢进而做出许诺的一种方式，如“下次我一定来帮忙”“有需要我时我一定竭尽全力”“我会报答你的”，等等。

责备式。责备式的感谢语也是中国的一种典型的感谢方式，在英语中不常见。在不了解特定语境、文化的人看来，责备式的感谢语似乎缺乏礼貌，但是在特定的语境之下这种表达更能体现受惠者对施惠者在表达感激的同时还有一种强烈的关怀之意，这种感谢方式一般出现在双方关系密切的情况下，如长辈对晚辈，亲密的朋友或亲人间，而且关系越亲近使用频率越高。间接感谢语的使用体现了中国文化含蓄的特点，如“以后不要这么见外了”“这么客气干嘛”，等等。目前，由于跨文化交流的日益增多，人们受到西方文化的影响，直接感谢语的使用也渐渐多起来。在实际的感谢语运用中，也出现了一些将直接感谢和间接感谢混合使用的现象。

9.2.3　感谢答语

感谢答语是日常交际中经常用到的一种会话模式，是一种礼貌用语。这里的答语就是回谢语，即是对别人感谢的一种回应方式，感谢答语就是对感谢语做出回应的语言。在日常语言交际过程中，人们在受到恩惠后会对施惠人的行为表示感谢，这是对别人关切之情的承认，同时施惠人感到自己的关切之情得到了良好的反应，于是出于礼貌对别人的感谢做出回应。由此可见，在不同的场合进行相应感谢以及与之相对的回谢语的使用情况都会对该场合中的礼貌行为产生不同的影响。只有在对别人的感谢行为做出恰当的反应，即得体地使用回谢语之后才能有利于交际双方关系的维持和促进。

感谢答语这一语言行为，是一种习惯性的表达，是一个相对稳定、变化不明显的系统，它的使用有规律可循，并常常有比较固定的模式。感谢答语是和感谢语相呼应的一种日常交际用语，它的表达方式必然会受到感谢语的影响，表达类型的选择与感谢语的感谢程度有着密切的关联。总的来说，回谢语的类型主要有以下三类：直接接受型、否定型和转移致谢型。

（1）直接接受型。在感谢答语中，直接接受型是最为常见的一种类型，同时也是对别人感谢行为一种习惯性的回应，如“别客气”。这种回应方式较为随意，表明自己对于自己的施惠行为不太在意，这种态度也正体现了谦虚的美德，这在关系较熟的人中较为常见。在接受别人的感谢时，有时一些人的反应较为简单，只采用应诺或点头的方式来接受对方的感谢，这种现象在公共场合较为常见。

（2）否定型。否定型的感谢答语采取否定对方谢意的方式来回应对方的感谢，这种回谢语都包含否定词，如“不用谢”“没关系”“不谢”“不用客气”“没事儿”等。这种表达方式虽看上去是否定别人的谢意，貌似是一种不礼貌的行为，其实正是人们礼貌的一种表现。尽管自己做了有利于对方的行为，但是施惠人只认为这是一件不值得一提的小事，于是不用对方表示感谢，所以在面对别人感谢的时候通过否定谢意的方式来予以回应。当然，在一些公共场合，由于自己并未给对方带来较多帮助，所以在对方对自己的行为予以感谢时，有人仅用摇头来做出回应。对此，不能说被感谢的人没有礼貌，只是中国人比较含蓄，认为自己做的事不值得对方感谢，于是不好意思对它有所回应。

（3）转移致谢型。转移致谢型是汉语中较为独特的一种感谢答语类型，“这是我应该做的”是最为常见的一种表达方式。这种感谢答语目的在于降低或否定自己的功劳，减轻受惠方的心理负担。这种在交往中不计个人得失，为他人着想的心理充分体现了中国相互体谅的交往方式。中国文化最重要的特点是在交往的过程中突出情感的交流和人情的表达，从而达到互相体谅并和谐相处的目的。

在日常交往中，感谢语的主要功能是为了表达感谢，而与感谢语密切相关的感谢答语的主要功能则是为了对感谢语进行礼貌性的回应。在生活交际过程中，无论是感谢语还是感谢答语都是经常使用的一种礼貌用语，感谢语使用不当会造成不礼貌的现象，而与之相应的回谢语的不恰当表达也会造成交际中不得体现象的出现。因此，这在交际活动中必须尽量避免感谢语和感谢答语使用不当的情况发生，以保证交际和谐有效地进行。

9.3　英汉感谢语的相同点

在对比分析英汉感谢语及其答语的区别之前，我们需要正视其相同点，因为英汉感谢语在表达形式、语用功能方面存在着相同点，以下将具体举例说明。

9.3.1 表达形式方面

英汉感谢语基本上都采用形式类似的表达方式，如汉语里我们会说“谢谢!”“非常感谢!”“多谢!”，英语里说“Thank you!”“Thanks very much!”“I appreciate it”。如果要指出感谢的对象，通常感谢的目标或内容也都会提出来。除了两种感谢语都会采用这些简单直接的表达法外，两种语言也会采用称赞的方式，如汉语里则有“你太好了!”，英语里有“It is very kind/nice/considerate of you”，等等。

9.3.2 语用功能方面

Searl 的间接言语行为理论提到当说话人因某种原因不想直接实施某一言语行为时，他会借另一种言语行为方式表达出来。感谢语在交际活动中的主要功能是表示感谢，然而它并不是在所有的语境中都起到感谢的作用，在日常交际的过程中，它还起到其他作用。

无论是英语感谢语，还是汉语感谢语，它们有两个共同的基本功能：表达感谢和委婉拒绝（张羽畅，2012）。第一个功能是最基本的也是最重要的功能，“Thank you”和“谢谢”都能清楚地传递出说话人的感激之情。此外，如果说话人想婉言拒绝对方的帮助，英汉两种语言中就可以分别使用“No, thank you”和“不用了，谢谢”。另外，在特定的语境下，说话人因对听话人言语行为不满进而用感谢语对其进行讽刺来表达内心的不满之情。用感谢语来表示讽刺的功能只有在特定的情境下才可以，说话人在表示感谢时并不是真正要表达谢意，因而语气和神态可以让人看出说话人的真实意图。在这种情况下，说话人既通过这样较礼貌的语言来维系自己的面子，同时也能通过语气和神态来很好地表达自己的真实想法。

作为一种礼节性用语，感谢语也广泛应用于口头演讲或报告的开头或结尾，英语和汉语非常相似。

9.4 英汉感谢语的差异及其文化差异原因

对英语国家的人来说，感谢语的使用近乎是一种广泛遵守的社会规范，而对于中国人来说，它取决于人们的选择。人们对感谢语的选择是根据许多具体的条件和背景因素的，而社会规范却是普遍适用的，是一种社会成员常见的共有现象。笔者将从表达方式、场合或对象、对方的回应三个大类对英汉感谢语的不同点进行分析，重点探究导致这些语言表达不同点背后的中西文化内涵差异。这些文化差异涉及的领域比较广泛，如地理、历史、宗教、价值观和思维模式等方面。这些方面的文化因素本身是丰富繁杂的，虽然本书不能面面俱到，但是旨在力求解构其中一些有重要影响的中西跨文化差异内涵。

9.4.1 表达方式

（1）英汉感谢语表达方式的差异。英语感谢语通常比较简洁、直接，表达形式大体上比较固定，如“Thank...”“I appreciate...”、“It's very nice/kind of you...”“You're so...”，等。这些直接的表达策略在英语感谢语中占主导地位，重点存在于客观实际的效用上。因此，感谢的具体内容常常可以在一些表达中找到，如“Thank you for (the time, the tea, the meal, your help...)”。另外，英语感谢语的表达程度通常比较轻，超出了恰当的界限，表达过了头就会给人以不真诚的印象。

然而，汉语感谢语根据不同的语境，在表达形式和用词选择上会有很大的变化。因为汉语感谢语多用于确实受人之惠之时，注重传达出说话人的感激之情。相比那些直接的表达方式，它更常采用一种不直接或者迂回委婉的表达方式。汉语感谢语有两种独特的表达方式，可以通过观察中国人日常的交流发现：一种是表达关心的方式，如“您辛苦了”；另一种是道歉式的方式。道歉式致谢是汉语中的重要方式。常用道歉式感谢语有“让你破费了”“麻烦您了”“打扰了”，或者“不好意思，让你受累了”等。对一个拿出时间来回答自己问题的人，英语中最恰当的表达是“Thank you for giving me your time”，而汉语中，人们则会说“真对不起，浪费了您不少时间”。这种道歉式感谢语表达的是汉文化的彼此关切之情，是从移情的角度处理问题：受惠者自己受到了关心和帮助却给施惠者造成了不便和麻烦，因此心中感到不安。这种从对方立场考虑问题的态度比直接致谢显得更亲切和真诚，也更能体现汉语致谢语的情真意切的文化特性。但是在英语文化中，则会被理解成有意否定别人的功绩，认为别人付出的劳动只是浪费时间而已。或如果它们被直译为英语，分别就会变成“I'm sorry to have caused you so much trouble”，西方人一定会对此产生误解（马生仓，2012）。听到这些话的施惠者会认为说话者将主观臆断强加于自己身上，甚至有否定自己一番好意的意味，毫无疑问这就会造成跨文化交际的障碍。

另外，当受惠对象的社会地位高于施惠者的时候或关系非常亲密时，中国人习惯于使用批评等否定性感谢手段。例如，A在生日时收到其女儿B的礼物。A说：“怎么又乱花钱呢？我的衣服多的是，以后别再浪费钱了。”这个句子表面上没有表达任何谢意反而是一种批评。但是这种批评体现了母亲对女儿的关心，是符合汉语文化的亲密者之间的致谢表达习惯的，所以不仅不会引起女儿的不快，相反使母女双方都处于一种愉快的心情之中。同样的表达，如果放到英语文化中，那就难以理解，甚至是不礼貌的。

在语言表述上，英语注重事物，或注重客观效果，汉语感谢语却注重主观人情。例如，英语说“Thank you for your time/dinner/information/ consideration ...”，汉语则说“谢谢您的一片盛情（款待、关照、帮助）”，或者只笼统地说“谢谢您啊”以代替别人具体帮助的内容。

（2）中西文化差异分析。为了探究这些感谢语言差异背后的深层中西文化原因，鉴于历史的发展造就了今天的社会和文化，笔者认为可以从历史和地理等因素的影响出发进行探究。英语起源于英国，最主要是在英国和美国使用和发展。从地理位置来说，英国是一个岛国，四面环海，从远古时代起他们的祖先便开始了海上探险之旅，和西方许多其他国家的人民一样，致力于探索外面的世界，不断地开拓海外领地。由于外来移民的大量进入，岛上居住的人们有不同的文化背景和丰富多样的生活经历，现在也同样如此。所有这些因素都有利于促进低语境文化的形成，因为那里的人口同质性较低，他们缺少大量的共同经历，在交际时需要语言作为信息传递管道的详细语码，几乎所有的事情需要清晰直接地表述出来，以便更好地建立起相互信任，达到有效和成功的交际。

此外，欧洲的封建社会仅存在了500多年，资本主义制度从17世纪开始建立起来。在资本主义社会，人们的生活大体是由规则和法律来维护和约束的。尤其到了文艺复兴时期，人们大力提倡科学，同时高度重视和赞扬对真理的发现和维护。人们非常重视规则、法律、科学、事实和真理，认为它们本来应是准确和客观的。人们对于这些方面的重视也长久地促进了英国人或者乃至其他国家的西方人养成了以尊重事实为核心的理性世界观，它们很少将个人感情加入到他们对事实或真理的判断之中。因此，这些特点反映在语言表达上，反映为西方人更倾向于较少使用带有个人感情色彩的词汇，而多采用描述客观事物的表达方式，例如，在英语里，在他人家里做客受到主人的热情款待后，表达感谢时说话人通常主要针对的不是施惠者本身，而是对食物或款待本身表示感谢。

我们在分析那些独特的汉语感谢语背后的中国文化时，同样不能忽视从地理位置特点探讨中国的历史因素以及儒家思想对汉语语言的重要影响。中国文化是一种内陆文化，这源于它以内陆为主的地理特征（林一心，2002）。在古代中国，由于其复杂广阔的地形，落后的交通运输系统，而且我们的上古祖先主要生活在华北平原，那里的土壤肥沃适宜耕作，中国的农业很早就比较发达，中国的经济长时间地自给自足，农业文明促使华夏民族形成了安土重迁的心理，与外面世界的交往很少，近乎是一种与外界隔绝的状态，这些都在很大程度上促成了中华民族相对比较内向保守的性格。由于人们的生活经历等方面有很多的相同之处，相互之间比较容易理解对方的感受。中国素来以“礼仪之邦”著称，对于中国人来说，“礼”的真正精髓在于考虑到对方的感受。中国人的生活几乎是一种“心灵”或“感受”层面的，他们了解自己的感受，也很容易明白对方的感受（辜鸿铭，2010）。关心式和道歉式的汉语感谢语表现了说话人站在对方的立场上考虑问题，体现了说话人的关心和理解，听起来更加真诚。

另外，儒家思想几乎对中国人生活的方方面面都产生了重要影响，它在中国古代被视为正统学说，从某种程度上来说可以称之为国教，用来约束和指导着人们的行为。儒家思想提倡人际间的关爱、交往的礼节与和谐关系的维持。孔子有句名言，即“仁者爱人”，清楚地表达了人们之间要互相关心

（梅仁毅和周笃文，1992）。要营造和谐的人际关系，中国人对于不让自己和他人丢“面子”显得特别敏感，与他人交流时，他们一般不会采用坦率直接的方式，而更习惯采用间接和表达个人感受的方式传达出他们的判断和感受（顾曰国，1992）。

9.4.2　使用场合或对象

（1）英汉感谢语使用场合和对象的差异。英语感谢语重事物，汉语感谢语却重人情，也可以说英语重客观结果，汉语重主观人情。在道谢方面，说英语的人比说汉语的人使用“谢谢”要普遍得多。“thank you”在西方文化里被叫作“万能词语”（戴卫平和裴文斌，2008），这在一定程度上反映了它极高的使用频率。尽管“英语的‘thank you’并不总是表示感谢，有时作为一种窘迫下的解脱之词，还表示要结束谈话，甚至表示拒绝的搪塞之词”（汪平潮，2004），但是大多数情况下都包含有对对方付出的劳动、时间、精力以及服务等表示认可或感谢之意。Hinkel（1994）指出，在英语文化中，一般情况下的感谢同人际关系、社会地位、性别、年龄等无关。在英语中，几乎可以在任何场合听到如“thank you”之类的感谢语，甚至是当任何一件东西从一个人传给另一个人时，你都可以发现这种“thank you”的存在，无论是熟人或朋友家人之间，还是互不相识的陌生人之间。在英语文化背景下，施惠者是期待从受惠者那里听到感谢语的，要不然他们就会觉得自己的付出没有得到尊重和赞赏。在服务行业，你可以常常听到服务员和顾客互道感谢。西方文化中，使用感谢语有一个特别的场合，那就是当某人被称赞后他或她通常会欣然接受，然后说上一句感谢的话，而这跟传统的中国文化是明显不同的。

汉语感谢语的选择会依赖于多方面因素，如人际关系、社会地位、相对职位和受益程度等。是否需要说感谢语很大程度上取决于人们之间的关系如何。在家庭成员或亲密的朋友之间一般是很少说谢谢的，要不然就会显得很见外而增大彼此的距离（包威，2008）。在工作场合，对于纯属于工作职责的帮助，处于同等社会地位的人们相互间可不用道谢意。如果受益者的社会地位高于听话人，那么他们可以不用说感谢。在一些服务性场所，如在商场，顾客接受到销售员的服务后，他们完全可以出于个人意愿选择是否使用感谢语。在这些工作场合，对方任务的完成和职责的履行并不含有助人的情意，就可以不用使用感谢语（毕继万，1996）。对于同事、熟人和社交活动中的人际关系则要依据关系亲疏、地位差别和行为性质而区别对待。此外，当中国人受到称赞时，往往不会像英语文化的人直接地说声谢谢，而是会谦虚地表示拒绝，说一句“哪里哪里”。

由于文化的不同，在我们的交际中最明显的差异是：收到礼物时，中国人会把礼物放在一边，不会当着送礼者的面打开，以免显得贪心，只看重礼物而冷落了送礼者；而一般西方文化的礼仪是当着送礼者的面打开并致谢。在某些情况下，受惠程度很高时，除了当面感谢，事后再打一个电话或写封邮件，才合乎礼节。所以，正如语言学家 Hymes 所说，不懂得语言的运用规则，语法规则将变得毫无用处。语言知识固然重要，但学习语言的最终目的是为了正确使用该语言。因此，语言交际能力的培养与文化意识的树立应是同步的。

（2）中西方文化对比分析。英语文化的人们一直以来非常重视平等、自由和个人价值的实现。宗教信仰特别是基督教深深影响了西方文化，在长达 2000 多年的西方历史中，大部分西方人相信上帝面前人人平等。由于历史等各方面的原因，大多数西方人来自不同的民族，在生活经历等许多方面有很大的差异，为了避免在风俗习惯和宗教信仰等方面的冲突，他们希望在共同生活的环境下维持一种平等的地位。我国学者徐一平（2012）认为，事实上，英语国家的人们存在等级之分，但是人们总是尽力去弱化这种社会距离。此外，资本主义社会主要是由规则和法律维持的。西方注重科学与真理，又受到文艺复兴时期提倡的“自我价值实现”观念的影响，西方人看重争取个人价值实现以及他人对自己努力的认可，这些也促进了西方人培养出一种线性思维模式。在这种氛围中，人们的自信心受到鼓励也容易建立起来，另外，在西方的工业社会，父母很难对孩子的行为进行有效的控制，这一定程度地减少了孩子对家庭的依赖，而更容易强化孩子在家庭中作为独立平等个体的角色。这些因素共同促进了西方形成普遍的自由独立人生观、个人主义价值观以及相对松散的人际关系网。因此，为了维护良好的人际关系，他们必须清楚明白地传达出礼貌，努力和付出，期待认可和欣赏，于是英语感谢语也就逐渐发展为体现礼貌的常见标志。

相比之下，中国文化深受等级观念、集体主义和隐性文化的影响。在古代中国，由于特有的内陆型地理特点和落后的社会生产力，同一宗族的成员长期生活在一个地域，为了生存和安全，人们根据血缘关系紧密团结在一起，非常重视彼此之间的关系和家庭责任，这就为中国人强调血缘关系和集体意识奠定了牢固的基础（林一心，1997）。中国的封建社会主要依靠小农经济，封建君主为了控制广大的人民群众和维持稳定的社会秩序，大力推行儒家思想。"礼"和"三纲五常"作为当时的正统学说受到高度的重视。在这些学说中，人们被划分为不同的阶级，虽然旧的社会制度已经消亡但这种观念并没有因此而完全消失。目前，人们之间的礼节受等级制度的约束，它规定了不同人群的社会地位和相应的适当行为（卜晓阳，2006）。儒家思想要求人们的行为要符合自己的社会地位，中国人对宗亲内和宗亲外的区分意识也得到进一步加强。在汉文化的家庭里，晚辈有责任对长辈肩负照顾和尊重的重任，而长辈则有责任去关心和扶持他们的晚辈，这些可以说被视为普遍接受的和理所应当的事情。如果在这些关系亲密的场合中说感谢语，听话人一般会认为说话人在疏远他们之间的关系。尽管汉语感谢语大多用于确实受惠之时，而且来自家庭的关爱也毫无疑问值得感激，但是由于中国人比较内敛含蓄的性格特征，他们还是不太擅长直接表达内心的情感，而往往倾向于用行动作为回报。事实上，在汉文化中，在很多情况下，只要施惠人懂得受惠人的感激之情，受惠人是可以不用说感谢语的。

另外，"中庸之道"被视为儒家思想的核心，它在很大程度上体现了中国人的谦虚性格。"过犹不及""不敢为天下先"等儒家思想是中国的传统哲学理论，谦虚这种品质受到人们的高度重视。孔子认为君子具有五大美德：谦虚、慷慨、真诚、勤勉和仁慈，谦虚则位于首位，因此"谦卑"或其衍生物"贬己尊人"的礼貌行为是人人所崇尚的（廖丽华，2010）。再加上集体主义思想的深深影响，个人的成就倾向于被低调陈述，如果某人对他人的称赞做出明确的肯定回答，传统上人们就会认为这人比较自负和傲慢。因此，中国人经常通过贬低自己或者否定自己的成就表现出谦虚的态度，目的在于更好地维护和谐的人际关系。

9.4.3　感谢语的回应方式

（1）英汉感谢语的回应方式的差异。在不同国家的社会交际中，人们对他人表示感谢或者接受他人感谢、否定感谢等语言形式都会存在，但是不同国家和民族对于他人表示感谢的意愿及形式却有所不同的。在英语中，回答感谢语通常是对对方致谢的肯定。英语中最常见的接受致谢答语是：You are welcome. /You are very welcome. /You are quite welcome. （不客气）等，这是我们的教材里见得最多的，但外国人通常不这样讲，特别是对于比较亲密的人（也是最多的情形），如同事、同学、同路、同龄人之间，一般不这样讲。但在商务场合（尤其不熟悉的人之间、长辈人对晚辈人、意图保持一定距离的人之间）还是能用而且适用的。我们的中式回答“不客气”“你太客气了”等（其实这种表达是很“客气”的）。他们主要强调个人的意愿想法，当回应者以后面的形式回答时，不仅表达出他对对方的肯定，还传达出自己愿意帮忙的意志，使得回应听起来更加真诚友好。英语常见的回应感谢的方式还有：It's OK. /It's all right. That's OK. /That's all right. 等，这是最常用的表达，不是特别郑重的、随意的表达。因为你是做好事（帮忙）的人，所以“不当回事”的态度也是一种谦虚美德。如果对方道歉时也可这么回应，其意义相同，表达的是：这只是一件不值得一提的小事。这种回应方式和中文的“哪里哪里”意思相近。

It's my pleasure. /My pleasure. /Pleasure. /It's my honor. /Honor 等（那算不了什么）传递了比较郑重的态度，适用于你做的事或你的帮助非常重要，如是小事，就不这样用了。中文口语一般没有这个语感，因为有点文绉绉，但当外国男士对女士这样说时，还表示其非常有风度，很绅士。

Not at all（别客气），Don't mention it. （不用客气）或 That's all right. （不谢）Doesn't matter. /No Worries. （不敢当，不用客气）也是比较常用的，其语感比较像我们汉语说的“没事儿”。

与英语中说话人直接接受和肯定对方的感谢语方式相比，在汉语里说话人通常更倾向于采用拒绝对方的方式来回应感谢，甚至否定自己付出的努力或做出的帮助的行为。“不用谢”常常可以在对方说了“谢谢”后听到，而“哪里，哪里”“这没什么”等这些回答显示说话人试图在对话中削弱或否定自己的付出。例如，在中国招待来访的客人，客人对主人家的热情款待表示感谢时，主人往往会说“抱歉，招待得不够好”“招待不周，还请包涵”等这种道歉式的回应。而西方人则会对此表示非常困惑，不明白主人已经做得很好了，在收到感谢时为什么还要道歉。另外，在工作场合，对感谢语还有一些独特的汉语回应方式，如“这是应该做的”“这是我的职责”等，是汉语中极为常见的感谢答语，其对应的英语形式为“This is my duty”。转移致谢在英语中使用较少，在英语文化中具有下面的意思：对别人的帮助只是因为职责所在，不得不做，并非自愿。这种感谢答语不仅违背了交际的关联原则，而且会被误解成对别人的冷漠，大大背离了促进交际双方关系发展的初衷。汉语中转移致谢的现象非常普遍，目的在于否定或贬低自己的作用，降低对方的感情负担。这些表达的说话者将他们的付出归功于工作责任或道德标准，这在中国人听来是合适且礼貌的，但是西方人听来就很容易产生误解甚至感到生气，误认为对方不是出于自己的意愿提供帮助的，而只是出于职责要求不得已而做的（毕继万，1996）。

（2）中西方文化对比分析。西方文化重视个人自由、个人意愿和对自我价值实现的追求，生活在这种文化氛围的人们容易树立自信，并期待从工作或个人努力中获得认可。而且，他们的思维模式通常采用线性，即重视事实，追求真理，他们认为提供帮助一定不是由于外界因素强加的，而是出于施惠者的个人意愿。如果对方拒绝自己的感谢，或将付出的帮助归因于职责所在或道德要求，那么他们就会认为对方在否定自己的判断或认识，甚至认为对方虚伪不真诚。

对于中国人来说，谦虚的品质长久以来都受到人们的高度尊崇。中国人倾向于贬低自己而显示对他人的尊敬，以维持和谐的人际关系（Gu，1990）。中国社会侧重集体而非个人，集体的而非个人的努力和成就值得高度赞扬。在儒家思想的影响下，人们的行为在很大程度上是由道德准则和社会规范支配的。在汉语文化里，为了不凸显个人的付出或帮助，减轻受惠者的心理负担，于是施惠者通常就会把自己的努力归因于职责或义务，这样做更有助于维护双方的“面子”，建立和谐稳定的人际关系。

9.5　英汉感谢语的发展

随着时代的发展，语言也不断地进行着改变。全球化继续扩大，中西跨文化交流不断深入使得不同的文化和思想观念相互碰撞和交流。在文化的交融和相互影响下，渐渐地语言也发生了发展变化，英汉感谢语自然也都发生了一些发展变化。

9.5.1 英语感谢语的变化

英语感谢语的最明显的变化就是传统的感谢语“thank you”已经开始过时，英语文化的人们尤其是年轻人更喜欢用一些好记或随意的说法，如“cheers”“lovely”“wicked”。他们认为那些传统说法现在听起来过于正式，甚至会引起反感。另外，在表达感谢时，他们比以往更少注重言语的形式和用词，一个友好的手势或大大的微笑等礼貌方式足以有效传达谢意。另外一个值得关注的变化是，许多西方人在中国生活工作了很长时间后对汉语感谢语理解了很多，于是有些西方人受到称赞后不是按照他们的习惯说一句“thank you”，而是俏皮地说句“哪里哪里”（廖丽华，2010）。

9.5.2 汉语感谢语的变化

随着中国改革开放政策的不断推行，不断打开了通往世界的大门。中国人积极地学习和品味西方文化，性格变得更加外向，比过去更容易直接地说出个人的感受。因此，汉语感谢语中直接简单的表达方式相比过去变得更加常见，家庭成员间不像过去那么拘束和内敛，也能更加坦率地说出对彼此的感激。在如今的中国社会，个人的品质和成就越来越受人们重视，当某些人受到称赞时他们就会说声“谢谢”，表示欣然接受，赞扬的人也不会认为这是一种自负骄傲的举动，而是把这种回应看作自信的展示。

9.6 感谢语研究对对外汉语教学的启示

现如今在世界各国，汉语学习越来越受到重视并成为一种流行趋势。在对外汉语教学中教会学生说汉语并不是语言教学的唯一目标，要实现语言学习的最终目的，必须令学生了解汉语语言层面下的中国文化内涵。汉语学习者只有在学习语言的同时了解中国的传统文化才能保证其交际的得体性，本节主要从教师、学生和教学三个层面展开讨论，探讨如何在教学中使学生掌握不同种类的感谢语，如何在具体的使用场合中得体地使用感谢语。

9.6.1　教师方面

作为对外汉语教学工作中的教学人员，对外汉语教师必须不断提高自身的专业素养。在教学过程中汉语教师不仅要有丰富的语言教学知识，同时也要具备扎实的语言交际能力。语言交际能力是对外汉语教师素质要求的一个重要方面。有学者指出，语言是文化密不可分的一部分，并对文化起着重要作用。从一方面看，语言是文化的重要表现，没有语言，就没有文化；从另一方面看，语言又受文化的影响，反映文化。文化作为一种社会和历史现象呈现的特殊方式，具有历史性和民族性的特点，不同种类的文化之间呈现出与之相关的不同的文化形态，这种文化形态方面的差异主要都通过文化这一层面反映到语言层面上来。这就要求对外汉语教师要有完备的语言教学知识，能够在与学生交流的过程中找出语言差异，引导学生正确对待和解决差异问题。只有这样，才能够有效解决感谢语教学中出现的矛盾和问题。

在对外汉语教学中，教师是连接学生与教学之间的纽带，教师通过语言知识的传播和语言技能的训练使得留学生达到正常言语交际的目的。从本质上来说，教师对学生汉语的学习提供了一定的指导，这也要求教师自己具备完善的专业技能知识。语言技能知识的学习是留学生学习的首要内容，这也对教师的教学目标提出要求。于是对外汉语教师在教学的过程中，首先要教授的内容是现代汉语知识，所以教师首先要具备相关的汉语知识。由于老师自身对教学内容的把握和灵活运用对有效教学有着至关重要的作用，所以，感谢语教学过程中的语音、词汇、语法、语义、语用及文字的理论知识以及其一些基本知识都是老师必不可少的基本功。在感谢语教学的过程中，对外汉语教师不仅要对教材中的感谢语有充分的讲解，同时也要对感谢语的分类有明确的界定，这也对汉语教师的专业素养提出了明显的要求。

来华的留学生在汉语学习过程中解决了言语交际的困难之后，随之而来的是因文化差异而产生的文化冲突。正如在使用感谢语的过程中，因文化差异，同样的感谢语在传递解码的过程中产生异义导致误解的产生。在面对这一困难时，如果汉语教师不能及时发现问题并进行有效疏导，势必会挫伤留学生汉语学习的积极性。在解决这一问题的过程中要求教师能及时准确地对与感谢语文化相关的误解冲突进行合理的解决，帮助留学生扫除母语文化的干扰。这对汉语教师的文化知识储备提出要求，不仅对自己传统文化要有深入了解，同时对相关的跨文化知识也要有一定的了解，在解决文化冲突时应尽量以客观公正的态度调节冲突，缓解冲突局面。例如，在向留学生讲解道歉式感谢语时，不仅要告诉留学生中国人经常使用的道歉式感谢语的句式，同时也要指出：这种道歉式感谢语的使用体现了中国人互相关切的文化传统，从而避免了一些留学生对道歉式感谢语的误解。只有这样才能够让留学生真正学习到汉语，同样地，汉语教师要对所教授学生的一些民族文化尤其是宗教信仰有所了解，避免触碰到他们的一些禁忌。

教师作为留学生语言学习的示范者，在课堂教学和日常交际的过程中要非常注意自身的感谢语语用规范。在与留学生交往的过程中，教师不仅是学生学习的示范者，同时也是中国的形象代言人，如果在感谢语表达交流的过程中感谢语使用不规范或是言行举止不礼貌，则会让留学生产生误解，认为这就是所有中国人的习惯，进而对汉语文化产生误解，认为所有的中国人都是这样没礼貌。这就要求汉语教师在与学生沟通或是教学过程中应有意识地礼貌地使用感谢语和回谢语，只有这样才能够在学生中起到很好的表率作用，同时也能更好地树立国家形象。

9.6.2 学生方面

语言所表述的内容一定是与语言的整体背景，也就是语言所显示的文化世界密切相关的。所以语言的学习并不是把语言所表述的表面内容掌握好就行，而是要求学习者要进入到那个整体性的语言世界中去。这就要求学习者自觉地进行文化比较，在比较中发现差异、理解差异并适应这种差异。

感谢语是言语交际中非常普遍的礼貌用语，但是因民族文化的差异，不同表达感谢的语言方式尽管符合语法规范，但是用在不同的场合下就会收到不一样的表达效果，有时不仅达不到交际目的甚至会造成意想不到的文化冲突。这就要求留学生在学习运用感谢语的过程中必须了解与感谢语相关的文化内涵，只有熟练掌握这一文化知识才能使得感谢语使用得当。

留学生在自觉进行感谢语比较的过程中不仅要发现自身与他人存在的差

异，同时也要理解差异。每个不同感谢语表达方式的背后都是由不同文化的大背景所造成的，所以感谢语差异的背后所代表的是不同文化背景的差异，这属于文化交流的范畴。在跨文化交际过程中，不了解交际双方文化上的差异就会造成语言形式选择上的失误。留学生把感谢语应用到日常交际中需了解本民族文化与其他民族文化上的差异，在出现差异的时候不应仅仅以自己的文化价值标准去衡量与之不同的其他民族文化或是排斥与自己文化相悖的文化习俗，而应该理性地看待文化差异，明白文化没有优劣之分，每一种文化都是独特的，拥有自己本民族特点。留学生对汉语文化若是抱有不满，对以后汉语的学习就会产生消极的影响。

在汉语感谢语的学习过程中，语言的熟练掌握是学习的目标，而对文化的正确认识同样重要，不仅对汉文化有所了解，也应对周边与自己文化存在差异的其他同学的文化有一定的认识，只有这样通过文化对比找出差异并理解差异，才能为营造良好的学习氛围打下基础。在日常交际的过程中学生们要善于发现与他人的不同之处。在感谢语表达的过程中也要能够意识到他人与自己在感谢语的使用和表达的过程中存在的差异和不同，并能够理性地看待差异。

为解决上述问题，留学生在课堂学习之余应多进行言语交际，尤其是多与中国人进行交流训练，体会感谢语在不同的情境下多种方式的表达。只有在文化差异认同的指导下，通过主动自觉地与中国人交流，体会汉语感谢语使用的灵活性，才能真正在交际中表现得体。

9.7　结　语

本章通过对比研究英汉感谢语的差异，试图从根源上深入探索这些语言表达不同之处背后的中西文化内涵。研究发现，尽管英汉感谢语在基本形式和基本功能方面有一些共同点，但是两者在表达方式、使用场合或对象、回应方式等方面存在着许多明显的差异。英语感谢语比较简洁直接，使用范围广也更频繁，而且英国人往往会对感谢语做出积极肯定的回应；汉语感谢语则倾向于采用间接或者自我贬低的方式，会随着说话双方的社会地位或角色等因素发生改变，受到感谢的人通常会以拒绝谢意的方式做出回应，或者贬低自己的付出，将其归因于其他因素，如责任或者道德要求等。

同时，本章重点探究了导致这些语言差异以及所引起的跨文化交流障碍的中西文化差异，研究发现，历史、地理位置、信仰和价值取向等因素的不同深刻地影响着两种感谢语体系。西方文化是一种低语境文化，人们习惯清楚直接地表达观点，思维呈线性模式，说话讲究客观事实，社会氛围注重个人成就和独立性；中国文化是一种高语境文化，许多事情不必直接说出来，人们对于表达自己的感受趋于保守和含蓄，重视血缘关系和集体主义，有一定的等级观念。

当然，随着时代不断发展，不同国家或民族的交流日趋深入，英汉感谢语各自都发生了一些改变，相互理解、学习和借鉴逐渐成为一种良好的趋势。学习一门语言与学习它的文化是密不可分的，语言既是文化的一种代码，又是文化的一面镜子，从许多角度折射出其深层内涵。对英汉感谢语的语言及与其相关的中西方文化差异进行对比研究，有利于提高中西方跨文化意识，加深对英汉两种语言和多维文化的理解，从而有助于减少日常生活中的语用失误和认识误区，进一步促进中西跨文化交流。目前，英汉感谢语相互影响越来越明显，由于文化的差异、文化的冲突导致的语言交流上的一些问题是暂时的，最终文化的融合、交流的顺畅是我们的目标，作为教育工作者不但要注意语言对比方面知识的传授和语言能力的训练，更要注意培养学生的跨文化交际意识，重视中外文化的差异。让感谢语促进人际关系的良性发展，营造友好和睦的社会氛围，让交流顺利地进行。

第 10 章　英汉称赞语的对比研究

称赞语即“关于表扬、欣赏、赞成的表达”（Oxford Dictionary，1997：238），是一种人类交际时高度使用的言语行为。称赞语通常以对人际关系产生积极影响为目的。正因如此，我们称它们能“为社会的车轮上油”，具有“社交润滑剂”的作用（Wolfson，1893：89）。

在人们看来，在听到称赞语后，不论称赞对象是美国人还是中国人应该都会表现得高兴。话虽如此，若称赞语运用不当（如赞美语明显不真实，或语含嫉妒，或带有不应有的亲密程度），那么它们对人际关系的积极影响自然会减弱。有充分证据显示，对于处于不同文化背景的人来说，如何使用称赞语并非易事。正因如此，Wolfson（1891：119）指出，在某些称赞语语境中，不同文化背景的人们甚至在什么样的话语算是称赞语这点上也难以达成一致。例如，美国人对于人外表的评论常常被其他文化背景的人认为是批评，认为其暗含称赞对象实际上长相不佳。

称赞语有许多功能。首先，它有助于建立人与人之间的关系。称赞语如同一座桥梁，用于使从打招呼向第一个话题过渡这一过程变得顺畅。其次，称赞语可以加强和鼓励好的行为。例如，当一名老师赞美学生功课做得好时，其称赞语的目的在于鼓励学生继续这一好行为。最后，称赞语能表达人的感谢。当别人为你提供了帮助时，称赞语与感谢语常相伴着出现。例如，当别人为款待客人准备了一桌丰盛的饭菜时，客人们通常会称赞女主人以表达他们对她的好客的感激之情。

总的来说，人们使用称赞语是为了展开谈话，使交流顺畅，加强情感沟通，加强互相了解以及增进与对话者的友谊。在不同话语群中称赞语的功能相似。但是为了对对话产生积极的影响，何时使用称赞语以及如何恰当使用称赞语在不同语言文化中却各不相同。

近年来许多研究者开始对称赞语研究产生兴趣。称赞语在语言形式、使用频度、话题分布和回应方面随不同文化而不同。因此在比较文化差异时，研究称赞语这一言语行为是很有意义的。因为称赞语犹如一扇窗，通过它我们可以窥到特定文化的精髓。通过分析称赞语实例，我们能够获得对不同文化价值观的丰富认知。若深入研究便可发现人们所表达的欣赏与赞成的称赞语中清晰地传达了他们的文化价值观。

本研究在借鉴国内外研究方法及研究成果的基础上，对英语称赞语和汉语称赞语在话题、形式、应答等方面进行了跨文化对比分析，探讨了两种文化背景下的称赞语差异性，揭示了其言语规则和社会规范，以期达到帮助语言学习者得体地运用称赞语，减少语用失误的目的。

10.1 研究方法

本研究首先采用动态的视觉，使用定性研究与定量研究相结合的方法对汉语称赞答语的策略进行研究。定性研究指对于语言顺应论的理论研究，定量研究指把通过问卷调查、实地观察、访问式调查所得到的数据进行归类统计并以图表方式表达出来。然后运用 Verschueren 的理论，对称赞回应策略的变化找出相应的原因。

由于文化的差异，相同的称赞形式在不同的语言文化系统里的功能并不相同，从而归属于不同的范畴（Herbert，1988：3）。这为在不同文化背景下对称赞语的研究提供了必要性和可能性。因此，本研究试图在不同语境下从以下几个角度对称赞行为进行探讨：

（1）英汉称赞语的话题分布有何区别?

（2）英汉称赞语的句法结构及词汇特征有何区别?

（3）造成这些区别的原因何在?

10.2　理论研究

10.2.1　语言顺应论

国际语用学会秘书长 Verschueren 在《语用学新解》（1999）一书中系统地提出了“语言顺应理论”（Theory of Linguistic Adaptation），以一种新的视角来考察语言的使用。关于此书的内容，国内学者何自然、于国栋、钱冠连、刘正光、吴志高均做了介绍和评述。“综观”是顺应理论的总指导思想。宏观上，它指对语言使用现象从认知、社会、文化方面进行综合观察；微观上，它包括在语言结构所有层次上对语言的顺应与选择做全面、细致的考察。人类为了生存和生活需要从事包括社会交往在内的社会活动。人们的社交活动主要通过使用语言来进行。Verschueren 认为语言的使用是一个经常不断的、有意无意的、受语言内或语言外因素左右的语言选择过程。

语言的选择有如下特点：①语言选择发生在语言结构的任何层面上；②语言的选择涉及语言的种类、言语体裁、言语风格和语用策略；③语言使用者选择时的意识程度不同；④语言选择发生在话语产生和话语理解两个方面，也就是说在言语交际过程中双方都要做出语言选择；⑤语言使用者没有选与不选的自由，语言交际一旦发生，语言使用者就必须做出选择，不论所选项目是否能满足当时交际的需要；⑥语言选择是不对等的，其不对等性表现在选择主体的不对等和选择客体的不对等；⑦语言选择会导致各种相应的抉择，即因意义生成而对某一语言项目所做出的选择不仅要考虑它所在的特定语境，而且还要顾及更大的语境范畴。与语言选择“形影不离”的是语言的顺应。选择与顺应是辩证统一的。选择是手段，顺应是目的和结果。人类之所以能够在语言使用过程中不断地做出选择是因为语言具有变异性、商讨性和顺应性。在顺应理论框架里，变异性（variability）指语言具有一系列可供选择的可能性，它体现在语言的历时和共时方面，具有动态特征。商讨性（negotiability）指语言的选择不是机械地严格按照规则，或固定地按照形式——功能关系做出，而是在高度灵活的原则和策略的基础上进行，其含义在于：对一系列可供选择的语言项目，不存在符合不符合使用规则的问题，只有在语用原则上适切与否的情况。商讨性包含着其自身的不确定性。顺应性（adaptability）指语言使用者能从可供选择的不同的语言项目中做出灵活的选择，以尽量满足交际的需要。顺应性体现在变异性和商讨性之中。语言的变异性和商讨性为语言顺应提供条件，没有变异性和商讨性就没有顺应性。语言使用者能驾驭语言，充分有效地表达自己的思想情感，与他人进行交际正是利用了语言这一特性。语言顺应包括：①语境关系顺应（contextual correlates of adaptability）；②结构客体顺应（structural objects of adaptability）；③动态顺应（dynamics of adaptability）；④顺应过程的意识凸显（salience of adaptation processes）。

10.2.2 顺应论与赞美语研究

顺应理论认为，语言顺应不是单向的，而是双向的或多维的，即语言顺应语境，或语境顺应语言或两者同时顺应。一方面，语言本身是一种客观存在，它为语言使用者提供了一系列语言形式，包括各种语音、词汇和句法形式。语言使用者的语言能力决定了他对这一形式的掌握，但选择哪一种形式则是由语言使用者根据交际时的情况而定。另一方面，在交际过程中，随着信息交流的进展，听话人提取或构建一系列假设并对它们进行处理，从而形成一个逐渐变化的认知语境。人们使用语言以策略为基础，以顺应交际需要为目的。交际语境由物理世界、社交世界和心理世界组成。社交世界指社交场合、社会环境对交际者的言语行为所规范的原则和准则。人们做出对他人的称赞或对称赞做出回应都是语言选择的过程。这种语言选择的过程正是对交际语境中的社交世界的顺应，其中包括对社交场合、传统中国文化、当代中国社会发展的顺应。

10.3　实践研究

10.3.1　研究对象与资料收集

研究对象由 100 名年龄为 18 ~40 岁的中国公民（职业有大学生、教师、记者、医生等）和 100 名英国兰克夏大学的英国学生组成。

资料收集采用问卷调查、实地观察和访问式调查的方法。收集工作由本项目所有成员（均为外语学院的教师）共同完成，时间跨度为两个月。采用 DCT（Discourse Completion Task，话语填充测试）收集数据。访问式调查和问卷调查共设计 20 种情景：情景观察称赞语使用情况（6 种有关外表或拥有物：连衣裙、球鞋、太阳镜、化妆、手袋、手机；4 种有关能力：电脑设计、绘画、打羽毛球、做菜）。

10.3.2　数据分析与讨论

本章采用著名语言学家 Herbert 对称赞应答语的分类法对由问卷调查和访问式调查取得的语料进行数据分类并分别做频数统计。

（1）英汉称赞语话题分布的对比。称赞作为一种语言交际行为，它本身就是一种价值判断，是公开地对某个人或某件事做出积极的评论，表达赞赏、羡慕、钦佩之情。它不仅反射出一定的社会价值观念，而且还具有积极鼓励被称赞的人的功能。它的这种积极的社会意义决定了其内容的积极性。不同社会的价值观不同，引起社会评价的注意焦点不同，所侧重的称赞内容也就有所不同。通过对取得的 2000 条英汉称赞语进行分析，我们发现其在话题分布上具有如下区别：

在英语国家，称赞的内容多集中在人们的才智、技能、表现、业绩、仪表、衣饰、居室、家具、汽车等优秀的品质和优质的器物上。在西方文化中，“个人奋斗”和“个性体现”是一种十分重要的理念，也是追求自我价值的表现。因此，关于个人的外貌仪表的积极评论，尤其是对服饰和发型的评论，在称赞的内容中占据了最主要、最突出的地位，而且这类称赞的接受者多以女性为主。例如，女士经常受到男士的赞美“You look nice today”“You look so sexy”，而女士听到这样的赞美会非常高兴地说“Thank you”。在他们听来，这没有什么不合适，因为他们的父母也常这样称赞自己的女儿。

相反，在中国传统文化中，对个人个性化，外表性的赞美相当克制，表现自己、突出个人一向不为中国文化社会赞许，而对女性的赞美更是谨慎。在中国，男性一般不称赞女性，女性更不称赞男性，否则将被视为轻浮不正派或别有用心。这也许与中国古代的“男女有别”“男女授受不亲”的训诫有关。另外，中国文化中人们常常称赞勤奋刻苦、聪明好学、心地善良等个人品德和尊老爱幼等道德规范。

西方人还常会向对方称赞自己的家庭成员或亲属。人们时常会听到美国妇女谈论她丈夫工作如何努力，怎样出色，历次升级，得到嘉奖，等等，她也会夸奖自己的子女多么聪明，学习成绩怎么好，在什么地方的音乐会上演出过，等等。这在中国人听来未免太炫耀，不会在外人面前这样夸奖自己的家人。

在称赞内容上，英汉差异还有一个很重要的方面就是对老年人的赞美。中国人爱称赞老年人高寿，可在西方这是一个禁忌，西方很忌讳“old”一词，他们认为“old”有不中用的含义，所以一般称老年人都用委婉语“senior citizen”，中国人则不然，问老年人高寿是常有的事，而且我们也能常常听到这样的赞美之词——“姜还是老的辣”“老当益壮”“老骥伏枥，志在千里”等。在中国有尊老爱幼的传统而且老年人的生活工作经验都很丰富，所以他们总是格外受到尊敬。

（2）称赞语句法结构及词汇特征的对比。Wolfson 在她的“Compliments Cross - cultural Perspective”一文中指出“西方称赞语在形式上有一个非常大的特点，那就是它们的格式相当固定”。无论是从句中负载赞扬语义的词汇看，还是从整个句式的结构看，我们都能得出一个结论：西方称赞语是一种高度格式化了的客套语。本研究小组对收集的 2000 个实例做过统计，80% 的英语称赞语都是靠形容词来表达积极评价。使用频率最高的形容词有“nice、good、beautiful、pretty、great”，它们占了 2/3 以上；使用率最高的副词是表示加强程度的，如“really、very”；表示欣赏的动词是“like、love”。例如：

That's a good question.

Your blouse is beautiful.

You have a very nice girlfriend.

I like your watch.

在中文称赞语中，根据我们收集资料的统计，46% 是形容词，43% 是副词，仅 7% 为动词。本研究发现中文称赞语中副词有很高的使用频率（43%），且绝大多数称赞语都含有副词、形容词，动词也常常有副词做强度修饰语。例如：

你这件衣服真漂亮。

他学习很刻苦，进步很大。

他的英语讲得很流利，棒极了。

不难发现，英汉称赞语在词汇选择上共同倾向于选用模糊性很强的形容词来肯定所评价的人与物的价值。这些词汇普通、易于识别，在交际中易被接受。

在句型的选择上，英汉称赞语差异较大。我们对收集到的语料进行分析归类，发现美国称赞语最常用的句型有三种：

A. NP is/look（really）ADJ（53.6%）

B. PRO（really）like/love NP（16.1%）

C. PRO is（really）（a）ADJ NP（14.9%）

（ADJ 为形容词，NP 为名词，PRO 为代词）

而中文称赞语最常用的句型为"你 + 动词 + 副词"，使用频率高达 41%。例如：

你可真有眼光，买的衣服既漂亮又便宜。

你表演得真棒！

你做菜可真有两下子。

这种句型选择差异体现了不同文化社会对语言表达形成的规约，西方一向崇尚个性自由，张扬个性，评价事物突出个人感受，且直截了当，坦率直白，所以英语称赞语中常用代词"I（我）"开头。中国人非常注重个人与社会、与他人关系的和谐、融洽，往往从对方立场出发考虑问题，因而称赞语中多以"你/你的"起首。

10.4 研究发现

根据语用综观说和顺应论，Verschueren 认为要从以下四个方面描述和解释语言的使用，即语境关系的顺应、语言结构的顺应、顺应的动态性和顺应过程的意识程度。其中前两者规定了顺应的范围，即言语交际中的各种语言和非语言因素的总和。它们是语用研究中经常使用的参数，处于互相影响的动态关系。所谓顺应的动态性，是指语言选择过程中做出的动态顺应。顺应性（adaptability）指语言使用者能从可供选择的不同的语言项目中做出灵活的选择，以尽量满足交际的需要。如前所述，人们在做称赞回应的时候正是对交际语境中的社交世界的顺应，其中包括对社交场合、传统中国文化、当代中国社会发展的顺应。

10.4.1 对中西方不同传统文化的顺应

我们的研究结果与中国传统文化对受称赞后应做出的回答的规范既有相同也有差异。在中国传统教育中，“有礼”一直被认为是一种高尚的美德。《礼记》中论述到：“夫礼者，自卑而尊人。”贬己尊人准则是最富有中国文化特色的礼貌现象。它是以儒家的中庸之道为原则的，包括两个方面：一是自己要谦虚谨慎（必要时甚至贬抑自己），二是对他人要尊敬（必要时可抬高他人）。“自谦尊人”是君子恪守的原则，在中国文化中作为创造和维持与他人良好关系的必要方式，避免给他人以妄自尊大、得意忘形的印象。同时中国文化还注重群体而非个人，崇尚相互依存而不是相互独立。所以在称赞对象上多为他人，很少称赞自己及家里人；在称赞应答上也多以拒绝为主。西方人尊重个人独立、自由、尊严和平等，追求个性，强调个人身份和个人作用。他们的理想是成为独立的、自我意识强的、忠实于自己内心真实的人。所以在英语称赞语中多以“我……”来表达自我的感受，强调自己的观感。

10.4.2 对中西方不同礼貌原则的顺应

中国人非常重视礼貌原则中的谦逊准则（modesty maxim），即减少对他人的赞誉，增大对自己的贬降。如果谦虚准则和其他准则发生冲突，要遵循谦虚准则。所以他们在回应称赞的时候，总是倾向于不接受或不正面接受。汉文化礼貌最为突出的特点是“自谦尊人”。自谦和尊人是两个不可分割的统一体，它是以儒家的中庸之道为原则的。“自谦尊人”是君子应坚守的原则，在汉文化中作为创造和维持与他人良好关系的“必由之路”而避免给人以妄自尊大、得意忘形的印象，因此受到别人称赞时，常常谦让甚至否认。“尊敬”与“谦逊”是中国现代礼貌的重要因素，因而中国人在听到赞美时，往往否定对方的赞美，并贬低自己一番，以示自谦。

西方人通常用“谢谢”来遵循交际中的一致准则（agreement maxim），虽然西方人也讲谦虚准则，但与中国人的谦虚美德是不同的。他们的谦虚准则包含两方面的内容：一是尽量减少自我夸奖，二是不要自我贬低。谦虚与赞扬是成对出现的，并且以赞扬为主。只要赞扬的内容基本属实，就尽量接受，以承认对方的鉴赏力，表现双方的一致，从而达到避免不和、加强人际间团结关系的实质目的。在西方国家中，即使说话人出于礼貌，打算接受称赞，但为了避免和谦虚准则发生冲突常采取避免自我夸奖的策略。

10. 4. 3　对当代社会发展的顺应

随着中国社会的发展，中西方文化的交流，传统的观念也在悄悄地发生着变化。不少人，尤其是年轻人，对称赞的接受情形也越来越多了，甚至还有人认为过分的谦虚就是虚伪、骄傲的表现。王宗炎指出，“中国的语言和文化都在变化发展中，近十年来变化发展更快……传统习惯、社会习惯和西方习惯共同构成了今天的中国人习惯”（1994：9）。随着对西方文化的逐步认识，人们意识到在西方文化中，别人的称赞是对自己的鼓励，应该接受并感谢。相反，对赞语的直接否定会让对方尴尬而显得不礼貌。

另外，与外国人接触机会增多了，人们发现过于谦卑会让人误解为伪善和不真诚，同时，为了尽量减少自己与别人的分歧，增加双方的一致，他们接受了西方人对赞语直接接受的方式。这正好符合利奇提出的“一致准则”。本研究中有一部分研究对象选择“接受”策略正好反映出人们在语言文化方面的观念在不断地变化。

10.5 研究建议——在跨文化交际中如何避免文化冲突

从以上分析中我们可以看到英汉称赞语的差异主要源于蕴藏其中的文化价值特质。因此在跨文化交际中，尤其是在翻译的时候，一定要注意文化差异，避免文化冲突。

请看下面的例子：

I like your watch.

在英语中这是一句很普通的称赞方式，但如果不懂英汉文化差异直译成“我喜欢你的手表”，这会被中国人理解成为一种间接的请求，请求自己把受到称赞的东西（watch）送给对方，于是误会就此产生，不愉快甚至是冲突都是难免的。所以应该把这句话意译为“你的表真不错”，这样交际双方都会感到轻松愉快，彼此的交谈也能启动，从而交际的目的也就达到了。又如：

A：你英语说得真好！

B：哪里哪里，你过奖了！

在汉语中“哪里哪里”经常被用于回应称赞，这其实是受称赞人自谦的一种回答方式。以前有很多笑话嘲笑不懂文化差异的译者把它译成“where where”，这确实让我们笑掉了大牙。因此把它译成英语的时候，一定要遵循其称赞语及其回应的表达方式。从以上例子中我们可以得出在跨文化交际中一定要尊重对方的文化习俗，遵循对方的交际规则。

另外，在外语或第二语言教学的教材编写、教学方法及教学过程中，要注意培养学生的实际语言运用能力，如在引导学生学习称赞语的表达方式时，教师除了让学生掌握称赞语的常用表达方式外，还应该让学生了解不同文化背景下称赞话语行为所涉及的不同社会、文化因素及交际规范，使学生既学会语言知识，又掌握运用语言的实际能力。而培养学生英语实际交际能力正是我们英语教学的主要目标。

10.6 结　语

综上所述，由于不同社会文化存在差异，称赞话语行为在英语文化背景和汉语文化背景中表现出各自不同的特征。称赞作为一种纯交际的用语，使用得当，可以增进友谊，联络感情，维系正常的人际关系，提高言语交际的效果；使用不当，则可能适得其反，使人感到虚伪，不真诚，降低了说话者在人们心目中的信任感，冲淡了彼此间的感情。所以，了解称赞话语行为的文化差异性（如称赞内容、场合、回应方式等），有助于减少和避免跨文化交流时可能会出现误解、尴尬或困惑的局面。

通过对取得的中英文称赞语进行分析，我们发现其在话题分布上具有如下区别：在英语国家，称赞的内容多集中在人们的才智、技能、表现、业绩、仪表、衣饰、居室、家具、汽车等优秀的品质和优质的器物上。尤其是对服饰和发型的评论，在称赞的内容中占据了最主要、最突出的地位，而且这类称赞的接受者多以女性为主。在中国传统文化中，对个人个性化、外表性的赞美相当克制，表现自己、突出个人一向不为中国文化社会赞许，而对女性的赞美更是谨慎。在称赞内容上，英汉差异还有一个很重要的方面就是对老年人的赞美。中国人爱称赞老年人高寿，可在西方这是一个禁忌。对收集的实例做过统计，80%的英语称赞语都是靠形容词来表达积极评价。使用频率最高的形容词有“nice”“good”“beautiful”“pretty”“great”，它们占了 2/3 以上；使用率最高的副词是表示加强程度的，如“really”“very”；表示欣赏的动词是“like”“love”。中文称赞语中，根据我们收集资料的统计，46%是形容词，43%是副词，仅 7%为动词。本研究发现中文称赞语中副词有很高的使用频率（43%），且绝大多数称赞语都含有副词、形容词，动词也常常有副词做强度修饰语。

随着“全球化”在语言学领域的发展，东西方之间的交流增多，文化适应日趋受到重视。不同文化背景的人在交际中都尽量尊重对方的文化传统，避免语用失误。在中国新一代，特别是改革开放以来的年轻人，由于受到不断涌入的西方文化的影响，开始接受一些西方的文化观念。这一变化也反映在称赞这一言语行为的使用当中。因此，我们在跨文化交流中，看到彼此文化差异的同时，也不应忽视东西方文化走向融合这一趋势。另外，对称赞行为的研究还可从不同角度，用不同方法进一步探讨。例如，对不同文化背景下称赞话题、功能、与性别的关系等方面可更深入地挖掘。研究方法可采用访问调查对象的形式或收集自然会话记录进行分析。在称赞答语上不少学者的研究结果存在着巨大的差异，鉴于此，笔者认为应当对其进行全新动态的对比研究，在下一章将进行详细说明。

第 11 章　Contrastive Study of Chinese and English Compliment Responses（英汉称赞应答语的对比研究）

The social phenomenon of compliment behavior exists in various societies and linguistic cultures. The compliment behavior can not only enhance the relationship between communicators but also consolidate and strengthen the solidarity among communicators. Thus, the compliment behavior operates like social lubricant. Compliment responses in Chinese and English have different characteristics because they are influenced by different social factors. Consequently, the study on compliment has been paid extensive attention to.

This thesis aims at investigating the characteristics of compliment responses in Chinese and English, comparing their differences and attempting to analyze the reasons which lead to the differences. Most of previous studies abroad and in China focus on the syntax and the topic of compliment behavior itself. Studies on compliment responses are very few. And the results of compliment responses from few researchers are different. At the same time, studies of compliment from the aspect of pragmatics are limited in number. Therefore, this thesis explores and analyzes compliment responses from a new perspective – based on Verschueren's Adaptation Theory.

In this chapter, the quantitative method and the qualitative method are adopted. It collects materials from college students, doctors, and company staff with questionnaire and classifies the compliment responses by Herbert's (1987) classification on compliment responses. Then it analyzes the data and summarizes the different characteristics on compliment responses in Chinese and English. Finally, it explains the differences on the Verschueren's Adaptation Theory.

The major findings of this study are as follows:

(1) Most of the English speakers tend to accept compliments. Moreover, they often offer series of comments on the object complimented when they accept compliments. They usually express their disagreement directly when they reject compliments. In addition, English speaker use some combined strategies to express their responses to compliment.

(2) Most of Chinese people tend to reject compliments. When they accept compliments, Chinese people often transfer the compliment to some third person or to the object itself. Besides, Chinese speakers have one more strategy – Determination Expression to respond to compliment. They tend to express their determinations when they meet compliment from persons who have higher status. In addition, Chinese speakers employ more diverse sub – strategies to respond to compliments than English speakers. Finally, More Chinese speakers tend to give no response when they meet compliments than English speakers.

(3) Chinese college students tend to accept compliments much more frequently than other people. The reason lies in students' adaptation to the change of culture which results from social development and the influence of foreign cultures.

(4) The reason of all these differences can attribute to their adaptation to different social worlds, which include different traditional values, different politeness principles, different realization of face, and influence of western culture.

The study has some significance. Firstly, this study helps us understand differences between Chinese and English compliment responses. Thus, pragmatic mistakes in the cross – cultural communication can be avoided. Secondly, this study also gives the analysis of the Chinese compliment responses which enables more foreigners to know and accept Chinese communication criterion. Thirdly, this study analyzes the difference between Chinese and English compliment responses from a new dynamic aspect: The Adaptation Theory. A new inspiration can be given to other researchers. Lastly, this study gives foreign language teaching and learning some useful suggestions.

11.1 Introduction

The present study focuses on the linguistic phenomenon of English and Chinese compliment responses. This chapter gives a brief sketch of the whole study. The context of this study is firstly presented. In the following sections, research questions and research methodology of the study are briefly stated. Then the significance of the study is stated. The organization of this chapter is included in the last section.

11.1.1 Study context

With the rapid development of science and technology, compliment responses between people from different cultural backgrounds are on the increase. Thus, attention has been paid increasingly to how to be polite in cross – cultural interactions. Otherwise, misunderstanding may occur frequently because of the cultural differences.

Compliment is a polite speech act and also a popular linguistic phenomenon. As a kind of social communication language, compliment can not only enhance the relationship among communicators but also strengthen the solidarity. It can be used in many speech acts such as invitation, acknowledgement, congratulation, conversations engagement, and embarrasement avoidance.

Study of compliment is a new field in pragmatics in the past few decades. Some scholars have studied English compliments from the perspective of foreign cultures, such as Pomerantz (1978), Herbert (1989), and Holmes (1986). Pomerantz is the first researcher who discussed compliment responses from a pragmatic perspective. Pomerantz claimed that in American English, the recipient of a compliment faces two conflicting conditions that pose a dilemma when responding to it: ①agree with the speaker, ②avoid self – praise (1978: 81 – 82). She categorized solutions to solve this conflict: acceptance, rejection, and self – praise and avoidance.

In light of Pomerantz's analysis, Herbert (1986) conducted a contrastive study on American and South African compliment responses. He revised the Pomerantz's taxonomy and obtained a three – category: Agreement, Nonagreement, and Other interpretations.

In China, few researchers have studied the compliment and compliment responses. Chen Rong (1993) is the first Chinese scholar to study the speech act of compliment. He compared compliment responses between English and Chinese. Chen divided the compliment responses strategies into three main categories: Rejecting, thanking and denigrating, accepting. In his findings, nearly 40% of English speakers adopt the strategy of Accepting to respond to compliments. However, 95. 73% of the Chinese compliment responses adopt the strategy of Rejections.

There are also some contrastive studies which compare compliment responses in other different languages. These comparative studies are not only within English – speaking communities but also within other language communities, such as American English and Syrian Arabic (Nelson et al., 1996), British English and Spanish (N. Lorenzo – Dus, 2001), American English and Germany (Andrea Golato, 2001), etc.

11. 1. 2 Motivations for the study

Previous studies on compliment responses give this study stable basis. Some scholars' scientific classifications of compliment responses' strategies provide reference for this study.

However, there are very few contrastive studies on compliment responses between Chinese and English. Previous studies show that there are great differences between English and Chinese compliment responses. Ignoring the differences between English and Chinese compliment responses often causes misunderstanding in communications. So the contrastive study on compliment responses is of significance.

On the other hand, we find clearly that there is much disagreement among these studies. According to Chen Rong's (1993) investigation, there was one strategy governing compliment response behaviors: Rejections amount to 95.63% for Chinese subjects. But Gong Xian (1997) reported only 6.8% of Chinese subjects reject compliments. Ye (1995) found that only 24.3% of the Chinese compliment responses fall into the category of Acceptances. These disagreements will lead to confusion in this field of study.

Furthermore, previous studies have been conducted from one static perspective. They pay nearly all attention to traditional culture and try to find answers to modern linguistic phenomena from traditional values. In order to achieve a contrastive study with a more dynamic perspective, this thesis adopts Verschueren's Adaptation Theory as a theoretical tool to investigate this speech act. According to the Adaptation Theory, responding to compliments can be considered as a process of making linguistic choices which is affected by the social world and is dynamic.

All these reasons show that it is necessary to conduct a contrastive study of compliment responses from a dynamic aspect in nowadays – social circumstances.

11.1.3 Research questions

From the above discussion, we need to adopt new theoretical framework to study compliment from a dynamic perspective. This chapter adopts Verschueren's Adaptation Theory to analyze the differences between Chinese and English compliment responses.

The research questions are:

(1) What characteristics do English and Chinese compliment responses have respectively?

(2) What differences are there between English and Chinese compliment responses?

(3) What are there factors in the social world contribute to these differences?

In order to get more information in limited period of time, this study adopts questionnaires to collect data.

11.1.4 Data collection and methodology

The instrument of this study is the questionnaire that is in the form of DCT (Discourse Completion Test). It consists of nine questions under different situations that show the influence of the variables on the realization of compliment responses. The effect of the relative power, social distance and ranking of imposition is considered when devising the DCT.

The questionnaire includes English and Chinese version (see Appendix Ⅰ and Ⅱ). There are two reasons for choosing the questionnaire to study compliment responses. Firstly, questionnaire enables the researcher to obtain sufficient data in limited period of time. Secondly, Questionnaire survey can provide the subjects with enough time to consider the given situations and then respond basing on imaginary situations. The compliments in the questionnaire involved the following topics: Outward appearance, ability and possessions.

In order to validate the feasibility of the present study and to avoid some unnecessary mistakes such as some situations which may not reasonably proposed in the questionnaire written in English and Chinese, or some of questions are not apporpriately designed, a small scale pilot study is conducted in Chinese college students from Henan University of Finance and Economics and English native speakers from the University of Central Lancashire before the final study.

11.1.5 The significance of the study

Firstly, this study helps us understand some differences between English and Chinese compliment responses. Thus, pragmatic mistakes can be avoided in the cross – cultural communication. Responding to compliments from foreigners in inappropriate ways may cause misunderstanding, even unanticipated results in intercultural communication. This study can let us know western habitual ways of responding to compliment. To avoid pragmatic failure, both Chinese and English speakers should first of all make efforts to develop a sort of pragmatic awareness, and to do this, a thorough study of each other' s culture is really indispensable.

Secondly, this study also gives the analysis of the Chinese compliment responses which enables more foreigners to know and accept Chinese communication norms.

Thirdly, this study analyzes the difference of Chinese and English compliment responses from a new aspect: The Adaptation Theory. A new inspiration is given to other researchers. Researchers should investigate cross - cultural communication from a dynamic perspective because culture is constantly changing. This method is especially useful for language study in this rapidly developing society.

Finally, this study provides foreign language teaching and learning with some useful suggestions. For teachers, it is vital for them to provide cultural information about target language and to help students to avoid some pragmatic errors. For the purpose of avoiding pragmatic mistakes in communication, knowledge about target cultural norms and patterns of linguistic behavior need to be introduced to the learners. Besides, background information about cultural beliefs and values is also valuable in language teaching. At the same time, teachers should increase students' awareness about English culture. For students, in order to behave politely in the cross - cultural communications, they should observe and grasp the linguistic and social behavior of the target culture properly.

11. 1. 6 The organization of the chapter

This study consists of six part.

Part one, Introduction, concerns the motivation of this study, the research questions of the study, data collection and methodology, the significance and the organization of the study.

Part two, Literature Review, is a review of some concepts and theories related to the speech act of compliment response. The speech act of giving compliments and responding to compliments appropriately is considered undoubtedly as a kind of polite speech act. This study tries to find how some factors such as different politeness principles, different realization of face influence the compliment responses, some concepts and theories on Politeness and Face are reviewed at first. Then the concept, strategies, topics and functions of compliments are introduced. Finally, it reviews previous studies on compliment responses abroad and in China and then finds some limitations of previous studies.

Part three, Theoretical Framework, introduces Verschueren's Adaptation Theory. According to Verschueren, language choices are influenced by three worlds: Mental world, social world and physical world. This study pays attention to one of them: Social world. Language use is socially and culturally constrained, and it requires constant adaptation to different circumstances.

Part four, Methodology, illustrates how the study is conducted, including the research questions, research tool, subjects, and the procedure of data collecting.

Part five, Analysis of the Data, analyzes the collected data. It interprets the characteristics of English compliment responses and Chinese compliment responses at first. Then it compares the differences between them. Finally, this study tries to find out some factors in the social world which lead to these differences.

Part six, Conclusion, includes the main findings, the implication for intercultural communication and language teaching, the limitations and suggestions of the study.

11.2 Literature Review

11.2.1 Introduction

Since the speech act of compliments is considered undoubtedly to be a kind of polite speech act, this study tries to find out some factors in social world such as politeness principle, realization of face which influence compliment responses. And some concepts and theories on politeness and face also are reviewed. Then, the previous studies on compliment responses abroad and in China are discussed.

11. 2. 2 Some studies and theories related to politeness

11. 2. 2. 1 The definition of politeness

Leech defines politeness as forms of behavior that aim at the establishment and maintenance of comity, i. e. the ability of participants in a socio – communicative interaction to engage in interaction in an atmosphere of relative harmony (1983: 104).

Hill (1986) points out, "politeness is one of the constraints on human interaction, whose purpose is to consider others' feelings, to establish levels of mutual comfort, and to promote rapport" (1986: 349). This definition indicates that politeness is seen as a constraint on human behavior, not only to reduce confliction but also to promote rapport and harmony.

He Zhaoxiong (1995: 2), a Chinese scholar, holds that politeness can be understood as a social phenomenon, a means to achieve good interpersonal relationships and a norm imposed by social conventions.

From the above, it is apparent that politeness is not only a means of conveying information, but also an important means of establishing, maintaining social bonds with others in communication. There are various ways to put politeness into practice, the language using is one of the fundamental way which expresses politeness. People from different cultural backgrounds are unanimously to encounter such situation in which the lack of politeness would lead to embarrassment and failures in communication.

11. 2. 2. 2 Leech's politeness principle

Leech found that there were occasions when people do not follow Grice's Cooperative Principle, so he proposed the Politeness Principle to perfect Grice's Cooperative Principle. Leech (1983) believed that people in communication sometimes infringes some maxims of Cooperative Principle in order to express politeness. He distinguished relative politeness from absolute politeness. Relative politeness highlights the fact that politeness is often relative to some norm of behavior for a particular setting. Absolute politeness refers to the degree of politeness inherently associated with a speech act. It brings out the Politeness Principle. Leech (1983: 81) sumed up six maxims of the Politeness Principle as follows:

Tact Maxim: Minimize cost to other;
Maximize benefit to other.

Generosity Maxim: Minimize benefit to self;
Maximize cost to self.

Approbation Maxim: Minimize dispraise of other;
Maximize praise of other.

Modesty Maxim: Minimize praise of self;
Maximize dispraise of self.

Agreement Maxim: Minimize disagreement between self and other;
Maximize agreement between self and other.

Sympathy Maxim: Minimize antipathy between self and other;
Maximize sympathy between self and other.

The Tact Maxim means that the speaker tries to express beliefs that suggest or imply cost or harm to the hearer. The Generosity Maxim conveys the idea that a speaker should try to diminish his own benefit and maximize his own cost. The Approbation Maxim deals with how to evaluate "other", while the Modesty Maxim with how to evaluate "self". The Modesty Maxim says that self - dispraise is regarded as quite benign. The Agreement Maxim means that we should exaggerate agreement with other people, and to mitigate disagreement by expressing regret, partial agreement, etc. The sympathy Maxim accounts for why congratulations and condolences are courteous speech acts, even though condolences express the beliefs that are negative with regard to the hearer.

Leech enlarges the Grice's Cooperative Principle on a grand scale, adding to it a Politeness Principle. He made great contributions to the pragmatics, which is admitted by many linguists. His Politeness Principle is of great value to current study of politeness. People tend to use different maxims to maintain politeness when they encounter various linguistic contexts.

11. 2. 2. 3 Gu's view on politeness in China

The previous part explains an important theory on politeness in the western culture. But it must be noted that Leech's theory may not be applicable to the Chinese. Though Leech's Politeness Principle and its maxims enjoy a sort of universality to a certain degree, there are still some purely culture – specific. In this part, it will pay attention to Gu's study on politeness with Chinese characteristics.

Chinese scholar, Gu Yueguo（1990）proposes his theory of politeness in China in his two articles titled "Politeness Phenomena in Modern Chinese" and "Politeness, Pragmatics and Culture". Gu gives the modern conception of politeness, discusses its historical origin, makes a comparison between western notions of face and politeness and their Chinese counterparts and finally formulates and illustrates four politeness maxims in the Chinese culture. Gu posits that there are basically four notions underlying the Chinese concept of "礼貌": respectfulness, modesty, attitudinal warmth and refinement（1990: 239）.

Gu claims that "... the Chinese conception of politeness is to some extent moralized, which makes it more appropriate to analyze politeness in terms of maxims"（1990: 143）. On the basis of the four essential notions underlying the Chinese conception of politeness, Gu proposes four politeness maxims which he thinks are more suitable in the Chinese context:

（1）The Self – denigration Maxim.

The maxim consists of two submaxims: ①denigrate self. ②elevate other.

（2）The Address Maxim.

The maxim reads: address your interlocutor with an appropriate address term.

（3）The Generosity Maxim.

The maxim refers to maximizing benefit to other（including content and manner regulating senses）at the motivational level, and minimizing cost to self at the conversational level.

（4）The Tact Maxim.

The maxim refers to minimizing cost to other（including content and manner regulating senses）at the motivational level, and maximizing benefit received at the conversational level.

Gu investigates Chinese politeness as manifested in actual interaction. Chinese politeness, according to Gu, is characterized by a tendency to denigrate oneself and respect the other.

11. 2. 3 Some studies and theories related to face

11. 2. 3. 1 The definition of face

The face notion is raised by Goffman (1967) in the 1950s. According to Goffman, face is a universal notion, that is, it is a sacred thing for every human being, and an essential factor that communicators all have to pay attention to; face wants are reciprocal: If one wants his face scared for, he should care for other people's face.

Brown and Levinson define face as "the public self - image that every member wants to claim for himself" (1978), i. e. an individual's self - esteem. They further distinguish two kinds of face: Negative face and positive face.

From their explanations, negative face is the desire to be unimpeded in one's actions, and positive face is the desire to be approved of. Face is something that can be lost, maintained, or enhanced, and must be constantly attended to in interaction. Since face is so vulnerable, and since most participants will defend their face if threatened, the assumption is made that it is generally in everyone's best interest to maintain each other's face.

11. 2. 3. 2 Brown and Levinson's Face - Saving Theory

Brown and Levinson's Face - Saving Theory is based on the face notion raised by Goffman in the late 1950s. Brown and Levinson (1978) define face as an individual's self - esteem. They further distinguish two kinds of face in terms of participant wants: ①negative face: Individuals' desire to be unimpeded in one's actions, ②positive face: Individuals' desire (in some respects) to be approved of.

In the face theory, Brown and Levinson believed that keeping our face is the most important thing in social interactions. If we want to keep our face, we shall be very careful to keep others' face. Otherwise, all face is lost (He Ziran, 1997:

102) . Brown and Levinson believe there are certain kinds of acts intrinsically threaten face which can be called face – threatening acts (FTAs) . FTAs vary in terms of the kind of threat involved.

Accepting compliments is seen as FTAs to speaker's positive face. In this case, the speaker might feel that he or she has to reciprocate the compliment in one way or another. Levinson further points out five main strategies that speakers can employ to avoid or minimize the effects by carrying out FTAs (See Figure 11. 1).

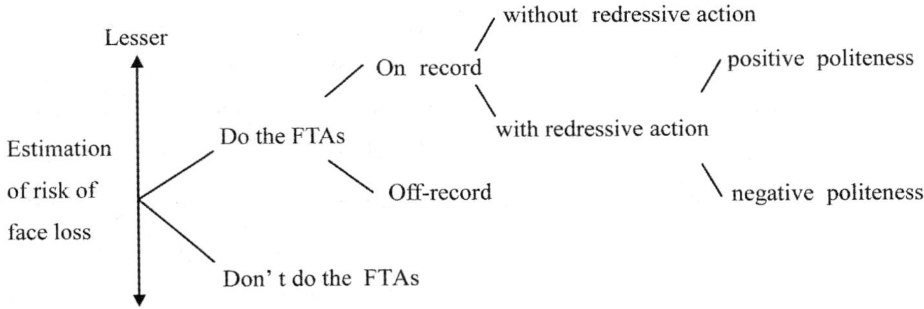

Figure 11. 1 Politeness Strategies for doing FTAs

Figure 11. 1 represents Brown and Levinson's schema of strategies and risks. The strategy of Bald on Record means no effort to minimize threats to hearer's face, so people can perform an act in the most direct way. The strategy of Positive Politeness is redress directed to the addressee's positive face. Linguistic realization of positive politeness is in many respects representative of the normal linguistic behavior between intimates. The strategy of Negative Politeness is redressive action addressed to the addressee's negative face. The off – record politeness strategy is seen as the most polite strategy in order to avoid threatening face, because off – record utterances are essentially indirect uses of language.

It is obvious that Brown and Levinson center their theory on the individual aspect of face: Face is the image which belongs to the self. This self – image primarily concerns the individual's desires, and only to the extent that the self depends on others' face being maintained does this image become public. Brown and Levinson' s strategies along with their specific realizations are potentially available to persons in western culture as rational means of dealing with the face of others.

11.2.3.3 Chinese studies on face

Hu (1994) claims that there are two aspects of face in Chinese culture: "面子" and "脸" which are used to convey the denotative meaning of the word face. According to Hu (1994: 45), the character "面子" stands for prestige or reputation. "脸" refers to the respect of the group for a man with a good moral reputation. Both the components involve respectable and reputable images that one can claim for oneself from the community in which one interacts or to which one belongs.

Gu (1990) also draws our attention to face. He observes that the Chinese notion of negative face differs from Brown and Levinson's definition. Gu bases this observation on the fact that such speech acts as "inviting", "offering", and "promising" in Chinese are not generally regarded as threatening to the hearer's negative face. Although Gu observes that the Chinese notion of negative face differs from Brown and Levinson's definition, he never provides his own definition of Chinese negative face. And he never states whether the concept of negative face applies to the Chinese interaction at all.

In contrast with western face, Chinese face emphasizes the harmony of individual behavior with the judgment of the community, rather than the accommodation of individual desires. In Chinese culture, on the one hand, one is presumed not to be motivated by a desire for freedom, but instead to seek the respect of the group. On the other hand, even when motivated by a desire to be liked by others, one is generally presumed to avoid condemnation by society through meeting the socially endorsed requirements of conduct.

11.2.4 Studies about compliments

11.2.4.1 The definition of compliment

According to Oxford Advanced Student's Dictionary of Current English with Chinese Translation (revised third edition, 1984), the word "compliment" is explained in two aspects when it is used as a noun. Firstly, it means expression of admiration and approval. Secondly, in its plural form, "compliments" means "greetings".

Holmes (1988) suggests a compliment is "a speech act which explicitly or implicitly attributes credit to someone other than the speaker, usually that person addressed, for someone 'good' (possession, characteristic, skill, etc.) which is positively valued by the speaker and hearer". Herbert (1997) argues that most definitions of compliment specify two conditions: Compliments must contain an expression of admiration on the part of the speaker; and they must concern a possession, accomplishment, or personal quality of the addressee. From above explanation, the word compliment means an explicit or implicit expression of praise, admiration, or respect when it is used as a noun.

11.2.4.2 Strategies and topics of compliment

Complimenting involves a very wide variety of strategies as it has been found to be a complex speech act. Previous studies have identified four mutually exclusive main strategies for compliments: Direct Compliment, Indirect Compliment, Non – compliment and No Response. Direct Compliment is to pay compliments directly or in an obvious manner. Indirect compliment is the way that expresses compliments as well as admiration in an indirect way and this kind of compliments is always presented in the meaning other than in the form. Non – compliment is that people give some speech reaction instead of obvious compliments. The last way, non – response means someone pays compliments without speech but with thought or other inner forms which can not be expressed out.

Studies also have shown that most compliments focus on only few topics. For example, both Manes (1983) and Wolfson (1983) found that compliments in American English mostly fall into two main categories: Appearance/possessions; ability/performance. Manes found that the most frequently occurring topics were compliments on personal appearance and accomplishment. Similarly, Holmes's data on compliment collected in New Zealand accorded with these general topics. In fact, compliments on some aspects of the addressee's appearance or ability accounted for 81% of the New Zealand data.

Herbert's (1997) study further demonstrated the point mentioned above. His Polish compliment data showed that making compliments on possessions reached about 50%. The same as in the American data, the manifest content of compliments also tended to be drawn from a limited stock of concerns, such as personal appearance (especially clothing and hair), possession, and the results of skill or effort (1997: 54). Studies of other languages also revealed that these topics were the most frequent ones.

11.2.4.3 Functions of compliment

A number of scholars have claimed that the main function of compliments is to establish solidarity between speaker and hearer (Manes, 1983; Wolfson, 1983; Holmes, 1988; Herbert, 1989). In addition, Manes and Wolfson indicated that compliments have other functions. For example, giving compliments can reinforce or encourage the desired behavior in specific situations. They could also be used to strengthen or replace other speech acts like apologizing, greeting or thanking or to soften acts such as criticism, or even to serve as acts like sarcasm or conversation opener (Wolfson, 1983: 86–93).

Besides, compliments sometimes express positive evaluation, admiration, appreciation or praise (Holms, 1986: 125). However, these should be followed by certain context. For instance, in classrooms, compliments from teachers to students show both praise and encouragement. These compliments are often directed from superordinate to subordinate, or between intimates. If compliments are directed upwards from subordinate to superordinate, they may be seemed as flattery.

Although compliments are considered as positive speech acts which can satisfy the hearer's positive face needs, they may also be seen as face-threatening acts. As Brown and Levinson suggested that compliment can be regarded as a face-threatening act to the extent that it implies the complimenter envies the addressee in some way, or would like to have something belonging to the addressee.

Studies have shown that the function of compliments in one culture can be very different from that in another. For instance, in conducting a contrastive research on American and South African English compliments and compliment responses, Herbert and Straight (1989) found that whereas American compliments served to negotiate social solidarity, South African ones functioned "probably as a way to affirm such solidarity". Therefore, on one hand, both Manes and Wolfson reveal that the function of compliments of a given culture could be identified within its specific linguistic and socio – cultural context. On the other hand, Herbert and Straight's studies indicate that we could have a better understanding of the distinctive features of compliment functions through contrastive analyses.

Previous studies show that function of compliments of a given culture could be identified within its specific linguistic and sociocultural context. It is obvious that only through a contrastive study of compliments responses in different cultures, especially those with very different value systems like Chinese and English societies, could we possibly learn more about the culturally specific features of this speech act.

11. 2. 4. 4 Structure of compliments

Compliment has the structure of adjacency pairs. In other words, the compliment is a two – unit turn in which utterance 1 and utterance 2 are linked by both temporal and relevant conditions (Herbert, 1989: 53). According to Holmes' study, the syntactic patterns of compliment are surprisingly limited in range. The vast majority of compliments are produced within one of the three formulaic frames in the following (Herbert, 1989: 54):

I like + NP (eg. "Wow, I really like your hair.")

That's a + ADJ + NP (eg. "That's a neat Jacket.")

NP is + ADJ (eg. "Your eyes are amazingly green.")

In addition, Wolfson and Manes claimed the above three frames were nearly 85% of all the syntactic patterns and they also found the following minor syntactic patterns:

You + V + ADJ + NP. (eg. "You did a good job.")

You + V + NP + ADV. (eg. "You handled that situation well.")

You have a + ADJ + NP! (eg. "What a lovely baby you have!")

ADJ + NP! (eg. "Isn't your ring beautiful!")

Notes: V stands for verb, NP stands for noun phrase, ADJ for adjective, ADV for adverb.

According to Wolfson, in American English 50% compliments fell into the first syntactic pattern. That is, half American preferred the first person forms, which could be accounted for the reason why they focused much on individualism.

Morever, compliments are aways expressed both through certain adjectives, such as good, nice, lovely, great, pretty, beautiful and certain verbs such as like, love, enjoy, admire, etc. That shows that compliments are also limited in lexical choice (Holmes, 1986: 127).

Herbert's study showed that adverbial compliments (i. e. adverbs used as positive semantic carriers) occurred with a high frequency as 27% of his Polish corpus, in contrast to 2.7% of the English counterpart. Herbert considered his discrepancy to be a result of syntactic differences between English and Polish, because verbs of sensory perception, such as like and taste, "regularly take adverbial modifiers in Polish and adjectival ones in English" (1989: 388). The other difference that Herbert found in his study was a marked infrequeney of the first person compliments in Polish.

It is interesting to note that in Zuo's study (1988) of Chinese compliments an even higher frequency of adverbial compliments was found, accounting for 43% of her data. Zuo noticed that Chinese adverbs often occurred with most of the positive adjectives and verbs, functioning as intensifiers. She also noted that Chinese compliments rarely employed the speaker's perspective "I" (1988: 121) and the most commonly used pattern was "YOU + V + ADV", accounting for 41%.

The findings concerning compliment formulae indicate that compliments are readily recognizable items of discourse. This recognizability facilitates interaction, that is, the routinized formulas are facilitators for comprehension and production. They reduce the possibility of misunderstanding between the speaker and the hearer. This, in turn, might explain why similar formulae are found in different varieties of English and in some other languages.

11.2.4.5 Compliment responses

(1) Studies of compliment responses abroad.

According to Nelson, "A compliment response is a verbal acknowledgement that the respondent of the compliment heard and reacted to the compliment" (1996: 413).

Pomerantz was the first researcher who discussed compliment responses from a pragmatic perspective. She pointed out that recipients of compliments are under the influence of two conflicting constraints that are "concurrently relevant but not concurrently satisfiable" (Pomerantz, 1978: 81). The first constraint stems from the fact that compliments can be seen as assessment in that the speaker is positively evaluating some state of affairs, some object, or some action. Pomerantz further observes that compliments also have the function of supportive actions which makes them similar to offers, invitations, gifts, praises, etc. At the same time, however, there is a second constraint on the speaker which conflicts with the first constraint: They should not praise themselves. As can be seen in the following segment, adopted from Pomerantz (1978: 89), self-praise routinely gets sanctioned by coparticipants.

A: Just think of how many people would miss you. You would know who cared.

B: Sure. I have a lot of friends who would come to the funeral and say what an intelligent, bright, witty, interesting person I was.

A: They wouldn't say that you were humble.

B: No. Humble, I'm not.

When B engages in self praising behavior, A criticizes this behavior by teasing B. Teasing, cracking jokes, or otherwise critically assessing a speaker's self-praise are routine sanctions leveled against speakers who do not enforce self-praise avoidance. If speakers wish to praise themselves without being sanctioned, they often include a disclaimer in their talk.

Pomerantz claimed that in American English the recipient of a compliment faces two conflicting conditions that pose a dilemma when responding to it: ①agree with the speaker, ②avoid self-praise (1978: 81-82). She categorized solutions to solve this conflict: Acceptance, rejection, and self-praise and avoidance. Pomerantz's analysis of compliment response types and mechanisms for avoiding self-praise is illustrated in Table 11.1. The response type is given in the left column while an example is given in the right column.

Table 11.1 Pomerantz's taxonomy of compliment responses

Response Type	Example
Ⅰ. Acceptance	
1. Appreciation Token	A: That's beautiful. B: Thank you.
2. Agreement	A: Oh it was just beautiful. B: Well, thank you. I thought it was quite nice.
Ⅱ. Rejections	
Disagreement	A: You did a great job cleaning up the house. B: Well, I guess you haven't seen the kids' room.
Ⅲ. Self-praise Avoidance Mechanisms	
1. Praise Downgrades	
a. Agreement	A: That's beautiful. B: Isn't it pretty?
b. Disagreement	A: Good shot. B: Not very solid though.
2. Referent Shifts	
a. Reassignment	A: You're a good rower, Honey. B: These are very easy to row. Very light.
b. Return	A: Ya's sound real nice. B: Yeah, you sound real good too.

In light of Pomerantz's analysis, Herbert (1986) conducted a contrastive study on American and South African compliment responses. Data from Herbert on compliment responses are collected by students, who are instructed to collect compliment responses within the student community, in places such as classroom, dining halls, the student union and dormitories. Field workers are asked to record compliment behavior overheard and to issue their own compliments as naturally as possible in order to generate compliment responses data. Herbert collected more than a thousand samples of compliment responses through a three – year period project. Due to the nature of data collection, it is not possible to control some variables. He found only 36. 35% , or 386 out of 1062 compliment responses were accounted as acceptance. He revised the Pomerantz's taxonomy and obtained a three – category, twelve – type taxonomy:

Table 11. 2 Herbert's taxonomy of compliment responses

Response type	Examples
A. Agreement	
Ⅰ. Acceptances	
1. Appreciation Token	Thanks; Thank you; [smile]
2. Comment Acceptance	Thanks, it's my favorite too.
3. Praise Upgrade	Really brings out the blue in my eyes, doesn't it?
Ⅱ. Comment History	I bought it for the trip to Arizona.
Ⅲ. Transfers	
1. Reassignment	My brother gave it to me.
2. Return	So's yours.
B. Nonagreement	
Ⅰ. Scale Down	It's really quite old.
Ⅱ. Question	Do you really think so?
Ⅲ. Nonacceptances	
1. Disagreement	I hate it.
2. Qualification	It's all right, but Len's is nicer.
Ⅳ. No Acknowledgement	[silence]
C. Other Interpretations	
Request	You wanna borrow this one too?

These twelve response types can be classified on the basis of pragmatic functions that they fill in discourse. Such taxonomy is more revealing than a mere listing of response types, but a few basic points require mention at this point. First, within the category of Agreement wherein the speaker agrees with the complimentary assertion, there is a tripartite division: Acceptance, History, and Transfer. The category of History can be seen as an "in between" type, placed between Acceptance and Transfer. The speaker agrees with the compliment and provides an impersonal comment, effectively redirecting the complimentary force. History thus performs a similar function to that of Transfer because it does not accept the compliment directly. That is to say, history deflects praise from the speaker. The category of Nonagreement is divided into Acknowledgement and No Acknowledgement. Further Scale Down is supposed to Nonacceptance on the basis that the latter denies the validity of the compliment assertion whereas the former merely weakens its force. Question responses are placed between Acceptance and Nonacceptance.

(2) Studies of compliment responses in China. Chen Rong (1993) is the first Chinese scholar to study the speech act of compliment. He conducted a research of compliment responses between English and Chinese. According to Chen, there are mainly five strategies of Chinese compliment responses: ①disagreeing and denigrating; ② expressing embarrassment; ③ explaining; ④ thanking and denigrating; ⑤Thankingonly. These strategies are further categorized into three super strategies: Rejecting, thanking and denigrating, accepting. In Chen's findings, nearly 40% of the American English speakers' compliment responses belong to the category "Accepting". However, 95.63% of the Chinese compliment responses are rejections. The following table gives us his categorization and distribution of Chinese speakers' strategies.

Table 11.3 Chen's categorization and distribution of Chinese speakers' strategies of compliment responses

Strategy type	Percentage
Super strategy A: Rejecting	
1. Disagreeing and denigrating	50.70
2. Expressing embarrassment	26.10

Continued Table

Strategy type	Percentage
3. Explaining	18. 83
Total	95. 63
Super Strategy B: Thanking and Denigrating	
4. Thanking and denigrating	3. 41
Super Strategy C: Accepting	
5. Thanking only	1. 03
Total	100. 00

Another Chinese scholar, Ye (1995) has studied compliment responses. She divided compliment responses' strategies into three categories: Acceptance, Acceptance with Amendment, and Non – acceptance. Ye found that only 24. 3% of the Chinese compliment responses fall into the category of Acceptances. There are few other scholars who study the compliment responses in Chinese context. However, they report the different results. The compliment rejection relatively amount to 34. 92% for He's (2002) subjects, and only 6. 8% for Gong's (1997) subjects.

(3) Contrastive studies on compliment responses. Contrastive studies have been conducted comparing compliment responses in other different languages. Those comparative studies on compliment responses are not only within English speaking communities but also within other language communities. Table 11. 4 summarizes the researchers, participants, methods, and the major findings of those languages.

Table 11. 4 Previous contrastive studies on compliment responses

Researchers	Participants	Methods	Findings
Holmes (1988)	New Zealanders Malaysians	Observation	New Zealand English preferred acceptance (61. 1%) more than Malay (39. 9%).

Continued Table

Researchers	Participants	Methods	Findings
Herbert (1989)	Americans South Africans	Observation	66% of all the Americans accept compliment, while 88% South Africans accept it.
Chen (1993)	Americans Chinese	Written DCT	95. 63% of all compliment responses in Chinese were rejecting while only 4. 44% were acceptance
N. Lorenzo – Dus (2001)	British Spanish	Written DCT	The British participants exhibited a greater tendency than their Spanish counterparts to question the truth value of the compliments.
Andrea Golato (2001)	German American	Conversation Analytic	Germans seem to display a greater variety of acceptance or agreement responses than Americans.

From this table, we can find that there are many differences of compliment responses among different cultures. South African English and German are more likely to prefer acceptance of compliment than American English. On the other hand, speakers of Asian languages tend to avoid accepting compliments but rather rejecting them compared to English. However, with the development of the society and the intercultural communication, does this phenomenon change in some aspects?

(4) Limitations of previous studies. Studies of compliment responses in various languages provide a basis for contrast study of this chapter, but previous studies also have some limitations which motivate this study greatly.

There are few contrastive studies between English and Chinese compliment responses. There are many studies on compliment responses abroad because compliment events provide interesting information on socio – cultural values. But the literature review shows that great majority of previous studies focuses on Western phenomena. Studies on compliment responses in Chinese context are very few. Findings of western studies on compliment and compliment responses can not be generalized into Chinese context, so there is a need to analyze this linguistic phenomenon in China.

There are disagreements among previous studies. Although some Chinese scholars pay attention to this study, there is much disagreement among these studies. According to Chen Rong's investigation, different strategies can analyze compliment responses in both English and Chinese, rejections amount to 95.63% for the Chinese subjects in his study. However, Gong Xian (1997) reports that only 6.8% of the Chinese subjects reject compliments. Li Yuee's (2002) results show that the most common compliment response strategy for the Chinese contemporary college students is to accept compliments. So the disagreement can cause confusion in the field of study.

The previous studies usually conduct the research from a static perspective. Culture is changing and the speech strategy in a language community is sure to change. Most of previous studies explain the speech act of compliment from the perspective of traditional values. This kind of static study cannot be extended to current society. So we should study speech acts from a dynamic perspective. This study adopts the new approach: Adaptation Theory by Verschueren to study compliment responses from a dynamic perspective.

11.3 Theoretical Framework

11.3.1 Introduction

This section discusses the theoretical framework for the study of compliment responses. The first part of this chapter introduces Verschueren's theory of Adaptation. Then it focuses on the influence of social world on compliment responses' strategies. Next part presents the characteristics of culture and the change of the culture.

11.3.2 Verschueren's theory

11.3.2.1 The introduction of Verschueren's adaptation theory

The Adaptation Theory was firstly proposed by Verschueren in 1987. In the book, Understanding Pragmatics, Verschueren explains his adaptation theory in detail.

Verschueren (2000) believes that language use can be defined as the continuous making of linguistic choices, consciously or unconsciously, for language – internal/language – external reasons. First, linguistic choices are indeed made at every possible level of structure. Second, speakers should concentrate on strategies as well as on forms. Third, the process of making choices may show any degree of consciousness. Fourth, choices are made both in producing and in interpreting utterances. Fifth, the language user has to make choices even when the range of available options is not fully suitable. Sixth, their choices are not equivalent. Finally, choices evoke their non – selected alternative.

From Verschueren's point of view, language users can make appropriate language choices because language has the characteristics of variability, negotiability, and adaptability. Variability refers to the language's property which defines the range of possibilities from which choices can be made. Negotiability refers to the property of language responsible for the fact that choices are not made mechanically or according to strict form – function relationships, but rather on the basis of highly flexible principles and strategies. Adaptability refers to the property of language which enables human beings to make negotiable linguistic choices from a variable range of options in such a way as to approach points of satisfaction for communicative needs.

According to Verschueren (2000: 66), describing and interpreting the language using should be conducted from four aspects: contextual correlates of adaptability, including any ingredient of the communicative context; structural objects of adaptability, including structures at any layer or level of organization as well as principles of structuring; the dynamics of adaptability, the unfolding of adaptive processes in interaction; and the salience of adaptation process, the status of those processes in relation to the cognitive apparatus. These four aspects are related to each other and inseparable. Together, these four tasks can be seen as necessary ingredients of an adequate pragmatic perspective on any given linguistic phenomenon.

11. 3. 2. 2 The content of the contextual correlates of adaptability

For the purpose of constructing the theoretical framework, some aspects of the adaptation theory which is relevant to the study will be explained. The present study is aimed at finding what factors in social world influence the different strategies of compliment responses. The following part will discuss the context correlates of adaptability that motivate the choices.

Malinowski (1923) brought forward the term "context of situation":

Exactly as in the reality of spoken or written languages, a word without linguistic context is a mere figment and stands for nothing by itself, so in the reality of a spoken living tongue, the utterance has no meaning except in the context of situation.

Malinowski's observation can be seen as one of the necessary elements of any theory of pragmatics. In fact, language use is always situated against a complex background with which it is related in a variety of ways.

Verschueren classifies context into communicative context and linguistic context. The former is composed of physical world, social world and mental world; the latter is also called linguistic channel, refers to various linguistic forms chosen according to different context. In the physical world, temporal deixis and spatial deixis are the most important issues. The social world refers to principles and rules directed by social settings or institutions and culture. The mental world includes some cognitive and emotive elements such as personality, emotions, desires or wishes, and motivations or intentions.

The following Figure 11. 2 gives us a sketchy summary of what is involved in the form of a visual representation.

Sources: from Veschueren (2000).

In this figure, U represents the utterer, and I represents the interpreter. They are the focal points in this representation. First, the roles indicated by U and I switch constantly between different real – world people as happens in most forms of interaction. Second, it is not impossible for an utterer to take on the role of interpreter for his or her own utterance at any stage subsequent to the moment of utte-

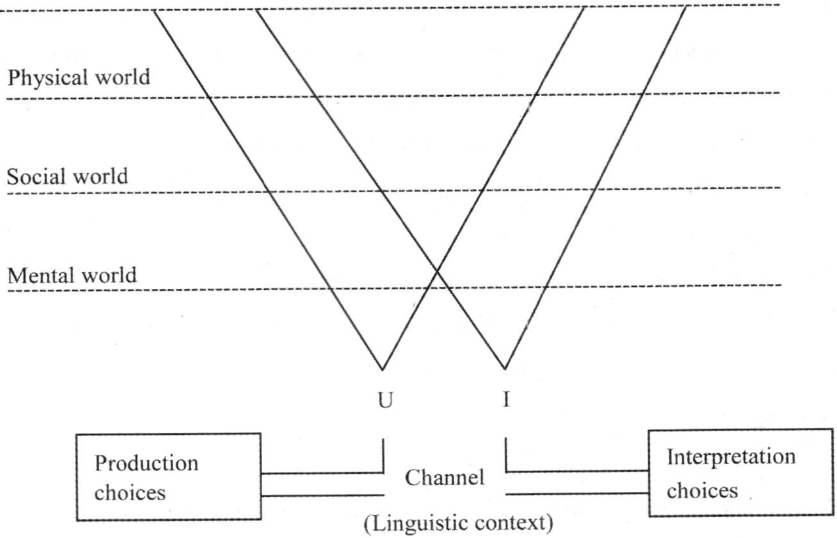

Figure 11. 2 Contextual Correlates of Adaptability

ring. Third, in some cases, the interpreter role is simple incorporated into the role of the utterer. So the worlds of U and I are not strictly separate.

The lines in Figure 11. 2, converging in U and I, can be seen as forming lines of vision. Every aspect of context within the lines of vision can function as a correlate of adaptability. Unless utter and interpreter coincide, they inhabit different worlds. The figure explains why the worlds of utterer and interpreter are changeable at any given moment. This figure also indicates that the utterer makes production choices while the interpreter makes interpretation choices. The chosen channel of communication is itself a contextual element.

11. 3. 2. 3 The influence of the social world

According to Verschueren, language choices are influenced by three worlds: Mental world, social world and physical world. In this study, we will pay attention to one of them: Social world for the reason that it is impossible to cover all the very complex mental and physical factors in this research. Moreover, language use is socially and culturally constrained, and it requires constant adaptation to different circumstances.

Compliment responses are mainly constrained by linguistics and social norms and they often act as a "mirror of cultural values" (Manes, 1983: 96). If complimentees expect to give appropriate responses, they have to know what the social world may look like. Accordingly, the choices they make should adapt to their assumption of the social world they live in. So from the perspective of the social world, we can easily compare the differences of compliment responses between English and Chinese.

Verschueren holds the belief that there are some important social factors that affect our linguistic choices. There is no restriction to the range of social factors that linguistic choices are interadaptable with. Most of them have to do with properties of social settings or institutions. With these settings and institutions many linguistic choices rely on relationships of dependence and authority, or power and solidarity, not only between utterer and interpreter but also among utterer and interpreter and any third party which either participate in the topic of the conversation or is otherwise involved. In addition, social settings and institutions set many types of principles and rules on the ways in which certain acts under specified circumstances.

Culture with its invocation of norms and values, has indeed been a favorite social – world correlate to linguistic choices. So the adaptability of languages to the social world can be used to explain some linguistic phenomena such as giving compliments and responding to compliments.

Based on the previous explanation, responding to compliments is one process of making choices which should adapt to different social worlds. In other words, people have to adapt to different norms and values regulated by social settings or institutions and culture. In terms of this study, the different social worlds of Chinese and Americans which influence the strategy of compliment responses include different traditional values, different politeness principles, different interpretation of face, and western cultures' influence.

11.3.3 Culture

It is clear that cultures are dynamic systems that do not exist in a vacuum. So they are subject to change (Samovar, Porter and Stefani, 2000: 45). They are constantly being confronted with ideas and information from outside sources and contact, by its very nature, brings changes.

According to Samovar, Porter and Stefani, there are three most common mechanisms of cultures' change which are called innovation, diffusion, and acculturation. Innovation refers to the discovery of new practices, tools, or concepts that many members of the culture eventually accept and that may cause slight changes in social habits and behaviors. Change brought about by innovation becomes much faster in modern and technological cultures. Diffusion means one culture's borrowing from another. It accelerates when cultures come into direct regular contact with each other. Acculturation refers to the drastic culture change caused by the impact of a more dominant culture and society with which it has come in contact. These three factors can provide some clues for us to understand the cultural changes in contemporary society.

Nowadays, as never before, cultures are surrounded with many foreigners through either electronic sources or face to face interaction. Contact and change are now inevitable. So cultures tend to change unavoidably.

From the aspect of the structure of culture, it can also be concluded that culture is subject to change. Chinese scholar, Liang Shuming (1994) propose the theory on structure of culture in his book Culture and Philosophy in the East and West. Liang believes that there are three aspects of culture: Material life, all material things essential to human survival; social life, such as life styles, social organization, political and economic relations; and spiritual life, such as religion, philosophy, value systems, science and art (Liang, 1994: 10).

According to He Minzhi (1999), another scholar who has studied the dynamics of culture and cultural contact and exchanges, the dynamics of culture has the following implications (1999: 56): Firstly, culture is never static. The lower level of culture: The material culture's development will bring changes to the middle level of the social culture which will in turn affect the third level of the value system and ideaistic patterns of its people. Of course, the core aspect of culture is relatively stable. Nevertheless being stable does not mean being static. Secondly, communication between cultures start at the material level will expand to social culture and will touch ideological culture at last. Borrowing and learning from the material aspect of the other culture will gradually lead to some changes to people's point of views.

In a word, cultures are subject to change. The change at the level of material culture will bring changes to the ideological culture. Therefore, It is likely that people's value will change with the development of economy. Researchers should keep in mind constantly the changes at all the three levels of a cultural structure during the process of studying culture. A study from a static view may lead to bias on a particular culture and does not reflect the fact.

11.3.4 Framework of the realization of compliment responses

From the above explanation, it is obvious that this study should consider the change of culture and study culture from a more dynamic aspect. Verschueren's theory provide stable theoretical basis for this study. Verschueren holds the belief that using language expressively and communicatively in general consists of constant linguistic choice making, consciously or unconsciously. And the choices are situated at every possible level of linguistic structuring. According to Verschueren's Adaptation Theory, responding to compliments is a specific instance of linguistic choice.

The compliment receivers' different compliment responses are rooted in the making of adaptation to the social world so as to approach or realize their specific communication goals. It is human beings' nature to adapt themselves to the environment for survival. As it has mentioned above, most of social worlds have to do with properties of social settings or institutions which set many types of principles and rules on the ways. In addition, culture with its invocation of norms and values has indeed been a favorite social – world correlate to linguistic choices. So the adaptability of languages to the social world can be used to explain some linguistic phenomena such as giving compliments and responding to compliments. The following figure shows the process of making compliment responses.

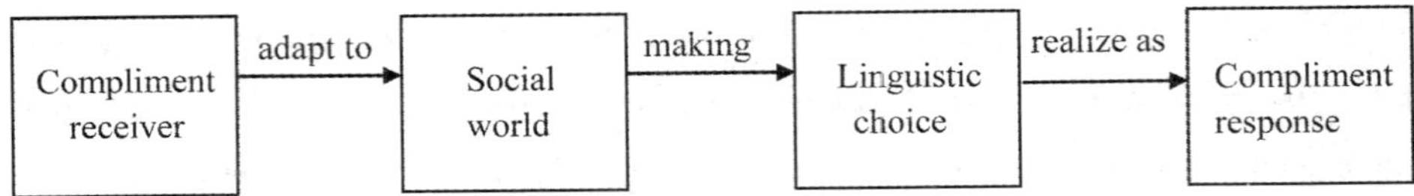

Figure 11. 3 A framework of the realization of compliment responses

In this Figure 11. 3, the compliment receiver is making his linguistic choices to respond to the compliment he or she received. He or she has to adapt to the social world they live in. For this study, the social worlds of England and China have different traditional cultures, different politeness principles, different realization of Face. In a word, when English speakers and Chinese speakers receive compliments, they have to adapt to some factors in their different social worlds, including different traditional cultures, different politeness principles, different realization of Face, and the change of culture.

11. 4 Methodology

11. 4. 1 Introduction

This section begins with research questions and hypothesis. Then it introduces the subject, instrument, and the procedure of the study. The coding of data applied in this study is also introduced in this chapter.

11. 4. 2 Research questions and hypothesis

The research questions of this study are as follows:

(1) What characteristics do English and Chinese compliment responses have respectively?

(2) What differences are there between English and Chinese compliment responses?

(3) What factors in the social world cause these differences?

As the literature mentioned above, the researcher hold the hypotheses that there are significant differences between Chinese and English compliment response patterns because people tend to adapt to different social worlds. But with the cultural communication between different nations and the development of English education in China, these differences will not be like that in the previous studies.

11.4.3 Subjects

The subjects include: One hundred of Chinese speakers from different social statuses including 50 college students randomly chosen from Henan University of Finance and Economics, 10 doctors, 20 customers of department store, and 20 office workers; one hundred English native speakers from the University of Central Lancashire in England. Previous studies show that the result from college students' responses is very different from other people, so I choose not only students but also other people with different social status as the subjects to investigate Chinese compliment responses. All the subjects did the questionnaire carefully and clearly, which guaranteed the validity and reliability of the study result.

11.4.4 Instrument

Whether dependable data can be obtained is crucial in any experiment requiring the analysis of language data because it determines the reliability of the results. There are various methods which can be adopted in this study such as real situation recording, tape-recording interview and questionnaire survey. The method of real situation recording is not practical because it must obtain every subject's permission. The method of tape-recording can capture the information of actual speech but it is more time-consuming. So they are not appropriate to get data for a large sample size. In fact, many researchers have pointed out the limitations of these naturalistic methods for cross-cultural studies due to problems of comparability, of controlling gender and status, of notetaking that depends on the research's memory, of the time – consuming nature of data collection, and of legal and ethnical issues regarding recording in naturalistic situations.

The instrument of this study is the questionnaire that is in the form of DCT (Discourse Completion Test) . It consists of nine questions under different situations that show the influence of the variables on the realization of compliment responses. The effect of the power, social distance and ranking of imposition is considered when devising the DCT.

The questionnaire includes English and Chinese version (see Appendix Ⅰ and Appendix Ⅱ) . There are two reasons explain why questionnaire is chosen to this study. Firstly, questionnaire enables the researcher to obtain sufficient data in limited period of time. Secondly, it gives subjects more freedom to write down their responses in a certain situation. Yi Yuan (2001), a scholar in National University of Singapore, who writes in her essay of An Inquiry into Empirical Pragmatics Data – gathering Methods that:

Although the written DCT has its limitations, it would still be a preferable choice if the goal of a study is to describe the realization patterns of a particular speech act of a particular language at an initial stage.

Journal of Pragmatics (2001)

The instrument of open – ended questionnaire is originally developed by Blum – Kulla (1982) and further modified and employed in Cross Cultural Speech Acts Realizations Patterns project. The test is originally designed to consist of incomplete discourse sequences that represent socially differentiated situations. Each discourse sequence presents a short description of the situations, followed by an incomplete dialogue. In the present study, there are two versions of the DCT in English and Chinese respectively (see Appendix Ⅰ and Appendix Ⅱ), both of which consist of 9 situational descriptions having a parallel translation, which are followed by a slot in which the subjects have to provide the appropriate linguistic form of the speech act studied, as though they are the speakers in real – life interaction. To avoid biasing subjects' response choice, the word "compliment" is not used in the situation descriptions. Also, since studies have shown that sometimes speakers' real preference is forgo a face – threatening act in a given situation, subjects are given a choice in each situation to indicate whether they would like to say nothing. The situations in the questionnaire can be shown as follows:

Situation 1. Hair cut

The subject is being complimented by a friend on his/her new hair style.

Situation 2. Brand new car

The subject is being complimented by a colleague of a company on his/her brand new car.

Situation 3. Cooking

Imagining the subject is a teacher. He or she is being complimented by one of his or her students on talented cooking.

Situation 4. Tennis game

The subject has just finished playing a game of tennis after two months of intensive training, and he or she is complimented by the trainer on the brilliant performance on the game.

Situation 5. Essay writing

The subject is being complimented by a friend in the university on his or her excellent essay.

Situation 6. Smart clothes

The subject is being complimented by his or her boss on the smart clothes.

Situation 7. Interpersonal skills

The subject is being complimented by a friend on his or her interpersonal skills.

Situation 8. Computers

The subject is being complimented by a teacher on the capability of learning computers.

Situation 9. Beautiful eyes

Imagine the subject is a new sales manager. The subject is being complimented by one of his or her employees on the beautiful eyes.

Patterned after Lorenzo – Dus' Study (2001: 112), the compliments in the questionnaire involved the following topics: Outward appearance, ability and possessions, which have been viewed as the major contents based on Holmes' study. To make it clear, this study outlines the design of the situation in the following table:

Table 11.5 The design of the situations in the questionnaire

Topic	Nine situations in the questionnaire
Outward appearance	Situation 1. Hair cut
	Situation 6. Smart clothes
	Situation 9. Beautiful eyes
Ability	Situation 3. Cooking
	Situation 4. Tennis game
	Situation 5. Essay writing
	Situation 7. Interpersonal skills
	Situation 8. Computers
Possessions	Situation 2. Brand new car

As we all have our hair cut from time to time and most of us either practise or have practised some type of sport, situation 1 and situation 4 are unmarked in terms of spheres of activity. As for situation 5, situation 7 and situation 8, there are all confined to an academic environment, which is familiar to the students. Situation 2, situation 3, situation 6 and situation 9 are all located in work environment. This type of situations has been tested before with university students (Blum – Kulka et al., 1989; Lorenzo – Dus, 2001) and no problems were reported.

According to Brown and Levinson (1978: 79), the risk of imposition of FTAs depends on the cumulative effect of three variables: ①the social distance between the participants (D); ②the relative power between them (P); ③the ranking of imposition (R) in any particular culture. When the researcher devised the DCT, the effect of the P, D and R variables was considered in this study. Although P and D are independent theoretical variables, it is not always a straightforward task to see in practice how the D factor operates independently of the P variable, and many studies have actually conflated the two (Blum – Kulka et al., 1989). The D variable does not affect those encounters in which there is a symmetrical power relationship between them (situation 1, situation 5 and situation 7 in the DCT). In the remaining situations of the study, the D variable is considered to affect people's responses to compliment since we often receive compliments from people who have lower or higher power in factual communications. The R variable is also controlled in the study, for all informants were presented with identical topics (see Table 11.6).

Table 11.6 Power variable in the DCT

Situations	Power variable
Situation 1. Hair cut	P
Situation 2. Brand new car	– P
Situation 3. Cooking	– P
Situation 4. Tennis game	+ P
Situation 5. Essay writing	P
Situation 6. Smart clothes	+ P
Situation 7. Interpersonal skills	P
Situation 8. Computers	– P
Situation 9. Beautiful eyes	– P

Notes: P stands for power symmetry between complimenter and complimentee, – P stands for complimenter who has relatively lower power than complimentee, + P stands for complimenter who has relatively higher power than complimentee.

11.4.5 Pilot study

A small scale pilot study is conducted in order to validate the feasibility of the present study and to avoid some unnecessary mistakes such as some situations which may not reasonably proposed in the questionnaire written in English and Chinese, or some of questions are not appropriately designed. The subjects of the pilot study includes 10 college students from Henan University of Finance and Economics, and 10

English native speakers from the University of Central Lancashire. All of the subjects finished the questionnaire carefully, and none of them missed the questionnaire. The outcome of the pilot study can be summarized as the following figure 11.4:

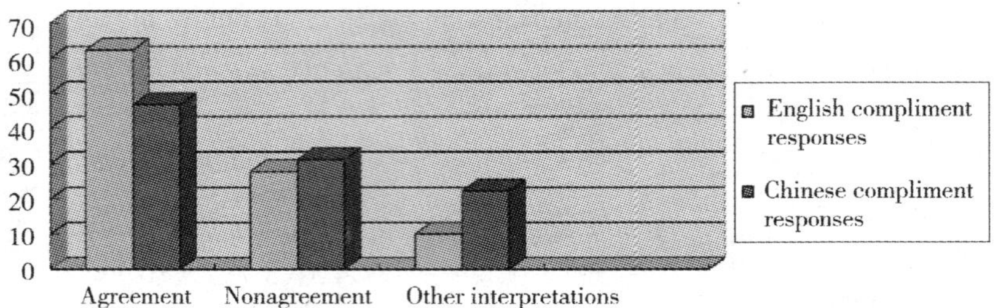

Figure 11.4 Graphic representation of the outcome of the pilot study

Figure 11.4 is a Graphic representation of the percent of the three main compliment response strategies in English and Chinese compliment responses in the pilot study. It shows the present situations of compliment response strategies of Chinese and English. The three main compliment response strategies are Agreement, Nonagreement and Other Interpretations. It shows that there are differences between Chinese and English compliment responses in the pilot study. Over 40% Chinese students adopt the Agreement strategy to accept compliments. That result is very different from Chen's study. In his findings, nearly 40% of English speakers adopt the strategy of Accepting to respond to compliments, but 95.63% of the Chinese people adopt the strategy of Rejection to respond to compliments. These findings prove the hypothesis that the differences between English and Chinese compliment responses would change with the development of the intercultural communication. So this pilot study gives the author confidence to go on with the research.

11.4.6 Procedures of final study

Step 1: Collecting Chinese and English data.

The home data collection was conducted in April 2008 to the college students, doctors, office workers, and customers of Dennis Department Store. The researcher's friend and classmate helped a lot to distribute and collect questionnaires in Chinese Traditional Medicine Hospital in Zhengzhou, and Dennis Department Store. The questionnaire distributors have been trained to know the objectives, content, and significance of the study before they distribute questionnaires. And they endeavor to explain the purpose and content of this study to all the subjects before subjects complete the questionnaire in order to draw their attentions and ensure the seriousness of this study. Table 11.7 can tell the organization of the Chinese data collection.

Table 11.7 Organization of the Chinese data collection

Number	Subjects	Time	Place	Organizer
50	College students	Apr. 10, 2008	Classroom of Henan University of Finance and Economics	Researcher
10	Doctors	Apr. 13, 2008	Chinese Traditional Medicine Hospital of Zhengzhou	Researcher's friend
20	Customers	Apr. 15, 2008	Dennis Department Store	Researcher's classmate
20	Office workers	Apr. 18, 2008	Company's Offices	Researcher

Table 11.8 Organization of the English data collection

Number	Subjects	Time	Place	Organizer
50	British College students	Apr. 25, 2008	Classrooms of the University of Central Lancashire	Researcher's friend
50	English native speakers	Apr. 28, 2008	Library of the University of Central Lancashire	Researcher's friend

Table 11.8 tells the organization of the English data collection. The English

data collection was conducted in April 2008. The researcher emailed the English questionnaire to one of her friend, Miss Wang who was studying in the University of Central Lancashire. Miss Wang distributed 100 pieces of questionnaires to English native speakers from the University of Central Lancashire in England. The distribution of questionnaires was conducted in the classroom and the library, which ensured the seriousness of this data collection. Before the questionnaires were filled out, the researcher' s friend had explained the purpose, content and significance of this study to the subjects, which obtained the earnest attitude of subjects. Then, Miss Wang mailed all questionnaires to the researcher.

For this data collection, the return rate of the questionnaires was 100%. The questionnaires which completed nine situations by the subjects were considered as valid questionnaires. This study obtained nine hundreds pieces of English compliment responses and nine hundreds pieces of Chinese compliment responses, all of which are valid.

Step 2: Categorizing the compliment responses.

In this study, the strategies classification was largely based on framework of Herbert' s studies (1989) in which three main strategies for compliment responses: Agreement, Non – agreement and Other Interpretations are advanced.

Step 3: Calculating the overall percent of the strategies.

The overall frequency and the percent of the strategies each accounted for among the total were calculated, so the distribution of the strategies used by the subjects in two groups could be obtained.

Step 4: Making qualitative method to analyze those differences between Chinese compliment responses and English compliment responses.

Based on Verschueren' s Adaptation theory, this study tried to find out some factors in social world, which affect different responses of compliments.

11.4.7 Coding of data

This study adopts Herbert' s (1989) taxonomy on compliment responses to classify the English compliment responses (see Table 11.2). There are three main types of response strategies in terms of Herbert's study: Agreements, Non-agreements, and Other Interpretations, and each type has its subtypes. The following part is a list of examples of every strategy of compliment responses. The features and their examples outlined below for each strategy are assumed to be valid for both Chinese and English. However, since studies have shown that the speech act of compliment responses varies cross-culturally and since Chinese and English are culturally and pragmatically very different, it is conceivable that each language has some strategies unique to itself. Hence, the categories and subcategories described for both languages are only intended to be exemplified, rather than being comprehensive.

（1） Agreement.

Ⅰ. Acceptance.

①Appreciation token: A verbal or nonverbal acceptance of the compliment.

E. g. Thanks, thank you, as well as smiles, nods, etc.

A: That hair cut makes you look great. It makes you look younger.

这个发型很衬你，你看上去年轻多了。

B: Thank you for your compliment.

谢谢你的称赞。

②Comment acceptance: They are responses in which addressee accepts the complimentary force and offers a relevant comment on the appreciated topic.

A: It's smashing! I love the model. And you've got good taste in choosing the color!

太漂亮了，我喜欢这种型号，另外你对颜色有很高的鉴赏力。

B: Thank you, I think the color is great too.

谢谢，我也觉得颜色很棒。

③Praise upgrades: Addressee accepts the compliment and asserts that the complimentary force is not sufficient.

A: You're the right person for this type of job. You're ever so nice to the others and know how to avoid disagreements with everyone.

你是很合适做这类工作。你对每一个人都这样友好，知道怎样避免与其他人的分歧。

B：I am good at interpersonal communication.

我很擅长人际交往。

Ⅱ. Comment history：The speaker offers a comment or series of comments on the object complimented.

A：How elegant you look and how much the outfit suits you!

你看起来很优雅，你的晚装非常适合你。

B：Thank you, my friend sent it to me as a present and I like it very much.

谢谢，朋友送给我的，我很喜欢。

Ⅲ. Transfer.

This category includes two subtypes, which have common features that they agree with the complimentary force of the previous utterance and they redirect the praise intended in the compliment.

①Reassignment：Addressee agrees with the compliment assertion, but the complimentary force is transferred to some third person or to the object itself.

A：You're very intelligent and have a flair for computers. Besides, you show a lot of interest in what we do in the lessons.

你非常聪明且有计算机才能。此外，你对这门课程表现出浓厚的兴趣。

B：Thank you, computer is very interesting.

谢谢，计算机很有趣。

②Return：In which the praise is shifted or returned to the first speaker.

A：All the effort has been worthwhile. You have played brilliantly today!

所有的努力都是值得的，你今天打得棒极了。

B：That's owing to your good teaching.

是您教得好。

Ⅳ. Determination Expression：Addressee expresses their determination.

A：You're very intelligent and have a flair for computers. Besides, you show a lot of interest in what we do in the lessons.

你非常聪明且有计算机才能。此外，你对这门课程表现出浓厚的兴趣。

B：I will continue to endeavor to learn this course next semester.

下学期我会继续努力学习这门课程的。

（2） Non – agreement.

Ⅰ. Scale down：Addressee disagrees with the complimentary force，pointing to some flaw in the object or claiming that the praise is overstated.

A：How elegant you look and how much the outfit suits you！

你看起来很优雅，你的晚装非常适合你。

B：This style of the outfit is out of date.

这种款式已经过时了。

Ⅱ. Question：Addressee questions the sincerity or the appropriateness of the compliment.

A：You've got beautiful eyes.

你有一双漂亮的眼睛。

B：Really?

真的吗?

Ⅲ. Nonacceptances：

①Disagreement：Addressee asserts that the object complimented is not worthy of praise and the first speaker's assertion is in error.

A：All the effort has been worthwhile. You have played brilliantly today！

所有的努力都是值得的，你今天打得棒极了。

B：No way. No way.

哪里哪里。

②Qualification：Addressee may choose not to accept the full complimentary force offered by qualifying that praise，usually employing though，but，yet，etc.

A：It's an excellent essay. You've structured it in a very clear and concise way. If only I could write something half as interesting as that！

真是优秀论文啊，结构清晰，语言简洁，要是我能把什么事情写得有你的一半有趣，我就心满意足了。

B：But I am not satisfied with some parts of my essay.

但有些部分我还不满意。

Ⅳ. No acknowledgement：

Addressee gives no indication of having heard the compliment.

A：You've got beautiful eyes.

你有一双漂亮的眼睛。

B：... （No response）

（无反应）

（3） Other interpretations.

①Request：Addressee，either consciously or not，treats the compliment as a request rather than a simple compliment.

A：I didn't know you were such a talented cook. The food was wonderful！

我不知道您的烹饪水平这么高，菜好吃极了。

B：Welcome to my home again next week.

欢迎下周再来。

②Combination：Addressee adopts previous combined strategies in responding to the compliment.

Appreciation Token + Return：Addressee gives a verbal acceptance of the compliment first，then shifts or returns the praise to the first speaker.

A：All the effort has been worthwhile. You have played brilliantly today！

所有的努力都是值得的，你今天打得棒极了。

B：Thank you，trainer. That's owing to your patient teaching.

谢谢教练。多亏了您的耐心教导。

Appreciation Token + Comment History：Addressee gives a verbal acceptance of the compliment first，and then offers a comment or series of comments on the object complimented.

A：How elegant you look and how much the outfit suits you！

你看起来很优雅，你的晚装非常适合你。

B：Thanks. My friend chose it for me.

谢谢。我朋友为我选的。

Disagreement + Request Interpretation：Addressee asserts that the object complimented is not worthy of praise and the first speaker's assertion is in error，but at the same time treats the compliment as a request rather than a simple compliment.

A：I didn't know you were such a talented cook. The food was wonderful!

我不知道您的烹饪水平这么高，菜好吃极了。

B：No, no. Welcome to my home again.

哪里哪里。欢迎再来。

Question + Appreciation Token：Addressee questions the sincerity or the appropriateness of the compliment, at the same time gives a verbal acceptance.

A：That hair cut makes you look great. It makes you look younger.

这个发型很衬你，你看上去年轻多了。

B：Really? Thank you very much.

是吗？太谢谢了。

11.5 Analysis of the Data

11.5.1 Introduction

This section mainly presents the results of the study as well as deals with the discussion of data. The quantitative findings of percentage and raw frequencies of the main compliment strategies obtained from statistical analyse are presented first. And then it compares the differences between English and Chinese compliment responses. Subsequently, qualitative analyse on the basis of the theoretical framwork is conducted to find some factors in the social world which cause these differences between English and Chinese compliment responses.

11.5.2 English compliment responses

The questionnaires of English compliment responses are collected from one hundred English native speakers in the University of Central Lancashire in England. This paper adopts Herbert's taxonomy of compliment responses to classify the collected compliment responses. The following part is to analyze the data collected from the subjects systematically. The following table shows the frequency and distribution of English compliment responses.

Table 11. 9 Frequency and distribution of English compliment responses

Category		Number	Percentage
Agreement	Appreciation Token	255	28. 33
	Comment Acceptance	91	10. 11
	Praise Upgrade	43	4. 78
	Comment History	121	13. 44
	Reassignment	43	4. 78
	Return	65	7. 22
	Total	618	68. 67
Nonagreement	Scale Down	29	3. 22
	Disagreement	71	7. 89
	Qualification	14	1. 56
	Question	36	4. 00
	No Acknowledgement	57	6. 33
	Total	207	23. 00
Other Interpretations	Request Interpretation	31	3. 44
	Combination	44	4. 89
Total		900	100. 00

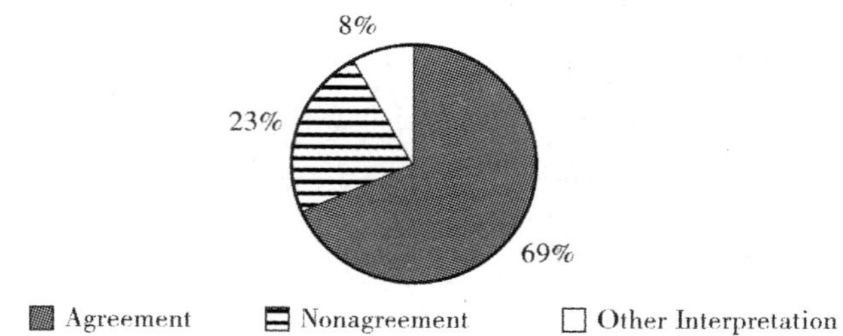

Figure 11. 5 Graphic representation of the percent of the three main English compliment response strategies

The Table 11. 9 and Figure 11. 5 provide a summary of English compliment responses based on my data. In the Table 11. 9, the category is given in the left column while the frequency and percentage are given in the right two columns. The table reveals that the English speakers tend to use the strategies of Appreciation Token (28. 33%), Comment History (13. 44%) among all thirteen strategies. Different from Herbert's taxonomy, this study finds some persons adopt some combined strategies (4. 89%) to respond to compliments, so the category of Combination is added within the strategy of Other Interpretations.

From the Figure 11. 5, we can see the English speakers employed the Agreement strategy most, which reached 68. 67%, while the Nonagreement strategy only reached 23%. According to my collection, most the English speakers use Agreement strategy on whatever they are complimented: Appearance, possessions and ability.

Beside, the English speakers also use some combined strategies to respond to compliment. Among all combined strategies, they employ the strategy of Appreciation Token + Comment History most. For examples:

Example 1:

A: It's smashing! I love the model. And you've got good taste in choosing the color!

太漂亮了，我喜欢这种型号，另外你对颜色有很高的鉴赏力。

B: Thank you. I bought it last month.

谢谢，我上个月买的。

Example 2:

A: I didn't know you were such a talented cook. The food was wonderful!

我不知道您的烹饪水平这么高，菜好吃极了!

B: Thanks. I've spent a long time to learn cooking.

谢谢。我学习烹饪花了很长时间。

In a word, the English speakers tend to give a verbal acceptance of compliments on whatever topics (Appreciation Token 28. 33%). Besides, Most of them often offer a comment or series of comments on the object complimented (Comment History 13. 44%). When they don't want to accept one compliment, they usually express their disagreement directly (Disagreement 7. 89%). In addition, the English speakers use some combined strategies to express their response to compliment, in which the strategy of Appreciation Token + Comment History appears mostly.

11.5.3 Chinese compliment responses

The following part is to analyze the Chinese compliment responses collected from the subjects systematically. Table 11.10 and Figure 11.6 show the distribution of the compliment response strategies used by the Chinese subjects. As the special representation of Chinese culture in compliment responses, the following table revises Herbert's taxonomy of compliment responses based on some other scholars' classification of compliment responses' strategies, such as M. Farghal, M. A. Al – Khatib (2001), Chen (1993). The category of Determination Expression and Combination are added to it.

Table 11.10 Frequency and distribution of Chinese compliment responses

Category		Number	Percentage
Agreement	Appreciation Token	136	15.11
	Comment Acceptance	30	3.33
	Praise Upgrade	13	1.44
	Comment History	42	4.67
	Reassignment	32	3.56
	Return	92	10.22
	Determination Expression	21	2.33
	Total	366	40.67
Nonagreement	Scale Down	110	12.22
	Disagreement	80	8.89
	Qualification	98	10.89
	Question	78	8.67
	No Acknowledgement	96	10.67
	Total	462	51.33

Continued Table

Category		Number	Percentage
Other Interpretations	Request Interpretation	17	1. 89
	Combination	55	6. 11
	Total	72	8. 00
Total		900	100. 00

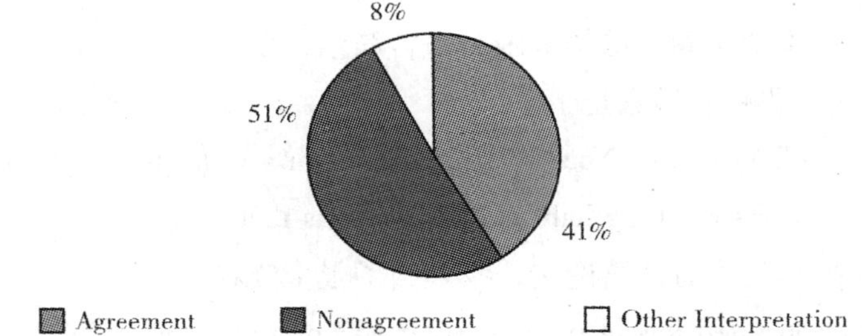

Figure 11. 6 Graphic representation of the percent of the three main Chinese compliment response strategies

Based on Table 11. 10 and Figure 11. 6, it can be said that the differences in the frequency occurrences across the strategies were significant. The two main strategies were Agreement (40. 67%) and Nonagreement (51. 33%). The percentage of Other Interpretations only reached 8%. Within the strategy of Agreement, the most frequently used was Appreciation Token (15. 11%) and the strategy of Return (10. 22%); within Nonagreement, it was Scale Down (12. 22%). And Chinese people often use the strategy of No Acknowledgement to respond to compliment (10. 67%). Obviously, Chinese people tend to use the strategy of Nonagreement to respond to various compliments. But this result is different to Chen's study (1993). In his data, the rejections amounted to 95. 73% for the Chinese subjects.

Besides, Chinese compliment responders also use some complex strategies such as Appreciation Token + Return, Question + Comment History, etc. That implies that Chinese people want to express traditional virtue of modesty while they accept the compliment. For examples:

Example 3: Appreciation Token + Return:

A：你看起来很优雅，你的晚装非常适合你。

How elegant you look and how much the outfit suits you.

B：谢谢你的夸奖，你的装扮更让人欣赏。

Thank you for your compliment, your dress is more worth appreciating.

Example 4: Question + Comment History:

A：真是优秀论文啊，结构清晰，语言简洁，要是我能把什么事情写得有你的一半有趣，我就心满意足了。

It's an excellent essay. You've structured it in a very clear and concise way. If only I could write something half as interesting as that!

B：真的吗？为了写这篇论文，我查阅了很多资料。

Really? I consulted lots of references for writing this essay.

In addition, the researcher notices a very interesting phenomenon during the process of analyzing the questionnaire results. Chinese people tend to express their determinations when they receive compliment from persons who have upper status, such as their teachers, trainers. For examples:

Example 5: Determination Expression:

老师：你非常聪明且有计算机才能。此外，你对这门课程表现出浓厚的兴趣。

Teacher: You're very intelligent and have a flair for computers. Besides, you show a lot of interest in what we do in the lessons.

学生：我会继续努力的。

Student: I will continue to try my best.

Example 6:

教练：所有的努力都是值得的，你今天打得棒极了。

Trainer: All the effort has been worthwhile. You have played brilliantly today!

网球运动员：下次比赛我一定要得第一名。

Tennis player: Next match, I will win the first prize.

Lastly, from the following Table 11.11, we can see current college students respond to compliment very differently from working people. College students are more likely to employ the strategy of Agreement than non – college students（57. 11% vs. 24. 22%）, while non – college students tend to use the strategy of Nonagreement than college students（65. 33% vs. 37. 33%）. The reason lies in the fact that college students are impacted by English cultures because they have to study English in college more constantly than other people.

Table 11. 11 Statistical differences of main strategies adopted by Chinese college students and Non – college students

Category		College students		Non – college students	
		Number	Percentage	Number	Percentage
Agreement	Appreciation Token	98	21. 78	38	8. 44
	Comment Acceptance	22	4. 89	8	1. 78
	Praise Upgrade	10	2. 22	3	0. 67
	Comment History	29	6. 44	13	2. 89
	Reassignment	21	4. 67	11	2. 44
	Return	60	13. 33	32	7. 11
	Determination Expression	17	3. 78	4	0. 89
	Total	257	57. 11	109	24. 22
Nonagreement	Scale Down	43	9. 56	67	14. 89
	Disagreement	16	3. 56	64	14. 22
	Qualification	40	8. 89	58	12. 89
	Question	34	7. 56	44	9. 78
	No Acknowledgement	35	7. 78	61	13. 56
	Total	168	37. 33	294	65. 33
Other Interpretations	Request Interpretation	8	1. 78	9	2. 00
	Combination	17	3. 78	38	8. 44
	Total	25	5. 56	47	10. 44
Total		450	100. 00	450	100. 00

Firstly, in conclusion, most Chinese people tend to reject compliments. Secondly, when they don't want to accept the compliment, they tend to use indirect way to respond（Scale Down：12.22%，Qualification：10.89%）. Thirdly, Chinese people sometimes use complex strategies（6.11%）to respond to compliments, in which Appreciation Token + Return appears most. That implies that Chinese people still want to express traditional virtue of modesty while they accept the compliment. Fourthly, Chinese people, especially college students tend to express their determinations when they meet compliment from persons who have upper statues, such as their teachers, trainers. Fifthly, Chinese people often give no response to compliment（10.67%）. Sixthly, current college students respond to compliment very differently from working people. College students tend to accept compliments much more frequently than working people（57.11% vs. 24.22%）. The reason perhaps lies in the fact that college students are more influenced by western cultures because they are in contact with English culture constantly when they receive English education in college.

11.5.4 Comparison of English and Chinese compliment responses

Through the comparison of the compliment responses in English and Chinese, it can be seen that there are two major categories of compliment responses both in English and Chinese. One is Agreement and the other is Non – agreement. And we can see from the following table that there are highly statistical differences of them between the two languages.

Table 11.12 Statistical differences of Agreement and Non – agreement in English and Chinese compliment responses

	Agreement		Non – agreement	
	Numbers	Percentage	Numbers	Percentage
English compliment responses	618	68.67	207	23.00
Chinese compliment responses	366	40.67	462	51.33

Based on the result of the questionnaires, it can be said that there are significant differences in compliment responses between the two groups.

First, the English speakers employ Agreement strategy most (68.67%), while Chinese subjects employ Non – agreement strategy most (51.33%). In other words, the English speakers tend to express verbal acceptance when they meet compliments, while Chinese people tend to reject compliments.

Second, Chinese speakers have one more strategy within the strategy of Agreement to respond to compliment, that is the strategy of Determination Expression (2.33%). They tend to express determinations when they receive compliments from those who have upper status.

Third, when employing Non – agreement strategy, most the English speakers just employ the strategy of Disagreement (7.89%), while more Chinese subjects employ other sub – strategies such as Scale Down (12.22%), Qualification (10.89%). This difference seems to indicate that the English speakers are more straightforward in expressing their disagreement, while Chinese people are more euphemistic.

Fourth, Chinese subjects employ more various complex sub – strategies under Combination than the English speakers to respond to compliments. Among all combined strategies, Chinese subjects adopt Appreciation Token + Return most. While American subjects employ less kinds of sub – strategies, of which Appreciation Token + Comment History appeared the most.

Fifth, Chinese subjects produce a much higher Non – Acknowledgement than British subjects (10.67% vs. 6.33%). That means more Chinese people tend to give no response when they meet compliments.

The above five differences seem to reveal that the performance of compliment response strategies is mainly influenced by different social worlds.

11.5.5 Comparison between this study and previous studies

Chen Rong (1993) studied the speech act of compliment. He has conducted a research of compliment responses between English and Chinese. In Chen's findings, nearly 40% of English speakers' compliment responses belong to the category "Accepting". However, 95.63% of the Chinese compliment responses are rejections.

Compared with Chen's study results, this study finds that 68.67% of the English compliment responses belong to the category of Agreement, but 51.33% of Chinese compliment responses belong to the category of Nonagreement. Though the classification of these two studies is different, the strategy of Agreement and Nonagreement are similar to Chen's strategies of Accepting and Rejection. From this comparison, we found the differences between English and Chinese compliment responses change a lot. This can prove that our hypothesis of this study is true. The reason lies in the development of the culture and cross – cultural communication. Some details will be discussed in the following part.

11.5.6 Adaptation to different social worlds

Verschueren believes that the language use is a process of "making choice" (2000: 55). Verschueren holds the idea that communicative context is composed of physical world, social world and mental world. The process of responding to compliment can be seen as the adaptation to social world in communication. So the differences between Chinese and English compliment responses lie in the fact that people adapt to different social worlds.

11.5.6.1 Adapt to different traditional culture

(1) Individualism and collectivism. Individualism is a value highly treasured in Western countries. According to the Longman English – Chinese Dictionary, individualism means "the idea that the rights and freedom of the individual are the most important rights in a society". It places the individual first. Personal achievement, exceptional performance, assertiveness, and material success all represent individual independence. Individualism indicates itself in individual initiative, independence, individual expression, and privacy. In the cultures that value individualism, every individual has the right to hold his or her private property, thoughts, and opinions. The notion of individualism is deeply rooted in the English – speaking culture. Most of the English speakers believe that each person has his or her own separate identity, which should be recognized and insisted. They hold the idea that un-

der the same opportunity, provided by the society, individuals should have freedom of pursuing the goals that match personal capabilities, because this is a good way of accomplishing individual values. The core of individualism is the pursuit of personal happiness and achievements. Individualism is not selfishness but rather a virtue especially to the English.

When confronting a situation that demands a respond to other people's compliment, the English often choose direct ways to express their opinions. In this study, the majority of the English tend to choose the strategy of Appreciation Token (28.33%) to accept the compliments, and employ the strategy of Disagreement (7.89%) to reject the compliments. That shows that the English speakers tend to express their opinions directly because they believe that is their individual right and has nothing to do with other's thoughts.

While in China, due to the tradition and customs, people believe in collectivism, which according to Longman Dictionary means the system under which the means of production are owned and controlled by the state or the people as a whole. China has a long history of feudalism. Chinese civilization has been established on agriculture, and people were restricted to the land on which they lived and worked. Collectivism was strengthened ideologically in the Confucian tradition, which advocates subordinating the individual to the group or the community, and maintains that the essential goal of human behavior is to achieve harmony. So individuals are presumed not to satisfy the desire for freedom, but to gain self – esteem in harmony with the group. In term of social goals, the Chinese people strongly believe in harmony, or "合" in Chinese. Harmony is not given but achieved, and the Chinese place more emphasis on the means by which they can achieve harmony.

In China, rejecting others directly is considered as rude and impolite behavior which can destroy harmony with the group. Therefore, when Chinese people don't want to accept compliments, they often use more indirect ways to reject the compliments such as Scale Down (12.22%), Qualification (10.89%), and No Acknowledgement (10.67%) in order to achieve harmony.

(2) Equality and hierarchy. In England, people attach great importance to e-

quality. When people communicate with others, they believed they are equal in social status. There is an implicit tendency to establish an atmosphere of equality when it is required a confrontation between two persons of different hierarchical levels. That can explain why English - speaking people tend to express their opinions straightforward. When the English speakers meet compliments, they usually respond to them directly. From previous Table 11.9, we can find English data of Appreciation Token accounts for 28.33% which is much higher than other strategies in the category of Agreements. And the data of Disagreement accounts for 7.89% which is also the highest in the category of Nonagreement.

In contrast with England, one of the characteristics of the Chinese traditional culture is hierarchy. Though Chinese people are equal too in our society, every person is supposed to have a set position in the society in order to achieve harmony. China's emphasis on hierarchy can be traced back to the period of feudalism, which lasted for more than two thousand years and influenced China greatly. Thus speech act has to be appropriate in accordance with the speaker's status in the society. So Chinese people usually shift or return the praise to the first speaker, especially when the first person has upper status (Return: 10.22%). They also tend to express their determinations when they meet compliment from persons who have upper statues, such as their teachers, trainers.

(3) Self - confidence and modesty. The concept of self - confidence is closely related to the concept of the individual. Self - confidence is highly valued in western countries. And confident people are welcomed and recognized by others. In England, people usually are thought to have confidence when they are willing to accept compliments. It is a good manner in the English culture to accept compliments by saying something like "thank you" to show their self - confidence. While the behavior of rejecting compliments usually be seen as a lack of confidence in England. This explains why most of the English speakers tend to accept compliments (Agreement: 68.67%).

In China, modesty is a highly valued virtue. Rejection in return to compliments can be seen as modest behavior. So most Chinese people are unlikely to respond to a compliment with thanks or any other acknowledgement of its validity （Nonagreement：51.33%）. It is not only polite but also a virtue in the Chinese culture to respond to a compliment by saying something like "No, no", "No, it's not very good" or claiming that what he or she has done is far from enough or that success is merely a matter of luck, etc. Otherwise, they will be thought to be a person who lacks of the virtue of modesty even overconfident. That also can explain why Chinese subjects employ more various complex sub-strategies under Combination than the English speakers to respond to compliments. That implies that Chinese people want to express traditional virtue of modesty while they accept the compliment.

11.5.6.2 Adapt to different Politeness Principles

Politeness is universal, and at the same time, it is culture-specific. Politeness is what people try to maintain both in English speaking countries and China. However, we should be aware that cultures differ in actual ways to realize politeness and also in criteria for being polite. Responding to compliments appropriately undoubtedly can be seen as a kind of polite speech act. And responding to compliments is a process of choosing appropriate politeness principles to respond. People of different countries tend to adapt to various politeness principles for some cultural factors. This leads to the fact that people in different countries adopt different strategies in responding to compliments.

In the section of Literature Review, this study introduces some concepts and theories of Politeness: Leech's Politeness Principles in western countries and Gu's Politeness Principles in China. Leech goes for the protective side of politeness and proposes that it is used to avoid strategic conflict. Leech advanced six maxims in his Politeness Principles to account for a wide range of strategies of giving compliments and compliment responses, such as Appreciation Token, Return, Disagreement, Scale down, Request interpretation by the application of one or more than one maxim. For example, adopting the Appreciation Token can be seen as adaptation to the Agreement Maxim; returning compliments as an adaptation to the Agreement Maxim and the Approbation Maxim; offering compliment as an adaptation to the Tact Maxim; Request Interpretation as an adaptation to the Generosity Maxim; and Disagreement as adaptation to the Modesty Maxim. Among the six maxims, compliment is the application of Approbation Maxims, while compliment response is mainly the application of Agreement Maxim, so most English speaking people tend to employ the Agreement Strategy (68.67%) to accept compliments.

The Chinese concept of politeness is different. Chinese see politeness as a virtue instead of a strategy, and the purpose of politeness is not to avoid discord but to seek harmony. In Chinese culture, politeness is an expression of a person's moral character and the core of it is mutual respect and mutual accommodation (Bi Jiwan, 1997). The most approximate equivalent of English word "politeness", in modern Chinese is "礼貌", means "polite appearance". "礼貌" is believed to have evolved in history from the classical notion of "礼", which was formulated by the ancient Chinese philosopher and thinker Confucius. "礼" as one measure advocated by Confucius to restore social order, didn't mean "politeness" at that time. It referred to the social hierarchy and order of the slave society of the Zhou Dynasty. About two hundred years after Confucius, the word "礼" seemed to have been used in a sense very close to its derivative in modern Chinese, i. e. "礼貌". It was first found in a book entitled "礼记" supposed to be written by Dai Sheng sometime during the West Han Dynasty. The book reads that speaking of "礼", humble yourself but show respect to others. It has ever since become an essential feature of the Chinese notion of politeness. Even today, denigrating self and respecting others still remain at the core of the modern concept of "礼貌". For instance, the most authoritative dictionary of modern Chinese, Modern Chinese Dictionary, the explanation of the word "礼貌" goes as modesty and respectfulness in speech and behavior. In a word, the social function of politeness in modern Chinese is to seek harmony, mitigate contradiction, and facilitate cooperation between people.

From the above explanation of the concept of Chinese politeness, it is obvious that politeness in China is very different from western politeness. According to Gu's politeness maxims of Chinese, one of his politeness maxims, the self – denigration maxim is unique in Chinese culture which consists of two clauses or submaxims: ①denigrate self, ② elevate others. As the historical reason it has explained in the previous paragraph, Chinese people put emphasis on the self – denigration when they meet compliments from others. Gu's Self – denigration Maxim is relevant to this study of compliment responses which is very apparent in traditional Chinese culture. The complimenting and its responding sufficiently support Chinese Maxim of Modesty when applying Gu's politeness theory. Lowering oneself helps to maintain or even enhance their image, and more importantly, doing so attends to others' face needs and in turn protects their own, so that their behavior may be regarded as polite (Gu, 1990).

From the above explanation about politeness in China, it is a fact that Chinese speakers seem to treat the Modesty Maxim and Gu's Self – denigrating Maxim as the overriding motivation for the compliment responses. That can explain why more Chinese people than Americans tend to give no response when they meet compliments (10.67% vs. 6.33%), and why Chinese speakers tend to adopt Nonagreement Strategy (51.33%) to reject compliments.

11.5.6.3 Adapt to different realization of face

Brown and Levinson's study on Face is conducted in English culture. Brown and Levinson (1987: 61) say their notion of face is derived from that of Goffman (1967) and from the English folk term, which ties face up with notions of being embarrassed or humiliated, or "losing face". Brown and Levinson distinct face into two categories: negative and positive face. One of the main goals in social interaction is to maintain and enhance "face" during conversation. Thus, they define face as the public self – image that every member wants to claim for himself and argue that the speaker comes into any conversation with two seemingly conflicting "face wants" (1987: 13): A "negative face" want, which is the desire to act unimpeded by other people; and a "positive face" want, which is the desire to be liked by others. Consequently, to protect and enhance one's face is to act in full compliance with the anticipated expectations of personal desires. From their study, it can be concluded that the English care for their own faces and care for whether to keep face for themselves.

The notion of face in England is very different from China's "面子" and "脸".

Face has greater significance for the Chinese than for Britons. In China, there is a proverb: A person needs face as a tree needs bark. In the Chinese culture, face goes beyond Brown and Levinson's description of a "public self – image". Chinese face is social capital and can be borrowed, given, argued, and diminished and so on. Face goes deep to the core of a Chinese person's identity and integrity. And as a Chinese person's identity and integrity are entwined with others, face then becomes collective property. People in China are encouraged to avoid acts that show jealousy, affront authority or incur ill – will things that can damage face. So in the Chinese culture, on the one hand, one is presumed not to be motivated by a desire or freedom (negative face), but instead to seek the respect of the group. On the other hand, even when motivated by a desire to be liked by others (positive face), it is generally presumed to avoid condemnation by society through meeting the socially endorsed requirements of conduct. Simply put, the kind of face a Chinese gets can be considered a public image that not only depends on but also is determined by the participation of others.

The different realization of face between Chinese and English can help us understand the language phenomena. Western culture's realization of face notion reflects that individualism is a value highly treasured in English – speaking culture. The English speakers tend to employ the strategy of Agreement (68.67%) to accept the compliments because they think this kind of response is just their free behavior and would not lead to lose their face. However, Chinese people believe that their faces will lose if they accept compliments directly. Chinese people tend to reject the compliment (51.33%) because they think accepting compliments directly will be regarded as being overconfident and overstep the Chinese social requirements.

11.5.6.4 Adapt to the change of Chinese culture

According to Smovar, Porter and Stefani (2000), culture has its own characteristics:

①Culture is learned.

②Culture is transmitted form generation to generation.

③Culture is based on symbols.

④Culture is subject to change.

⑤Culture is ethnocentric.

⑥Culture is integrated.

⑦Culture is adaptive.

All of the characteristics of culture suggest that culture is changeable, dynamic but not exist in a vacuum. Chinese culture is changing due to social development and the influence of western cultures.

From comparison of Chinese compliment responses between college students and other people, it reveals that college students have the tendency of accepting compliment as the English speakers (57. 11% vs. 68. 67%) . While other Chinese subjects are influenced greatly by Chinese traditional cultures which value modesty, collectivism and harmony, so they tend to reject compliments (65. 33%) . But this result is different to Chen's study (1993) . In his data, the rejections amounted to 95. 73% for the Chinese subjects.

This kind of situation results from the rapid development of China. China has developed from traditional agricultural society to modern industrial society. With China's transition from agricultural society to a modern industrial one, its economy is witnessing an unprecedented development, which also influences cultural values. People begin to pay more attention to their own possessions, and depend on their own ability. Thus, more and more people tend to accept compliments from others. These people, especially young educated persons show a preference to accept compliments that indicate an expression of self – confidence on their own abilities or possessions.

11. 5. 6. 5 Adapt to the influence of western culture

Nowadays, with development of the economic globalization, the communication between China and western countries becomes increasingly frequent. Culture is confronted with ideas and information from outside world that boost cultural change. Chinese culture is influenced by outside cultures unavoidably. Cultural changes can influence people's speech acts. The Chinese people's responses toward compliments undoubtedly were affected by western cultures. This can explain why more Chinese college students in my study adopt Agreement strategy to respond to compliments than other Chinese people (57.11% vs. 24.22%).

In addition, education also affects college students' responses to compliments. In China, English has been given more and more important status which has become a main course in college education. In classroom, English teachers often transfer western cultures because importance is attached to cross – cultural teaching. So college students, as a special group are exposed to western culture. Their responses to compliments tend to be more and more similar to those of the English.

11.6 Conclusion

11.6.1 Introduction

This section firstly gives a summary to the major findings of this study on compliment responses, then presents the implications of this study, and finally concludes with some remarks concerning the limitations of the study and speculations for future research.

11.6.2 Findings

The objectives of this study are finding out what characteristics English and Chinese compliment responses have, what differences there are between English and Chinese compliment responses, and what factors in social world cause these differences.

This study adopts qualitative and quantitative method to investigate compliment responses in English and Chinese. The major findings from this study are as follows:

(1) The English speakers tend to give a verbal acceptance of compliments on whatever topics. Besides, most of them often offer a comment or series of comments

on the object complimented. When the English speakers don't want to accept one compliment, they usually express their disagreement directly. In addition, the English speakers use some combined strategies to express their response to compliment in which Appreciation Token + Comment History appears mostly.

(2) However, Chinese people tend to reject compliments. Besides, when Chinese people don't want to accept the compliment directly, they often transfer the compliment to some third person or to the object itself. Thirdly, Chinese people often use complex strategies to respond to compliments, In addition, Chinese people usually give no response when they meet compliments. And Chinese people, especially college students tend to express their determinations when they meet compliment from persons who have upper statues. Finally, current Chinese college students respond to compliment very differently from other Chinese people. College students tend to accept compliments much more frequently than other Chinese people.

(3) There are some differences between English and Chinese compliment responses. First, the English speakers tend to accept compliments, while Chinese speakers tend to reject compliments. Second, Chinese speakers have one more strategy to respond to compliment than the English speakers. Third, when they don't accept compliments, the English speakers are more straightforward in expressing their disagreement, while Chinese people are more euphemistic. Fourth, Chinese subjects employ more diverse sub – strategies within the strategy of Combination to respond to compliments than British subjects. Fifth, more Chinese people tend to give no response when they meet compliments than the English.

(4) The reason of all these differences between the characteristics of compliment responses of Chinese and English can attribute to their adaptation to different social worlds, including different traditional values, different politeness principles, different realization of face, and influence of western culture.

(5) The result of this study is much different from Chen's study. The reason lies in people's adaptation to the change of culture which results from social development and the influence of foreign cultures.

11. 6. 3 Implications

11. 6. 3. 1 Implications in cross – cultural communication

Successful language learning should aim at acquiring communicative competence. To achieve the ability of communicative competence, we should know how to behave politely in specific context. Compliment is a universal behavior in human social interactions. But people in different cultural backgrounds have different responses to compliments. Study on compliment responses can bring us benefits in cross – cultural communication.

Firstly, this study will help us know compliment responses' differences between Chinese and English to avoid pragmatic mistakes in the cross – cultural communication. Both Chinese and English speakers tend to inappropriately transfer speech act strategies from their native language to the target language, thus falling into what Thomas terms as pragmalinguistic failure, or sociopragmatic failure. Responding to compliments from foreigners inappropriately may cause misunderstanding even unanticipated results in intercultural communication. This study can let us know western habitual ways of responding to compliment. To avoid pragmatic failure, both Chinese and English speakers should first of all make efforts to develop a sort of pragmatic awareness, and to do this, a thorough study of each other's culture is really indispensable. The more we know the cultural differences, the less possibility there will be cause cross – cultural pragmatic failure.

Secondly, this study also gives the analysis of the Chinese compliment responses which enables more foreigners to know and accept Chinese communication criterions rather than asking Chinese to adjust them all the time to adapt to the western communication criterions in cross – cultural communication.

Thirdly, this study analyzes the difference of Chinese and English compliment responses from a new dynamic aspect: The Adaptation Theory. A new inspiration that they should investigate cross – cultural communication from a dynamic perspective is given to other researchers. Culture is changing. This method is especially useful for language study in this rapidly developing society.

With the opening to the world, the Chinese are having more and more opportunities to communicate with English speakers. Therefore, it seems reasonable to suggest that the best way to improve cross – cultural communication would be to achieve as much information as possible of their underlying social norms and cultural values of the target language, and thus people from both English and Chinese cultures tend to enjoy easier and easier cross – cultural communication.

11.6.3.2 Implications in foreign language teaching and learning

This study can give foreign language teaching and learning useful suggestions. It is generally acknowledged that language learning is a cultural experience. Most language teaching specialists now agree that the aim of foreign language teaching should be "to facilitate learners' acquisition of communicative competence, the ability to speak both accurately and appropriately" (Wolfson, 1989: 36). Learning a foreign language is simultaneously learning the culture behind it.

Firstly, it is necessary for foreign language teachers to provide sufficient cultural information about target language and to help students to avoid some pragmatic mistakes in linguistic communications. Background information about cultural beliefs and values is valuable in language teaching. A course in English history and philosophy, including socio – economic changes and their impact on cultural members and their obligations, may contribute more to the students' appreciation of English ways than lists of useful phrases.

Secondly, for students, in order to function politely in the cross – cultural communications, both the linguistic and social behavior of the target culture should be observed and enacted properly. Sociopragmatic as well as pragmalinguistic ability should be developed in the course of learning.

Besides, teachers should increase students' awareness of learning English culture in order to enable students to better understand their English interlocutors and make appropriate choices for their production of linguistic behavior.

11.6.4 Limitations

Though this study has achieved some fruitful findings, it still has some limitations.

First of all, the questionnaires are collected from only 100 English native speakers and 100 Chinese native speakers. The number of subjects may be not enough to ensure a complete and reliable description of the differences of compliment responses in both languages. So it cannot reflect the situation of English compliment responses of the whole nation.

Secondly, the way of collecting data is questionnaire in the form of DCT, which has some weaknesses. It cannot capture the whole range and nuances of spontaneously produced compliment responses. And it cannot record the listener's facial expression and other nonverbal factors. In future research, the researcher had better choose some other forms of data collection which can perfect this study, for example, natural observation.

Thirdly, other social variables such as background information, gender effect are not addressed in the present study. Further study may extent to investigate these social variables, which do exert great influences on the speech act of compliments.

Finally, society is changing, so the differences between Chinese and the English compliment responses are not static. This study results can not be generalized to future cultural situations. We should investigate it in different eras in detail.

11.6.5 Speculations of further study

Owing to the above limitations, the further studies on this topic should pay attention to several aspects:

Further studies had better collect data from larger number of subjects in Chinese and English communities in order to ensure the validity and facticity of the study.

More investigation of compliment and compliment response involving participants with the same cultural background can be done in order to make firmer claims on the possible functions of compliments, topics, and responses among the users of the native language. More studies in this direction can provide further insights that may help validate some apparent findings given in this study.

Furthermore, more contrastive studies are needed in the Chinese and the English communities on compliment responses. Some variables such as people's gender, age, education background, and social status should be taken into considerations.

Moreover, only one method of collecting data is not enough. Further studies can combine various methods which can capture all useful information of verbal and nonverbal compliment responses. And the data collection should be conducted in real natural situations.

Appendix Ⅰ Questionnaire in English

First of all, thank you very much for giving up some of your time. Nine different situations are described below in which you receive a compliment on various matters. How would you respond? For each situation, you might find more than one response socially appropriate. In that case, please write all of them on the lines provided.

Situation 1 (hair cut)

You have just had your hair cut in a different style. You bump into a friend and after saying hello, he/she says: "That hair cut makes you look great. It makes you look younger."

A: You will say: ________________________________

B: You have no response.

Situation 2 (brand new car)

You're the manager of a company. As you leave work one day you bump into an employee and start talking. He/she mentions that his/her car has broken down and he/she has to take two buses to get home. You have your brand new car at work and offer to give him/her a lift.

When he/she sees the car, he/she says: "It's smashing! I love the model. And you've got good taste in choosing the color!"

A: You will say: ________________________________

B: You have no response.

Situation 3 (cooking)

You're a teacher in a language school. You've invited a group of your students to your house for a meal. After eating, one of your male/female students says: "I didn't know you were such a talented cook. The food was wonderful!"

A: You will say: ________________________________

B: You have no response.

Situation 4 （tennis game）

You've just finished playing a game of tennis （the first one after two months of intensive training）; your trainer has been watching the game. When it is finished, he/she says: "All the effort has been worthwhile. You have played brilliantly today!"

A: You will say: ________________________________

B: You have no response.

Situation 5 （essay writing）

A friend asks you to lend him/her an essay that you wrote for a course in the university and for which you got a very good mark. When he/she returns it to you he/she says: "It's an excellent essay. You've structured it in a very clear and concise way. If only I could write something half as interesting as that!"

A: You will say: ________________________________

B: You have no response.

Situation 6 （smart clothes）

Your boss at work has organized a leaving party for a colleague. You've dressed up for the occasion. As you arrive at the party, he/she tells you how elegant you look and how much the outfit suits you.

A: You will say: ________________________________

B: You have no response.

Situation 7 （interpersonal skills）

Over the past week you've been helping to organize a conference at your university. A male/female friend, who has also been helping, says: "You're the right person for this type of job. You're ever so nice to the others and know how to avoid disagreements with everyone."

A: You will say: ________________________________

B: You have no response.

Situation 8 （computers）

You started a computing course three months ago. At the end of a lesson your teacher comes up to you. He/she says: "You're very intelligent and have a flair for computers. Besides, you show a lot of interest in what we do in the lessons."

A: You will say: ______________________________

B: You have no response.

Situation 9 (beautiful eyes)

You're the new sales manager of a large department store. You're out for coffee with a group of people from work. One of your male/female employees, who's been with the store for many years, says to you: "You've got beautiful eyes."

A: You will say: ______________________________

B: You have no response.

Appendix Ⅱ Questionnaire in Chinese

首先，非常感谢您在百忙之中抽出时间来做这份问卷调查。在以下九个不同的场合中，有人赞扬您的某些方面，您会怎样回答呢？在每个场合中，您的合适的回答也许不止一个。请提供尽可能多的回答。

场景一（发型）

你刚把头发剪了一个新的发型。你碰到你的一个朋友，打招呼之后他/她说道："这个发型很衬你，你看上去年轻多了。"

A：你会说：________________________________

B：你不会有任何反应。

场景二（新车）

你是一个公司经理。某天下班时碰到你的一个职员并开始交谈。他/她告诉你车坏了，不得不转两趟公交车回家。你恰好今天开车到公司，就提议载他/她一程。他/她一看到新车就说："太漂亮了，我喜欢这种型号，另外你对颜色有很高的鉴赏力。"

A：你会说：________________________________

B：你不会有任何反应。

场景三（烹饪）

你是一个语言学校的老师。你邀请了一些学生在家吃饭。饭后，一个男/女学生说道："我不知道您的烹饪水平这么高，菜好吃极了。"

A：你会说：________________________________

B：你不会有任何反应。

场景四（网球）

在两个月的紧张训练之后，你参加了一场网球比赛。教练一直在旁观看，赛后，他/她说道："所有的努力都是值得的，你今天打得棒极了。"

A：你会说：________________________________

B：你不会有任何反应。

场景五（论文）

你的朋友借了你的一篇得分很高的课程论文。归还时他/她说道："真是优秀论文啊，结构清晰，语言简洁，要是我能把什么事情写得有你的一半有趣，我就心满意足了。"

A：你会说：________________________________

B：你不会有任何反应。

场景六（漂亮衣服）

你的老板为你的一个同事开了一个欢送会。你为此精心打扮了一番。当你出现在晚会时，他/她对你说："你看起来很优雅，你的晚装非常适合你。"

A：你会说：________________________________

B：你不会有任何反应。

场景七（人际关系的技巧）

最近的一周你一直在帮助组织一个在你们大学召开的会议。你的一个一直在帮忙的男/女朋友对你说："你很合适做这类工作。你对每一个人都这样友好，知道怎样避免与其他人的分歧。"

A：你会说：________________________________

B：你不会有任何反应。

场景八（计算机）

三星期前你开始学习一门计算机课程。课程结束时你的老师走过来，他/她对你说："你非常聪明且有计算机才能。此外，你对这门课程表现出浓厚的兴趣。"

A：你会说：________________________________

B：你不会有任何反应。

场景九（漂亮的眼睛）

你是一个大百货店的新任销售部经理。下班后你和一群人去喝咖啡。你的雇员中有一个在这个店工作多年的人对你说："你有一双漂亮的眼睛。"

A：你会说：________________________________

B：你不会有任何反应。

Appendix Ⅲ Examples Adopted in This Study

Example 1:

A: It's mashing! I love the model. And you've got good taste in choosing the color!

太漂亮了，我喜欢这种型号，另外你对颜色有很高的鉴赏力。

B: Thank you. I bought it last month.

谢谢，我上个月买的。

Example 2:

A: I didn't know you were such a talented cook. The food was wonderful!

我不知道您的烹饪水平这么高，菜好吃极了!

B: Thanks. I've spent a long time to learn cooking.

谢谢。我学习烹饪花了很长时间。

Example 3:

A: 你看起来很优雅，你的晚装非常适合你。

How elegant you look and how much the outfit suits you.

B: 谢谢你的夸奖，你的装扮更让人欣赏。

Thank you for your compliment, your dress is more worth appreciating.

Example 4:

A: 真是优秀论文啊，结构清晰，语言简洁，要是我能把什么事情写得有你的一半有趣，我就心满意足了.

It's an excellent essay. You've structured it in a very clear and concise way. If only I could write something half as interesting as that!

B: 真的吗? 为了写这篇论文，我查阅了很多资料。

Really? I consulted lots of references for writing this essay.

Example 5:

老师: 你非常聪明且有计算机才能。此外，你对这门课程表现出浓厚的兴趣。

Teacher: You're very intelligent and have a flair for computers. Besides, you show a lot of interest in what we do in the lessons.

学生：我会继续努力的。

Student: I will continue to try my best.

Example 6:

教练：所有的努力都是值得的，你今天打得棒极了。

Trainer: All the effort has been worthwhile. You have played brilliantly today!

网球运动员：下次比赛我一定要得第一名。

Tennis player: Next match, I will win the first prize.

第 12 章 Contrastive Study of Chinese and English Euphemisms (英汉委婉语的对比研究)

Euphemism, one kind of necessary part in human communication, is not only a linguistic concept, but also a cultural phenomenon. Different cultures embody different euphemisms. Many linguists and scholars at home and abroad have studied this linguistic phenomenon from different perspectives, such as semantics, sociolinguistics, rhetoric, psychology and pragmatics. They have already attained achievements. However, the previous researches mainly focuse on single language such as Chinese or English, seldom look into contrastive studies on the differences between English and Chinese euphemisms. With the development of cross – cultural communication, the understanding of euphemisms in different cultures becomes increasingly important. In order to discover the cultural and pragmatic characteristics of English and Chinese euphemisms, this thesis tries to conduct a contrastive study on English and Chinese euphemisms from the perspectives of culture and pragmatics, aiming at finding the similarities and differences of them.

This chapter begins from the definition from euphemism, then proceeds to the origin classificatin, formation of euphemisms as well as the researches on euphemisms home and abroad. Then a contrastive study of English and Chinese euphemisms from the perspective of cultural reliance and pragmatic similarity has been made. As a cultural phenomenon, English and Chinese euphemisms are derived from different cultures, thus they possess their unique characteristics. The realization of understanding of these features and the differences between English and Chinese euphemisms from the cultural perspective is quite important to better understanding of euphemisms a whole. This chapter discusses the reliance of English and Chinese euphemisms on their cultures from what they pose in communication and summarizes the differences of English and Chinese euphemisms from the cultural perspective. Meanwhile, in the application of euphemisms, the similarities of English and euphemisms will be analyzed in the next part. After the analysis, the author found that both English and Chinese euphemisms obey and violate some of the rules in pragmatics. In practical communication, in order to achieve some communicative purposes, both English and Chinese euphemisms might have to violate some of the maxims of the cooperative principle and meanwhile adhere to the maxims of politeness principle and Face Theory. The contrastive study on English and Chinese euphemism from the perspectives of culture and pragmatics helps to better understand western and eastern culture, and meanwhile the awareness of the differences and similarities between English and Chinese euphemisms are of valuable significance for our cross – cultural communication.

As a familiar linguistic concept and a cultural phenomenon, euphemism is commonly used in our daily communication and highly influence our interpersonal relationships and our cultural values. Euphemism is a complicated linguistic phenomenon, which involves history, culture, nationalities, gender, religion, psychology, context, and so on. The role of euphemism playing in a language is just like the lubrication oil in a machine, it gurantees the successful communication in our society. Therefore, euphemism is universally used in every society, every speech community and every social class. D. J. Enright hold the idea that a language without euphemisms would be a defective instrument of communication. Hugh Rawson (1981: 73) also thought that Euphemisms are embedded so deeply in our language that few of us, even those who pride themselves on being plain – spoken, ever get through a day without using them. It is because of the necessity of euphemisms in every language and the reliance of euphemisms on the culture of that language that people from different society, different culture, background and social status use euphemisms in different ways.

The study on the phenomenon of euphemisms varies a lot by many scholars and researchers in different periods and different countries. But it should be admitted that researches of euphemism mainly still remain in the fields of semantic and lexical level and mainly from sociolinguistic and psycholinguistic aspect. In China, euphemisms was considered as a rhetorical strategy for a long period, and it was studied in the same way as other rhetorical strategies such as metaphor, personification and so on. The scholar Wu Tieping stated that euphemism is quite different from other rhetorical strategies that the research on euphemisms has been broadened. Li Guonan holds the opinion that euphemism should not only be looked as a communicative tool. Shu Dingfang widen the research scope to pragmatics.

In fact, most of the studies on euphemism are limited to single language. Few people studied the differences and similarities of euphemism between different languages. With the development of the cross cultural communication and the development of English in the world, researches on the differences and similarities between English and other languages dramatically increased. Euphemism, as an necessary part of both English and Chinese language and a tactical device of both British and Chinese people, arose more attention.

Since euphemism is deeply embedded in language and influenced by culture, the contrastive research on euphemisms will prive us with insipirations in cross - cultural communications and help people better understand the differences as well as similarities of different cultures. The present chapter conducts a contrastive study on English and Chinese euphemisms from the perspective of their cultural reliance and pragmatic similarities.

12.1　Introduction of Euphemisms

12.1.1　The origin of euphemism

In order to have a detailed and comprehensive understanding of euphemism and how euphemism varies in the development of society and context, we should first attach attention to the origin of euphemism. Euphemism originates from language taboo. The term "taboo" is originated from the word "tabu" in Polynesian. It originally refers to those holy facts or objects which can not be spoken and was first noted by Captain James Cook, a British sailor, during his visit to Tonga in 1771. James Cook brought the term into the English language, and then the term "taboo" was widely used and was spelled as "taboo" in English. Taboos were most highly developed in the Polynesian societies of the south Pacific, but virtually they have been present in many other societies. Nowadays, there is no unanimously accepted definition of taboo, but there is apparent agreement that the taboos in any society tend to become prohibitions, excluding something from use, approach, or mention because of their sacred and inviolable nature, or bans or inhibitions resulting from social custom or emotional aversion. There are two kinds of taboos: One kind refers to something can not be used freely because of respect; the other kind refers to objects can not be touched freely because of despise. In a broader sense, taboos can be classified into behavioral taboo and verbal taboo. In the Oxford English Dictionary Verbal taboo is explained as a total or partial prohibition of the use of certain words, expressions and topics in social interaction. In ancient times, people usually use more pleasant and acceptable words or phrases about God, death to make their speech more polite.

12. 1. 2 The definition of euphemisms

The word "euphemism" comes from the Greek eu, "good", and pheme, "speech" or "saying", so it literally means "to speak with good words or in a pleasant manner". Euphemizing is generally defined as substituting an inoffensive or pleasant term for amore explicit, offensive one, thereby veneering the truth by using kind words (Neaman, 1991). Euphemism, a special mode of expression, has been defined differently in different books and dictionaries. Some typical definitions are quoted as follows:

Substitution of mild or vague or roundabout expression for harsh or blunt or direct one (Cohere Oxford Dictionary, 7th edition, 1982).

Substitution, restraint, softened expression, mock modesty, metaphorical speech, verbal extenuation, word in verbal good taste, over delicacy of speech, affected refinement of language (Webster's New World Thesaurus, 1971, Meridian Book).

A polite, tactful, or less explicit term used to avoid the direct naming of all unpleasant, painful or frightening reality (Webster's Third New International Dictionary, 1961).

A polite word or expression that people use when they are talking about something which they or other people find unpleasant or embarrassing, such as death or sex (Collins Essential English Dictionary, 1989).

An alternative to a dispreferred expression, in order to avoid possible loss of face: Either one's own face or, through giving offense, that of the audience, or of some third party (Allan and Burridge, 1991).

The use of a mild or vague or periphrastic expression as substitute for blunt precision or disagreeable truth (Modern English Usage, 1957).

From the previous study, it can be found that though despite many scholars define "euphemism" differently from different perspectives these definitions share the same point: euphemism is all indirect, roundabout, and polite mode of expression used to talk about something unpleasant. In communication, it can make the unpleasant things sound better and make people feel good; it call make both speaker and hearer safe without losing face.

12.1.3 Pragmatic principles of euphemism

(1) Principles of Distance. Some words and expressions in the fields would be considered taboo. Thus when people talk about something which is considered taboo, they would create and apply some other expressions to replace taboo to avoid offending others. The most effective way is to widen the psychological distance between the symbol sand their referents, which can be brought by creating new signs to replace the original ones. As a result, the new symbols increase the distance between the words and the things the words refer to. Generally speaking, the wider the

distance between a symbol and its real referent, the more euphemistic it appears. Not only those words and phrase with euphemistic functions are form according to this principle, the sentences and gestures in communicative context can also be revealed this way. Sometimes we use past tense to express euphemistic ideas. For instance, in a room, if you want someone who is standing near the window to close the window, you would say, "Would you please close the window?" other than "Give me the menu". Or sometimes people would use "I was wondering..." to take place of "I wonder...". The former one is in past tense, which is thought to have a distance with the present tense.

(2) The Principle of Relatedness. In fact, the wider the distance between the symbol and the referent, the more euphemistic it may appear to be. The relatedness principle restricts the distance between them. Language is the communication tool and the distance should be maintained in some reasonable extent, which helps the participants to understand each other in the linguistic context of different situations. However, too much euphemistic expressions may result in misunderstanding or breakdown in communication. Suppose someone is suffering from mental disorder, if he or she is talked about only as "not feel good". We will be not sure about even confused about his or her condition. Because the euphemistic expression goes too far and leads to confusion. If he or she is spoken of as "not feel right in the head", people will understand that he or she has some problems in neurosis. Therefore, people can not arbitrarily use any expression as euphemism. Therefore, according to the principle of relatedness, people should make certain connection with original words.

(3) The Principle of Pleasantness. The principle of pleasantness is also important and directive in using euphemism. "Pleasantness" means that the euphemistic expressions should have some good connotation of the mind. A pleasant word can stimulate people to imagine something which is beautiful, comfortable and acceptable. It is euphemism not taboo in that to create a more pleasant association in the mind of the hearer. For instance, English people substitute "educator" for "teacher", "go to washroom" or "go to toilet" for "to pee", that is just because "edu-

cator" and "go to make up" can give some good association to the mind.

12. 1. 4 Formation principles of euphemism

It is obvious that there are numerous euphemistic expressions are created, from words, phrases to sentences, from verbal euphemism to nonverbal euphemism. It should be understood that the linguistic expressions are by no means at random. Let us first look though to get the formation principles of euphemisms. As its name indicates, if an expression is euphemistic, it should be in an indirect and acceptable way, which means that is should be different from the direct expression which is less acceptable in specific situation. At the same time, euphemistic expressions should be related to the original expression. From the definitions of euphemisms, it can be concluded that no matter what forms the euphemistic expressions are, the purpose of creating and using euphemisms is to make both speakers and hearers more pleasant and to make the communication goes smoothly.

As the previous part discussed in this chapter, both Chinese and English euphemisms are adopted according to the three principles: The priciple of distance, the principle of relatedness and the principle of pleasantness. It was found by many scholars that Chinese and English euphemisms are also quite similar in their ways of formation. Informing English and Chinese euphemisms, the following devices are commonly used: Phonetic device, lexical device, non – verbal device and pragmatic device. Besides, because of the grammar systems of English, there are many grammatical devices informing euphemisms in English.

12. 1. 4. 1 Phonetic device

O'Jeaman and Silver (1983) said that "When we encounter words that dare not speak their names, we abbreviate, episcopate (shorten or omit the last syllable), initial, convert and reduplicate them. We may also distort their sounds and create diminutives and blend words" . Justas Neaman and Silver hold the opinion that euphemisms can be created by phonetic device: Vocal for mutterances, change of the speech volume, the change of intonation and phonetic alteration. Vocal utterance is a kind of nonverbal euphemism, for example, coughing or ambiguous nasal sound or making a special sound may be employed to avoid talking about the topic in discussion. Lowering the speech volume is a common way of euphemism, which means that when you meet something you have to mention, usually you say it in a low voice. For example, when you say the sentence "Your socks are worn into holes". to the person whose socks are worn out, the responses of the listener will be different if you speak in different voices . On the one hand, your low voice will avoid people's attention on the sufferer's situation, thus avoid the embarrassment of the sufferer in public. On the other hand, the listener will feel your sincerity and concern and is willing to express their gratitude. The alteration of intonation can also be employed to euphemistic meaning. The intonation plays an important role in speaking. It can make the imperative sentences sound milder and more euphemistic. Phonetic alteration refers to the change of sound in a word for the purpose of euphemizing.

Abbreviation, apocopation, initialing, reduplication, diminutive and blend word are the main phonetic distortion methods of English euphemisms formation. Abbreviation is the form of a word or phrase which is changed by omitting letters. For example, "Ca" takes the place of "cancer" in order to reduce people's dread of this deadly disease. "Tuberculous shortened as TB", "hell with it" is "h with it" . "Ladies", "gents" and "conman" are the euphemistic expression for "ladies room" "gentlemen's room" and "confidence man" respectively. Apocopation is a special form of abbreviation. It refers to the loss of a letter or more at the end of a word. For example, we use "G man" for "garbageman", "homo" for "homosexual" . "Vampire" is shortened as "Vamp" which is indirect and milder. "Buttocks" is shortened as "butt", which is formed in the fifteenth century to refer to the back legs of a pig. Nowadays this word is still used to refer to the back legs of the thick end of a thing such as in "cigarette but" . When it is used to refer to "buttock", it is a euphemism.

Initialing is another form of abbreviation by which a word or phrase is abbreviated by using the initial letter or letters. We have many examples of this kind, such as WC (water closet), BO (body odor), AIDS (Acquired Immune Deficiency

Syndrome), DW (deadly weapon), GD (God Damn), JC (Jesus Christ), SA (sex appeal), VD (venereal disease), etc.

Reduplication means repeating one syllable or letter to make its sound well. A typical example is "pee" takes the place of "piss" which recalls to got the bathroom. "Tee" is very popular among the students of preparatory college. "Pee pee" is the daily word used by children. Other varieties of this word are "sis – sis" and "wee – wee" .

A blend word is a form of phonetic distortion it which two or more words are squeezed together both orthographically and phonetically. An example of this "Gezunda" for "a chamber pot", a term derived from the fact that "a chamber pot" usually "goes under" the bed. A diminutive is a formation of a new term by nicking or shortening a name and adding a suffix indicating affection or smallness. Besides "rear end" "buttocks" can also be replaced by "heinie" which is the diminutive of "hind leg" .

In Chinese, though we don't have alphabet system, we also created euphemism by phonetic device. Chinese is a tone language, in which the meaning of a Chinese word depends on the tone of pronounciation. Besides, there is no direct relationship between the character and its pronunciation. Therefore, in Chinese euphemistic expressions are formed by changing the tone of the words and assonance. For example, in ancient China, people tend to change the pronounciation of the character which encounters the name of the king. Nowadays, we still have the traditional custom to put up the inverse character of "福" when we print antithetical couplet during the spring festivals, looking forward to achieving good luck in the coming year, that's because the "福倒" in Chinese somewhat sounds like "福到", which means good luck is coming.

12. 1. 4. 2 Lexical device

Substitution, means to employ the polite or indirect expressions to take place of direct and impolite words or expressions. The euphemistic expressions and the original ones are always synonyms or synonymous phrases. For example, sometimes "expectorate" is used instead of "spit", "washroom" is used to replace "toilet" .

In Chinese, substitution is also an important way of forming euphemisms. For example,“洗手间”“卫生间” are used for “厕所”, “方便” are used for “去厕所”.

There are different kinds of lexical device for the formation of euphemism:

(1) Borrowing words. It is beyond doubt that people tend to be more familiar with their native language and relatively unfamiliar with a certain foreign language. Employing foreign language to take place of native language usually brings about a sense of implicitness and mildness in order to avoid much embarrassment. In English there are many words loaned from other languages. Sometimes they can be used as euphemism even though they are originally not euphemisms at all in the native language system. Most of the English euphemistic expressions come from Latin and French. In England, people regard Latin words and French words as the formal and civilized language. These words are filled with less negative associations in foreign languages, and thus seems more pleasant, formal and civilized. Rawson (1981) hold the opinion that it is possible for speakers and writers of English to express almost any thought they want by using their native language as well as borrowing words. For example, in the 19th century the French word “enceinte” was used to take place of “pregnant”. Meanwhile, in Chinese we also have many words borrow from foreign language. Such as “WC” is used for “厕所”, Bye – bye is used to refer the unpleasant “分手” or “离婚”.

(2) Vsague words and expression. Vague words and expressions can blur the undesirable yet explicit associations that taboo words arouse and achieve euphemistic effect. So “syphilis” is “asocial disease” and “to have sexual relation with someone outside marriage” is euphemized into “to have an affair with someone”. In political and diplomatic areas, “developing country” is used to replace “poor countries”, and “the needy” for “the poor”. The general words such as “it”, “situation” and “thing” are frequently employed to refer to anything one does not want to speak openly and directly. For example, “He is good at the thing” might indicate that “he is good in bed”. In Chinese, “拮据” vaguely means “穷”, “发育迟缓” is employed to refer to “痴呆” euphemistically.

12. 1. 4. 3 Non – verbal device

Non – verbal device highly depends on the communication context. In the communication context, both English and Chinese people may make some gesture, facial expressions or other body language. These non – verbal gestures and body languages are adopted to help the speaker to convey some information which they prefer not speak out in words. For example, in meetings, if a man put one finger on the lip, it means "keep scilence" . They would not speak out in public for the purpose of avoiding embarrassment of other speakers in the meeting.

12. 1. 4. 4 Pragmatic device

There are still some pragmatic methods to form euphemisms, which form the main euphemistic associations which highly depend on the communicative context. Take the following situation as an example:

A: What do you think of my new car?

B: It is very expensive.

The sentence "It is very expensive" is the euphemistic expression to "I don't like it" . Here, B speaks politely. At the same time, the real meaning conveyed in his /her answer. In such kind of situation, speakers should understand these euphemisms pragmatical aspect. There are numerous pragmatic euphemisms both in English and Chinese language which are popularly employed here and there in daily life.

12. 1. 4. 5 Grammatical Device of English euphemisms

It is a fact that it is a quite different grammatical system of English which is very different from that of Chinese, such as tense, voice, subjunctive mood, and so on. Grammatical device in English euphemism formation includes aspect, tag questions, subjunctive mood, etc.

(1) Aspect. In English, the past tense, the perfect tense, the passive voice and the continuous aspect are frequently used to express euphemistic meanings. For example, "He is being polite now" is around about way of expressing what this kind of behavior he had in the past. "I am thinking you. Could you come and meet me" is a euphemistic way of saying "I am missing you", "It is hoped that every-

body will hand in papers on time" is an indirect way of saying "Everyone must hand in their paper on time". In Chinese, we don't have this kind of aspect, thus we don't have the counter parts in Chinese euphemisms formed by the tenses and voices.

(2) Tag Questions. Tag questions can be used for inquiry in both Chinese and English. When a speaker indirectly expresses his intention in the inquiry he leaves the hearer much freedom, since the hearer can pretend not to understand the speaker's intention and just gives a direct answer to the question. In this way, face on both sides can be saved, and the euphemistic effect can be achieved. For example, "You will hand in your paper on time, am I right?" can mean the same with "I request you hand in your paper on time", but the former is more polite.

(3) Subjunctive Mood. In English, Subjunctive mood is frequently adopted to express euphemistic meanings. The subjunctive mood usually refers to counter factual or some hypothetical situations thus to be euphemistic. For example, "You could have come at earlier" actually means that "you didn't come at the appropriate time". In Chinese, we don't have subjunctive mood, a specific form to express a counter factual meaning, thus we don't have this device of form euphemisms in Chinese.

12.1.5 Previous studies on euphemism

In 1656, the term "euphemism" was firstly produced in English in Glossographia by George Blount. At that time, euphemism was defined as "a good or favorable interpretation of a bad word". Later on, more and more researches on it had been made by many linguists and scholars. In 1936, Menken wrote a book named *The American Language*, made more study on the reason of why several hundred euphemisms came into being and how they became popular, which is of great significance in euphemism study. In 1981, another British linguist, Hugh Rawson published a famous dictionary, *A Dictionary of Euphemism sand Other Double – talk*. He provided us with more detailed discussion on the history, definition, classification, features and domains of euphemisms, which could be viewed as a representative achievement made on the euphemism study over the decades. In 1983, people witnessed the publication of another masterpiece on euphemism research, *Kind Words: A Thesaurus of Euphemisms* compiled by J. S. Neaman and C. G Silver, this dictionary made detailed interpretation of euphemized items. In 1985, D. J. Enrich wrote another significant *book Fair of Speech: The Uses of Euphemism*, which is a collection of many pieces of essays related to euphemism.

During the 1970s and 1980s foreign sociolinguistic theories were introduced to China. Many Chinese scholars paid their attention to the special social roles played by English euphemism. With Chen Wangdao being a pioneer, many scholars studied euphemisms in the perspective of rhetoric. Euphemism study in terms of rhetoric is not confined in the field of lexicon, but is proceeded to the aspect of sentences and discourses. Chen Yuan (1983) made a fairly detailed analysis of euphemisms in his Sociolinguistics, which not only studied the historical and social background of euphemisms, but also revealed the nature of this social phenomenon.

12. 1. 6 Scope of euphemism

The traditional studies of English euphemism centralize on lexical level while the traditional studies of Chinese euphemism are from the angle of rhetoric. Euphemism cannot be within the boundary of lexicons and rhetoric only. The scope of euphemism is not clear - cut, social motives for generating euphemism are ignored and the vision of essential characteristics of euphemism is anything but deep. It is not noticed that euphemism is not only a figure of speech, but also a communicative tactic. Both western and Chinese traditional euphemism researches emphasize particularly on verbal means. Are euphemisms expressed only in verbal ways? Do people communicate euphemistically in nonverbal way? The following example may enlighten us:

In a party, a man rattles to anice lady in the hope of attracting her attention. Although the young lady is fed up with him, it is not polite to interrupt him. Then she starts to look around showing her impatience euphemistically: I am not interested in your talk.

This is what her boay euphemism mearls. Therefore euphemism can be classified into two categories: Verbal and nonverbal. Nonverbal euphemism is always overlooked. Many have described how we use an elaborate symbol system of words to represent our ideas and feelings euphemistically. We also use nonverbal symbols to do much the same thing. Nonverbal euphemism is important because of its role in the face – to – face communication, the tremendous quantity of information cues it carries, and its use in fundamental areas of our daily life. "Many, and sometimes most, of the critical meanings generated in human encounters are elicited by touch, glance, vocal nuance, gestures, or facial expression with or without the aid of words" (Bamlund, 1968: 536). There have been many descriptions about verbal euphemism, so this thesis tends to elaborate on nonverbal euphemism:

(1) Body euphemism, referring to expressions by various signs, signals and gestures. For instance, one holds out a little finger implying he or she wants to go to the toilet.

(2) Voice euphemism, such as acough or obscure snuffle as a reminder, and so forth.

(3) Incident eullhemism, which is embodied by a whole process of actions. For instance, a couple had a quarrel, but the husband wanted to make it up then. He felt awkward to open his mouth while his wife was still in a temper. It happened that his wife was cooking, and he came up to help her though he never did it usually. This is an implied signal of reconciliation.

(4) Visional euphemism, such as a male or female in a wheelchair on the door of the toilet.

What is worth mentioning here is that verbal and nonverbal euphemisms do not absolutely keep apart from each other. It is found that any classification that separates things into two discrete categories (verbal or nonverbal) will not be able to account for factors that do not seem to reside in either category. It may be reasonable if we think of behaviors as existing on a continuum with some behaviors overlapping two continua.

Nonverbal euphemism should not be studied as an isolated phenomenon but as an inseparable part of the total communication process. The interrelationships between verbal and nonverbal behavior can be repeating, regulating, complementing, contradicting and accenting. Let's take body euphemism for example:

At a dinner, a woman gets up from the table, and holds out a little finger while explaining to her friends, "I'd like to wash my hands." This is complementing.

When one receives an unwanted gift, he says politely, "It's very nice" while his frown betrays his dissatisfaction. This is contradicting.

In these two cases, both verbal and nonverbal euphemisms occur. Thereby the Interrelationship between the two can be displayed as follows. It can be seen that nonverbal and verbal euphemism coexist in human societies, and a contrastive study of English and Chinese euphemisms must be one involving both.

12.2 Cultural Reflections of English and Chinese Euphemism

As mentioned in the previous parts, euphemism is not only a linguistic phenomenon but also a cultural phenomenon. Euphemism is a language which is deeply related to the culture of that language, at the same time it reflects the cultural orientation of the specific country's people. English and Chinese speaking people are living in different cultural environments and different societies, they undoubtedly have different life styles and social customs, their cultural values and religious beliefs vary differently. Thus they have different ideas on what topic they prefer not to speak directly. Conducting a contrastive study between English and Chinese euphemism becomes necessary, which is of great significance to study to what extent and in what aspects are different from each other.

12.2.1 Culture, language and euphemisms

Culture is a large and evasive concept. According to Good enough (1957:

167), culture consists of "whatever it is one has to know or believe in order to operate in a manner acceptable to its members, and to do so in any role that they accept for any one of themselves". Generally speaking, culture refers to the patterns of customs, traditions, social habits, values, beliefs and language of a society. Larry Samovar and Richard Porter (1994) from the communication perspective supplied us a rather detailed description: "culture refers to the cumulative deposit of knowledge, experiences, meanings, beliefs, values, attitudes, religions, concepts of self, the universe, and self-universe relationships, hierarchies of status, role expectations, spatial relations, and time concepts acquired by a large group of people in the course of generations through individual and group striving." Robertson, an American sociologist holds the opinion that "Culture consists of all the shared products of human society". She holds the idea that culture is like an iceberg.

Only some of culture is visible. Most of culture is below the surface of our awareness. Those aspects of culture easily observable are referred as objective culture including things such as history, literature, and customs. Those that are not easily observable are called subjective culture including feelings and attitudes about how thing are and how they should be. Culture is our software. We can regard our physical selves as the hardware and our home culture is the software that programs us. Our computer sometimes does not work just because it is incompatible with someone else's software. Culture is like the air we breathe everyday. The fish takes the water for granted because it is completely surrounded by water and it cannot imagine another environment. In the same manner, we take our native culture for granted. We are swimming in the same water for most of our lives. Sometimes we find that it is difficult for us to describe the water. The story changes with changing circumstances. Culture is the grammar of our behavior. Culture includes those rules that people need to know in order to behave appropriately in a society. Just as we learn the grammar of our native language, we learn our native cultural grammar unconsciously and apply its rules automatically (Linell Davis, 2001: 18-20).

Language is the main tool that people in a society uses to transmit its ideas, values, and norms. The learning of culture takes place through language. Culture could not exist but for language, the means of communication. Language makes it possible for human beings not only to know what was thought in the past but also to pass what is being thought at present on to the future generations. Without the language link, a culture would not be recorded in history. From our enormous ability to learn and master, language is derived our ability to write, reason, store and transmit knowledge. Edward Sapir expresses the famous hypothesis in these words: Language is a guide to "social reality". Human beings do not live in the objective world alone, nor alone in the world of social activity, but very much at the mercy of the particular language which has become the medium of expression for their society. Some people misunderstand that language is only a tool of communication and they can adapt to different reality without using language. In reality, the fact is that the "our world" is to a large degree unconsciously established upon the language habits of the group. Ralph Fasold (2000) thought that not two languages are ever sufficiently similar to be considered as representing the same social reality. We see and hear and otherwise experience very largely as we do because the language habits of our community predispose certain choices of interpretation.

On the one hand, "language expresses and symbolizes cultural reality" (Kramsch, 2000: 3). Language provides us with a way to communicate with other members of their own culture or members from another culture. Different language reflects the different way of thinking and different attitude towards things. Language is a system of signs which reflect specific cultural value. Speakers identify themselves and others by using their own language; They look their language as symbol of their social identity. On the other hand, language is affected and confined by culture. People value specific things and do them in a certain way. The language they use reflects what they think and do. In other words, language is the symbolic representation of people's attitude toward particular historical and cultural backgrounds as well as their approach to life and their ways of living and thinking (Deng Yanchang and Liu Runqing, 1989: 3). Language and culture are inseparable. According to Kramsch (2000), when language is used in communication, language is bound up with culture in various and complex ways when it is used in communication. Language and culture interact with each other and the understanding of one requires the understanding of the other. The real understanding of language depends on the real understanding of culture. Euphemism as one form of language, its origin, motivation and growth are greatly influenced by culture since different cultures have different topics and notions. Euphemism, as a sociocultural phenomenon, is deeply bounded with the culture. Culture is the "know – how" that a person must possess to get through the task of daily living. Language is the vehicle of the culture of the people using that language and hence a manifestation of their mentality, national peculiarities, and accepted ways of behavior. Therefore, their cultural values may influence their expression of euphemism and ways of avoiding taboos. Besides euphemism changes along with the development of culture. In different culture period, people have different subjects to avoid and euphemize. The change of euphemism reveals the change of culture. Even in the same historical period or in the same cultureal background, the way people employ euphemisms and to what extent euphemisms are used vary from person to person, from situation to situation.

12.2.2 Study of Chinese and English euphemism from cultual aspects

English and Chinese speaking countries have their own culture and thus in their language, the euphemism phenomenon differs a lot, euphemism of English and Chinese both heavily rely on their own culture.

12.2.2.1 The Religious influences on English and Chinese Euphemisms

(1) Christianity influence on English Euphemism. According to J. S. Neaman (1990) et al., the subject of the earliest euphemism was undoubtedly religious. It is because the creation of euphemisms comes from avoiding religious taboos. However, we should bear in mind that different religious beliefs will lead to different language taboos. It is well known that there are many English euphemisms

concerning God. In English – speaking countries, most people are Christians and they believe in God and most families have the Bible. Christianity is so deeply rooted in western countries that nations such as America even make a rule that the president make the VOW with his hand on the Bible before taking office. Christians hold the opinion that God and Jesus are awesome and reverend. So people tend to avoid mention them directly. When the mention of God or something related to God is inevitable, lost of euphemistic words and expressions are created to replace them. There are many euphemistic expressions about it, such as "Gosh", "Golly", "the Supreme Being", "Holy One", "the Creator", "the Maker", "the Almighty", "the Savior", "Sovereign of the Universe", "Divine Being", "Most High", "President of the Immortals", and so on.

Apart from the euphemisms concerning God, there are also a large number of euphemistic expressions in other aspects related to Christianity and Bible. For example, "Death", as one of the typical taboo in every language, also has close connection with religion in English. Many euphemisms on death in English are from the Bible or Christian legends and allusions. Many of them are created according to the philosophy of Christianity and its religious interpretation of death. For example, in Christians' eyes, God created men with clay and men are created equal. When people die, they "return to the dust" regardless of whether they are rich or poor. That is the reason why the euphemistic expression "to return to dust/earth" is used to take place of "to die" in English. In Bible, Jesus Christ said that people were born with original sin, so when they die, they also "paid the debt of nature".

Besides, there are various euphemistic expressions about death, such as "to be called to God", "to go to Heaven/Paradise", "to be promoted to glory", "be with God", "to launch in to eternity", "the last judgment", "to be at peace" and so on. All these euphemism above are derived from Bible and Christianity which are widely accepted by western people, and becomes the important part of English language. The great influence of Christianity on English euphemism is not confined only to the expressions about death. For example, "to get somebody's goat" is also all euphemism from Christianity which means to annoy somebody very much. In the

Bible, Satan tested Job's layalty by setting fire to his goat. "In one's innocence" is used to refer to "naked" euphemistically since in the description of the Bible, before Adam and Eve eat the forbidden apples, they are innocent although they are naked and "a daughter of Eve" is used to refer to "prostitute", etc. Besides there are also various kinds of euphemistic expressions for devil, in English, such as "Adversary", "the Black one", "Old Boy", "the Tempter", "the old Gentleman in Black", "the Wicked one", "His Sable Majesty", etc. From what mentioned above, we get that in western countries at the every beginning the euphemisms are created and passed down due to the avoid taboos, especially religious taboos.

In a word, it can be made a conlusion that Christianity influences the English language undoubtedly, and English euphemisms are influenced and shaped by Christianity to a large extent.

(2) Feudal Class influence on Chinese Euphemism. In China, Chinese euphemism came into being in ancient time; the beginning of euphemisms is quite different from that of English - speaking countries. Unlike English people, most of Chinese people don't believe in Christianity in ancient times, instead they have many trends of thoughts, such as the influential Taoism, Buddhism, Confucianism, Islam, etc. What's more, in ancient times, Chinese euphemisms are more greatly influenced by feudal hierarchy system. It is well known that the Chinese feudal sovereign society lasts for a very long period, the influence of feudality on our lives falls into every aspect of our culture. And even the prosperity of Confucianism could find some reasons in the fact that most of the theories in the Confucianism are served for the feudal rule. Other trends of thought could be inherited since they are not in the way of feudal government. In China, all these thought form the belief of ancient even modem Chinese belief.

There are various religious euphemisms in Chinese. For instance, death is called "归西" "圆寂" and "坐化" in Buddhism and described as "仙逝" "物化" "羽化" "升仙" and "驾鹤西游" in Taoism (Bao Huinan, 2001: 179). Buddhism believes that the Buddhists would reach the state of "四大皆空" if his/her benefaction was satisfactory, then he/she would sitcross - legged to die calmly as if he/she were alive, which is called "坐化", then he/she would surely "登上莲界", this is the highest praise of Buddhism to "death" in Islamism, "死" is "归真" because they believe a person's soul would return to the nature after one died (Li Guonart, 2001: 219).

However, the impact of religion on Chinese culture is definitely not as great as the impact on English culture. The euphemisms in Chinese primarily originate from State taboo and family taboo. Many euphemisms were created because of feudal class taboo. In the feudal society, emperors were the sovereign saints, whose power is best owed by the Emperor of Heaven. So Chinese people were banned to speak the characters of kings' name and even the name of the dynasty. For instance, in the Han Dynasty, the name of "汉文帝" was "恒", so "恒山" was called "常山" then. When Liu Xiu, another emperor in the Han Dynasty, came into power, "秀才" was changed into "茂才". Wang Zhaojun was called "明君" or "明妃" in the Jin Dynasty in order to avoid mentioning the name of "晋文帝" Si Mazhao. In Qing Dynasty, there was a famous story about someone who was killed because of being thought offending the taboos of that society. A poet wilted an poem which went like this: "清风不识字，何故乱翻书。" Here, the word "清" as thought by the emperor as all indication of the Qing Dynasty. These kinds of words were tabooed in that period of time.

From the above discussion, it can be seen that the key ideas of feudal ethics are loyalty and filial piety. According to feudal ethics, ministers should be loyal to the emperor and children should show respect to their parents. The names of forefathers and the elders are also so holy that they cannot be mentioned directly. Even in modern society in China, when people give names to their children who are newly born, they usually try to avoid using the characters that appear in the names of the children's elder generations. However, in English - speaking countries, people prefer to be addressed by their given names and it is acceptable for younger generations to use the same names as the older generations. Morever, as we have mentioned above, in ancient Chinese, people were supposed to use different euphemistic expressions to refer to the death of people of different social status. For example,

"薨""驾崩" are terms only used for the death of emperor but must not be used to for ordinary people. Compared with Chinese, euphemistic expressions on death in English have no obvious class differences. Western people advocate that all men are created equal. "Popes, Kings, beggars and thieves alike must die" is an old proverb that was once very popular in the middle Ages in Europe. To westerners, "to die" is "to go the way of all flesh". The god of death is also personified as "the great leveler" and it treats everyone equally without discrimination. From what we have discussed above in previous parts, it can be concluded that the original euphemisms in English are highly influenced by their religious belief, that is, Christianity. However, the original euphemisms in China rely on the feudal class system.

12.2.2.2 The Cultural Value's influence of euphemism between English and Chinese

Cultural value influences euphemism greatly, according to Fasold (2000: 39), "The use of language in general is related to social and cultural values". Cultural value generally refers to the general normal values which spread all over the culture. Chinese and English belong to eastern cultural system and western cultural system respectively. It is well known that Chinese value the collectivism and the westerner value individualism. The great difference in the social value between eastern society and western society can be seen in the creation, change and development of euphemism in English and Chinese. In the following part, the author will make a contrastive analysis of several main types of euphemism in English and Chinese in detail. By doing this, a deep understanding of how English and Chinese euphemisms depend on the social values in English culture and Chinese culture will be achieved.

(1) Euphemisms about "Address Forms". The relationship between communicators is reflected by address terms which are closely related to social values. There are two mainly kinds of address terms: The address terms for family relationship and address terms in social interaction. Besides, address terms can be divided into self – addressing terms and other addressing terms. Chinese culture puts more emphasis on group work and harmony than western culture. Confucianism plays a

key role in Chinese culture. Chinese people lay much emphasis on family and social hierarchies. They advocate the order of superiors and inferiors, the old and young. As we have just mentioned briefly above, Chinese parents usually teach their children that they should show respect the elders when they address them. The younger generation must address the older generation by kinship terms to show their respect, such as "爷爷" "奶奶" "外公" "外婆" "伯伯" "姑姑" and "姨妈", etc. In social interaction, Chinese usually do not directly call the names of people who differ significantly either in age or social and occupational status with us. In order to show respect to others, Chinese people usually address them as "王老师" "赵局长" "李经理", etc. The direct mentioning of their names is often interpreted to be impolite in many situations. The titles used to call them are somewhat like euphemisms to substitute their names. In addition, the Chinese like to use humble words to call themselves or persons even things related to them and use reverent words to address others and persons or things related to others. For examples, "令公子" and "令嫒" are used to refer to hearer's own son and daughter, "犬子" is used to refer to the speaker's son. "内人" and "尊夫人" are used to refer to one's own wife and the hearer's wife respectively. People tend to use "拙见" to describe one's own opinion , while use "高见" to describe others' ideas. One's own house is "寒舍" and others' houses are "贵府" . These words are important forms of Chinese euphemism (B. Huinan, 2001: 183) . People use humble words to lower themselves and the same time use reverent expressions to raise others. By using these address forms, the speaker not only can satisfy others' face want but also can make himself appear to be polite at the same time. These soft words can make communication go on smoothly in a pleasant atmosphere.

Compared with Chinese people, western people value individuality and they do not have a strong sense of family hierarchy and social status. In English, although patterns like "Your Excellency", "Mr. President", "Doctor Smith", "Mr. White" are still in existence, they have been changing in the direction of an increasing use of surnames between people of a symmetrical age and status, especially in American English. It is common to hear young people address their seniors, employees address their bosses, students address their professors by using their first name. In most informal situations, people prefer to address each other by their given names in order to show intimacy and equality.

(2) Euphemisms bout money. Eastern and western cultural values are also reflected in euphemisms about money. Western countries are commercial societies. In western society, wealth means wisdom, power and social status while poverty is a shame. Although the society has been advocating equality and the civil fight, there is still enormous gap between the wealthy and the poor. John Ayto (1993: 286) points out, the shame of poverty makes it a natural target for euphemism in English. Neither individuals nor community are willing to admit that they are short of money and cannot provide for themselves, and a range of alternative strategies has been adopted to use the word "poor". Not only the poor themselves but also the society, the government and media make effort to avoid the mention of "poverty". English is abundant in its euphemisms for the word "poor", such as "badly off", "less well off", "indigent", "negative privileged" in an awkward financial situation, "during a depression" and "hard up for money". The poor are called "have not" or "men of modest means". These euphemisms are more pleasant to hear and easier for the poor to accept. However, there are comparatively less euphemisms for "Money" in English. However, in Chinese, there are only a few euphemisms for the word "poor" such as "拮据" "手头紧" "手头不便" and "囊中羞涩". The word "poor" is not so much tabooed in traditional Chinese culture as in western culture. After the foundation of the people's republic of China, the proletariat became the leader of the country. In a rather long period of time, people felt glorious because of being poor.

In traditional culture, people thought that man of great virtue should not deal with money. Thus, the word "money" was tabooed, especially among scholars. Those who deal with money and doing business were looked down upon. There are many euphemisms for the word "money", like "官板儿" "响洋" "阿堵物" "大团结" "工农兵" "黄货" "孔方兄" "袁大头", etc. In recent years, with the fast development of China's economy, the old belief of poverty has changed and poor become unexpected. The change of social belief aroused the creation of some euphemisims, such as "低收入者" "弱势群体", are created in accordance with the development of the social culture. Such kind of euphemisms for "money" is seldom used in English.

(3) Euphemisms for "old". In both English and Chinese, old age is a common topic. However, in different cultures, people's attitudes towards "old age" vary a lot. In western contries, old indicates to be blind - sided, preachy, to be stubborn and slow in thought and action, and thus to be useless to the society. The young represent the future while the old are the past. Old people are usually considered to be making no director valuable contribution to the society. They are often ignored and regarded as burdens to the society. People in western culture are afraid of being old and they want to look, feel and act young. People are sensitive to the word "old".

Thus the word is skillfully avoided in English. Just as Neaman and Silver (Neaman and Silver, 1983: 166) said, "No one in America, for example, is old. The elderly are seasoned, well - preserved, elder states men who are praised for being longer living". There are many euphemisms for the word "old" or "the old", such as "seasoned man", "well preserved", "advanced in age", "long - lived", "the longer living", and "senior citizens". The place where old people lived is called "young town" or "nursing homes". Westerners have negative feelings for the word "old". That is out of their individualism cultural value stemmed from Anglo - American society. In western society, they place importance on the individual rather than the family or work terms or other groups' work (Judith N. & Thomas K., 2000). Work is very meaningful and important to an individual's life. One can become rich, get promotion in social status, achieve success and win respect from others through hard work. What's more, the family system is loose, and most young people live separately and they do not have the sensibility of taking care of their parents, thus most old parents live lonely and painfully in western countries.

However, Chinese people take a positive attitude towards being old. In fact, there are few euphemisms concerning "old" in China. Old is not a taboo topic in Chinese, as we Chinese traditionally respect the old. Chinese people value family and group loyalty. With the feature of collectivist society, the family structure of China is close. We think that to be old means to be experienced, knowledgeable, mature and reliable, which is also reflected in Chinese idioms, such as "老当益壮" "老成持重" "老成练达" "老马识途" and "老将出马，一个顶俩". Chinese people often call old people "老先生" "您老", etc. in order to be deferential and the old people feel that they are respected. Besides, the character "老" is often used to show experience and seniority. We have expressions like "老师" "老板" "老总", etc. In Chinese. These terms have no specific implication of age and they just manifest the speaker's respect for the hearer.

From the attitude of western and Chinese people towards "old", we may find that euphemisms are greatly influenced by different cultural values.

(4) Euphemisms about career. There are many euphemisms for "career" in English. In western society, one's occupation is an indicator lamp of one's social and economic status. Those who are in menial and low – paid occupations are especially sensitive to their occupational status in the society. In order to give face and more respect to those people and satisfy the natural urge of self – aggrandizement of human beings, people have created many euphemisms so as to make their occupations sound better, more difficult, technical and responsible than they really are. An engineer is white – collar and respectable in western society. Thus a hairdresser is beautified as a "beautician". A mechanic becomes an "automobile engineer". A plumber is a "pipe engineer". A school principal is called "educational engineer". Besides, suffixes such as " – cian", or and " – (o) logist" are also used to elevate position. "Butcher" is replaced by "meat technologist", "poter" is replaced by "packing engineer", "agricultural science specialist" is used to refer to "farmer", "dustman" or "gabage collector" are replaced by "sanitary engineer", "saleman" are replaced by "manufacture's representative". Euphemisms like these cannot really change people's occupational status, but these euphemisms sound pleasant to the hearer and can give people mental comfort. Different English

euphemism of career can be seen from the following chart.

Table 12.1 Different English euphemisms

Different careers	Euphemistic expressions
Waiter/waitress	Dining – room attendants
Operators	Communication monitor
Dog catcher	Animal control warden
Sweat worker	Funeral service practitioner
Maid	Domestic help
Housewife	Domestic engineer
Landscape worker	Landscape architect
Butcher	Meat technologist
Secretary	Administrative assistant
Shoe maker	Shoe rebuilder
Garbage man	Sanitation engineer
Dishwasher	Utensil maintenance man
Washwoman	Clothing refresher
Saleman	Manufacturer's representative
Bus boy	Sanitarian
Hairdresser	Beautician, cosmetologist
Janitor	Security officer, maintenance
Ditcher	Excavation technician
Prostitute	Street girl

In China, before liberation, there were only a few euphemisms about "occupation" in Chinese like "酒博士" "酒店招待员" "阿姨保姆" "保姆女佣" "工友学校或机关里的勤杂工". After liberation, the idea that all occupations are equally important has been advocated, so it is not necessary to create occupational euphemisms. Some better – sounding expressions like "美食烹调师" for "厨师" "白衣天使" for "护士" "绿衣使者" for "邮递员" "蓝领" for "workers" and "发型设计师" for "理发师" have been used frequently in Chinese especially after the implementation of the reform and opening – up policy in China. But generally speaking, there are not so many occupational euphemisms in Chinese as in English.

In addition, unemployment is a common phenomenon in English and Chinese culture. The labor force in Britain is in constant flow, so British people often change their jobs frequently. It is a common phenomenon in English speaking countries that people are dismissed by one company and then to find a job in another one. So there are a lot of euphemisms for "unemployment", for example, "between jobs", "to be developing a new project", "to be in a consultancy", "to be self – employed", "to be on public assistance", etc.

There are not many euphemisms about "unemployment" in Chinese. This kind of euphemism usually becomes popular after it is adopted in the official document or by the news media. Before the 1970s, under the formal planned economic system, unemployment was called "待业" meaning to wait for the government's offer of a job opportunity. Today, under the new market economic system, "unemployment" is called "下岗", which indicates a great change in social value. People are no longer expected to wait for a job offer passively but are encouraged to strive for a new post actively on their own. Besides, phrases like "卷铺盖" and "炒鱿鱼" used to replace "unemployment" are also widely used by Chinses people.

(5) Euphemisms about Sex, Marriage and Pregnancy. Sex, marriage and pregnancy are common euphemistic topics for people in both Chinese and western societies. However, due to different cultural value, the expression of euphemisms for these topics differ a lot. As for sex, we have euphemisms with regard to sexual behavior exist in both English and Chinese. The Chinese use "房事" "男女之事" "夫妻生活" "那事" to express sexual intercourse. While English – speaking contries, people often employ the expression of "make love", "art of pleasure", "to go to bed with", "sleep together" etc. or even "have sex with" nowadays to refer to the sex behavior. Comparatively speaking, the western people talk about this topic more directly than that of Chinese people. People use euphemistic expressions since something related to sex is usually tabooed in a society. They do so partly because of the avoidance of the tabooed subject. Meanwhile, they do not want to make those people involved in such an affair embarrassed. They do not want to offend

them and at the same time. They make themselves seem to be polite and well-mannered by employing euphemistic expressions instead of sharp words like "adultery".

When it comes to marriage, we need to understand the collectivism and individualism between Chinese and English culture. In western countries, individual rights come first. Western culture values individualism, especially personal freedom. Some young people in western society believe that they may lose freedom after marriage. The family relationship in western countries is not as strong as that in China. Besides, the divorce rate in western countries is high. For these reasons, there are many euphemisms in English for "marriage", usually with a humorous tone and not as formal as Chinese ones. For instance, "are gotten hitched/yoked", "tie the knot" and "have been and done it" are all of this kind. On the contrary, unmarried people are called "unattached man/woman". Besides, "trial marriage" is used to refer to "cohabitation" in English. "Mistress" becomes "unmarried wife" and "bastard" is called "love child". Some young people think that divorce makes them free and independent again and they do not mind it very much. Divorce is not unusual to them. Divorce is called "break up" and "split up". Sometime they even make fun of divorce. They use euhemistic expressions like "matchruptcy" and "go to Reno", "Matchruptcy" is an imitation of the word "bankruptcy". "Reno" is a city of western Nevada near the California border. It is a famous resort that was once noted primarily as a divorce center because of its easy and quick divorce procedure.

However, in Chinese traditional culture, to marry someone means to have the happiest and most important day of one's life. Marriage is euphemized as "喜结良缘" "秦晋之好" and "喜结连理" in Chinese. Those who is still single after their suitable marriage age are called "大龄青年" "大龄剩女" euphemistically. Traditional Chinese culture lays great emphasis on family. Chinese people tend to value the steadiness of group, family, society and nation. Marriage is a matter of joy while divorce is dishonorable. Divorce is euphemized as "分手" "离了" etc. Speaking of pregnancy, western people would not prefer to mention pregnancy, since they consider more about their freedom and their job. As we know, in western countries, women are comparatively more independent and they have their own career for a long time. The pregnancy means the hinder of promotion or the interrupcy of their individual activities. Thus when comes to the topic of pregnancy, the westerners use "a blasted event", "accident", "awkward", " to be caught", "break one's ankle", "have a watermelon on the vine", "be expecting", etc. However, in the Chinese culture, there is all old saying "不孝有三，无后为大". To have a baby is a fortune for a family. And meanwhile, Chinese value the collectivism and family system, the baby ties the parents and the family together. Thus Chinese people are fond of this topic. Many euphemisms about pregnancy carry the happy mood. For example, "害喜" "有喜了" "进喜门" "怀喜" and "身喜" etc (Zhang Gonggui, 1996: 116 – 119). From this section, we find that people's attitude and employment of euphemistic expressions differ from culture to culture and their attitude changes with the development of the society and the culture.

(6) Euphemism for death. People from different cultures ususally use different euphemistic expressions to refer to some items which are out of their control, such as destiny, death, fortune, illness. Thus make the euphemistic expression widely used. As for death, in English, people think they are born and dead equally by the influence of religion. They use many euphemisms about deathe such as " go to heaven", "pass away", "be gone", "breathe one's last", "safe in the arms of Jesus", "go to a better land", "depart from the world forever" etc.

While in Chinese, people use "升天" "仙逝" "辞世" "长眠" "寿终" "与世长辞" "圆寂" "涅槃" "牺牲" etc. Chinese pepole use different euphemisms of death to different people who have different social status. As we can see from the following chart:

Table 12.2 Different euphemisms of death

Different people	Euphemisms of death
Emperor	驾崩，薨

Continued Table

Different people	Euphemisms of death
Beauty	香消玉殒，玉碎珠沉
Wife	断弦，失俪
Soldier	牺牲，捐躯，阵亡
Famous people	与世长辞，逝世
Relatives	离世，安息
Evil man	完蛋，一命呜呼，翘辫子

In English, there are comparative simple euphemistic expressions for death, but most of them are derived form religious influence, especially the influence from Christianity.

12.3 Pragmatic Similarity of English and Chinese Euphemism

In many pragmatic occasions, the creation and adopting of Chinese and English euphemism are derived from the same motivations, and that is also the basis of English and Chinese euphemism similarities in application. In the following part, the author will discuss the social motivations of English and Chinese euphemisms from three aspects.

Neamanetal (1990: 130) points out that there are two chief social psychological bases for the generation of euphemism, which are taboo and politeness. Taboo, as its name and origin indicates, refer to things or notions which are untouchable or are not allowed to mention. As a cultural phenomenon, euphemism is an effective way of avoiding taboo in both English and Chinese communications. Take the euphemisms for "death" for example.

When death was lord, he was feared and euphemized for all the same reasons other deities were. To name him was to invoke him. However, conversely, knowing his many names might render the name superior to him, hence the multiplicity of terms for any god or his powers. Today we take of euphemisms for death as mere manifestations of our unwillingness to deal with it, but anthropologically these names are vestiges of our struggle against an adversary – a battle in which the weapons were words.

(Neaman, 1990: 2 –3)

There are large number of euphemistic expressions for death both in English and in Chinese. In English, many euphemistic expressions, such as "to got to the heaven", "pass away", "kick the bucket" etc. are frequently used to replace death. Even in written works, we could find many euphemistic expressions to replace death. In Chinese, there are also many euphemisms for death. For example, "没了" "走了" "圆寂" "驾鹤西去" etc. Meanwhile, there are also many euphemistic expressions in Chinese works.

Moreover, people employ euphemistic expressions to refer to notions related to death. In English speaking countries even employ "memorial park", "funeral home" to replace "graveyard". And they use "box" to take place of "coffin".

12. 3. 1 Euphemismand indirect speech act

12. 3. 1. 1 The Speech Act Theory and Indirect Speech Act

Speech act theory is an important theory in the pragmatic study of language. It was originated with the British philosopher John Austin in the late 50's of the 20th century. According to speech act theory, we are performing actions when we are speaking. According to speech act theory, a speaker might be performing three acts simultaneously when speaking: Locutionary act, illocutionary act, and perlocutionary act.

(1) A locutionary act is the act of uttering words, phrases, clauses. It is the act of conveying literal meaning by means of syntax lexicon and phonology.

(2) An illocutionary act is the act of expressing the speaker's intention; it is the act performed in saying something.

(3) A perlocutionary act is the act performed by or resulting from saying

something; it is the consequence of, or the change brought about the utterance; it is the act performed by saying something.

American philosopher - linguist John Searle classified illocutionary acts into five general types. Each type has a common, general purpose.

Representatives: Stating or describing, saying what the speaker believes to be true.

eg: I have never seen the man before.

The earth is globe.

Directives: trying to get the hearer to do something.

eg: Open the window!

Would you like to go to the picnic with us?

Commissives: committing the speaker himself to some future course of action.

eg: I promise to come.

I will bring you the book tomorrow without fail.

Expressives: expressing feelings or attitude towards an existing state.

eg: I'm sorry for the mess I have made.

It's really kind of you to have thought of me.

Declarations: bringing about immediate changes by saying something.

eg: I now declare the meeting open.

I fire you.

All the acts that belong to the same category, share the same purpose or the same illocutionary point, but they differ in their strength or forth.

In 1975, the American philosopher Searl further develops the speech act theory, by proposing the concept of "indirect speech act". He suggests that indirects peech act is also a kind of illocutionary act. In other words, the speaker doesn't express directly what he wants to say but in another speech act which is usually direct. There exist such cases in which the speaker may utter a sentence and mean what he says and also mean another illocution, it is a different propositional content. For example, a speaker may utter the sentence "Can you reach the window?" and mean it not merely as a question but as a request to close the window. These we call indirect speech acts. Searle also introduces two new terms: The primary illocutionary act and the secondary illocutionary act. By performing these illocutionary act, he means the act of uttering a sentence the literal meaning of which is such that its literal utterance constitutes a performance of that illocutionary act; and the primary illocutionary act is performed by way of performing the secondary illocutionary act. For example, a speaker says "It is cold in the room" when the window is open, he conducts the secondary illocutionary act of posing the utterance that it is cold in the room and by doing so the primary illocutionary act of request the hearer to close the window.

12. 3. 1. 2 Euphemism and Indirect Speech Act

If an indirect speech act is performed when the speaker utter a sentence and means not only what he says but also something else, it is evident that the utterance has two meanings: Sentence meaning and utterance meaning. What's the reason for the speaker's performance of indirect speech act? The main reason for indirect speech act is politeness. Indirect speech act could transfer the speaker's intention by using words or expressions for that meaning. In our daily communication, lots of indirect speech act are euphemistic expressions, especially those fall into the category of indirect directives, the chief illocutionary act of which consists in the fact that the speaker tend to indicate the hearer to do something. There are also some non – conversational indirect speech acts which could also be classification in certain context. For example, "could you please call me later?" This sentence is used to show one's politeness to the hearer, so they are regarded as euphemisms. A euphemism is an indirect way to express one's real intention. It seems that euphemisms belong to the domain of indirect speech. It is a fact that euphemisms are generated according to the law of the indirect speech. In daily communication, both Chinese and English people are willing to show their politeness or to express their real intentions in a direct way and both Chinese and English language enjoys indirect speech act.

12. 3. 2 Social motivation

Although people from different cultural background have different euphemisms in different notions, Chinese people and English people share similar social motivations in adopting euphemism. Just as Neama net al's opinion in *Kind Words: Thesaurus of Euphemisms*: particular euphemism may be based on different culrual background and different history, its linguistic patterns underlying their formation are similar.

(1) Avoid vulgar topics. In every different societies, people tend to avoid sensitive and vulgar topics in their daily communication. That's for the purpose of making the communication smooth, and making people feel them gentle. Various euphemistic expressions are produced under such circumstance. Both in English - speaking world and China, people are not willing to express the need of excretion in public. They incline to employ euphuistic terms to express themselves in around about way. For example, "I have to answer the call of nature", "Excuse me for a moment" "I need to make up", in Chinese, we use "方便一下" "我出去一下" "解手" etc. Besides, as for the physical phenomenon of women, who are more conservative than men, they tend to use "I am having my periods", "I have a wet season" in English to convey the meaning. And for this topic, similarly we have "不方便" "倒霉" "大姨妈来了" etc. we don't want to offend others when we talk with others, instead we want to show our politeness in communication both in Chinese and in English. So when we have to touch some sensitive topics, such as diseases and disabilities, appearance, occupation, poverty, old age, social status etc., we will often adopt euphemism. For example, in China, people use "富态" or "丰满" to take place of "胖", and use "苗条" to take place of "骨瘦如柴" to describe a skinny person. There are similar expressions in English such as "plump", "chubby" and "heavy in weight" for the word "fat" and "delicate", "slim" and "slender" to take place of "skinny". With the development of the society, we inceasingly employ more rational and less magical attitudes towards taboo. On some conditions, breaking the rules is not so reasonable as it used to be. Mod-

ern taboos reflect our respect of others' feelings.

We use euphemistic expressions to state those sensitive topics so as to make them sound polite and acceptable because it is necessary to take others' feelings into consideration. Meanwhile, we want to protect our own face and avoid the risk of being considered to be impolite. When it comes to sexual relation outside marriage, Chinese people use euphemistic expressions like "有第三者" "婚外恋" and "有外遇", and there are euphemistic phrases in English such as "to work late at the office" and "to have an affair".

(2) Hiding Facts. To hide the facts means to hide the truth and facts and separate words from the facts or to prettify things that are not perfect in reality by using nice or neutral words. Euphemistic expressions of this kind are usually beautiful in expression but deceptive in nature. All these euphemisms can be noticed in many fileds such as politics, military, business and economy. Take "war", for example, war is a man – made disaster and is hated by the majority of people. Many invaders like to employ various euphemistic expressions in this field. For example, they use "co – prosperity sphere" to take place of "military area", use "Operation", "conflict" and "police action" to take place of "war"; use "defensive measure or close air support" to take place of "bombing raid", "strategic village" to take place of "concentration camp". In 1983, after the U. S. sentits military forces into Grenada, Reagan was irritated by there porters' frequent use of the word "invasion". He said that this was a rescue mission. In fact, it was Regan himself who had called it an invasion first. Euphemisms such as "air operation" and "ground operation" appeared in the Gulf. Politics is a piece of fertile land for the growth of euphemisms in English. George Orwell wrote in a famous essay ("*Politics and the English Language*", 1946) that political language is designed to make lies sound truthful and murder respectable, and to give an appearance of solidity to pure wind. This kind of Euphemism is beautifies language, reduces accuracy and often depart from the truth. It is because the hypocritical nature that make some people condemn euphemism as demoralizing.

In modern society, the condition of economy is the main concern of people all over the world. People wish economy becomes increasing prosperious, which is embodied in the language people use to beautify the economy. Companies seldom go "bankrupt", but are "restructured" . Similarly, In Chinese, we use "下岗" to replace "失业".

12. 3. 3 Euphemisms in communication

12. 3. 3. 1 Cooperative principle

H. P. Grice holds the opinion that our talk exchanges are generated for a common purpose or a set of purposes and in order to fulfill this or these purposes. And the participants in communication at least should mutually cooperate with each other. He suggests that in conversational interaction people work on the assumption that speakers and hearers comply with rules the Cooperative Principle defines in order to have a meaningful conversation. Grice distinguishes four categories: Quantity, Quality, Relation, and Manner, four terms borrowed from the German philosopher Echoing Kant and further subdivides them into certain more specific maxims and submaxims.

The Maxim of Quantity: ①Make your contribution as informative as is required (for the current purpose of the exchange) . ②Do not make your contribution more informative than is required.

The Maxim of Quality: ①Try to make your contribution one that is true. Do not say what you believe to be false. ②Do not say that for which you lack adequate evidence.

The maxim of Relation: be relevant.

The maxim of Manner: vanity from being hurt. It can embellish the conditions people have to face so that they will not feeling inferior or discouraged.

(1) Violation of Relation Maxim. Grice believes the relation maxim requires: In general, all utterance should be related to the context in which it is uttered, because that makes is difficult for the hearer to understand. In this situation, in the specific form in which it occurs, rather than maintaining silence or uttering something different. The following example may help us to understand the case:

A：你有没有觉得今天天气很好？

B：你这件衣服在哪里买的？

In the prvious conversation, B's answer is totally irrelevant to A's question. In fact, it might because that B do not want to talk about the weather but he or she neither wants to make A embarrassed without saying anything. He replies with another question which has no connection with the question, his reply violates the maxim of relation. With this question, B gives out an implicature that is "I don't want to talk about the weather, let's say something else", but his answer protect the face of A. Here is another example in English.

A：What do you think of my new coat?

B：I don't have a good tast, I'm afraid.

B's answer seems to be irrelevant to A's question, B intentionally violates the maxim of relation for A to say the implied meaning that B doesn't think A's new coat beautiful. In this way B minimizes his disagreement with A and observes Agreement Maxim of Politeness Principles.

(2) Violation of Quality Maxim. The quality maxim requires communicators to say what is real, especially don't state what you believe to be false and do not say about which you are not so sure. The violation of this maxim means saying that are not true and making irresponsible and insincere remarks by speakers. There are great amount examples of this kind both in English and Chinese euphemisms because the majority of English euphemisms either inflate and magnify or mitigate and moderate what things actually are in a clear way. Sometimes the speaker intentionally says something that is not true in order to cover the truth or appear to be polite. Sometimes, we use the word of "plain" to discribe someone, which means "neither pleasant nor unpleasant to look at". In this situation "plain" may be considered as the euphemistic expression of "ugly", which means "unpleasant to look at". Comparing it with the direct expression, we see that the euphemistic expression often cover the facts as the speaker wants to minimize dispraise of the hearer, so it comes from the intentional violation of Quality Maxim and the observation of Approbation Maxim. The following is another example in Chinese.

A：小张，周末有空吗？一起去吃饭吧？

Xiao Zhang, do you have any time on weekend? Have dinner together?

B：对不起，我周末有安排了。

Sorry, I have already made other plan for weekend.

In this conversation, B perhaps has no plan on the weekend. In this case, her answer violates the maxim of quality, for she offered untrue information. In A's place, he is expected to interpret the implied meaning from the conversation, that is I don't want to be out with you. Actually in Chinese, having made plans is always used as an euphemistic expression to turn down others. Euphemisms of this kind also violate the Quality Maxim and generally they are used in order not to hurt others' feelings. So it is important for the hearer to infer the real intentions of the speaker in different contexts. In other words, by violating Quality Maxim, euphemisms sometimes can be used to protect people's self – esteem, and sometimes avoid obscurity of expression.

It is supposed for communicators to obey the following maxims to converse in a maximally efficient, reasonable and cooperative way (Levinson, 1983: 102).

However, the speakers may not observe these maxims in communications, and their violation of these maxims would produce conversational implicature. Both Chinese and euphemisms, especially temporary euphemisms, are formed by the flout of the Cooperative Principle. A speaker use English or Chinese euphemisms to produce conversation implicature that hearers call figure out by violating some certain maxims.

(3) Violation of the Quantity Maxim. When a speaker offers more or less information than the situation requires for the purpose of generating an implicature, he usually flouts the maxim of Quantity. Many English and Chinese euphemisms violate the Quantity Maxim by offering less information than needed in order to make those unpleasant and less accepted notions sounds more polite and elegant.

For instance, in English we use "she is expecting" to express the idea that she is pregnant, actually, the whole sentence should be "she is expecting a baby". Because pregnant is to some extent the topic not preferred to mention directly in conversation, here an euphemistic expression is generated by the flout of quantity maxim. Another example is that in conversation we may euphemistically speak of an old deaf man as "The old man is hard of hearing" instead of directly pointing out "The old man is deaf", actually the former euphemistic expression means that the old man feels difficult in hearing, anyhow he is able to hear. However, the latter one means that the old man is unable to hear it.

After cooperation, we find that insufficient information about the old man's hearing is provided in the euphemistic expression for the sake of sympathy. Therefore, this euphemistic expression results from the intentional violation of Quantity Maxim of Cooperative Principle and observation of Sympathy Maxim of Politeness Priciple.

(4) Violation of Manner Maxim. The maxim of manner requires: where possible, the speaker's meaning should be presented in a clear, concise way that avoids ambiguity, and avoids misleading or confusing hearer through stylistic ineptitude. Rawson pointed out in his works that euphemisms can replace taboo topics or terms by mentioning one aspect of the subject, a circumstance involving it, a related subject, or even by saying what it is not.

The Maxims of politeness principle require people to minimize viewpoints harmful to others but beneficial to themselves, dispraise of others and praise of themselves, disagreement others with in opinion and opposition to others in feelings. When the participants observe these maxims, they can maintain their equal position and friendly relationship, which are indispensable to effective language communication. The politeness principle helps to maintain the friendly relationship between the speaker and the hearer in communication, and it shows respect for the speakers and the listeners. From the pragmatic perspective, to use language politely means to use language tactfully in order to reduce the hurt one's words or expressions may bring to the listener if one said them directly. So, from this point of view, the euphemisms in both English and Chinese are used to makes the listener feel that you are doing this to make them feel better and not offended. People use euphemisms in both languages adhere to the politeness principle.

12.3.3.2 Euphemism and the politeness principle

Politeness represents awareness of another person's public selfimage or the awareness of other's expectations that their public self - image will be respected. So people pay more and more attention to their image in communication. It is no exception to the communication. So, we can say, the center of politeness is the matter of face. Leech in his Principles of Pragmatics' put forward the Politeness Principle. In his proposal, he proposes six maxims and each maxim includes two sub - maxims. The Politeness Principle consists of the following conversational maxims:

Tact Maxim（得体准则）:

(a) Millimize cost to other;

(b) Maximize benefit to other.

Generosity Maxim（宽宏准则）:

(a) Minimize benefit to self;

(b) Maximize cost to self.

Approbation Maxim（赞誉准则）:

(a) Minimize disprais of other;

(b) Maximize praise of other.

Modesty Maxim（谦逊准则）:

(a) Millimize praise of self;

(b) Maximize disprais of self.

Agreement Maxim（一致准则）:

(a) Minimize disagreement between self and other;

(b) Maximize agreement between self and other.

Sympathy Maxim（同情准则）:

(a) Minimize antipathy between self and other;

(b) Maximize sympathy between self and other.

(Leech, 1983: 132)

(1) Adherence to Tact Maxim. This maxim means to minimize the expressions that may cause cost to others and maximize the benefit to others. The maxim is created from the listener's perspective. Euphemism violates the first three sub -

maxims of the Maxim of Manner since euphemism can be formed by using vague words and expressions. In Chinese and English, there are lots of such euphemisms; the purpose of using euphemisms is to achieve the mild, agreeable and round about effects. For example, "to silence somebody" means "to murder somebody" , "take somebody away" or "to go home" means "to die". People tend to use obscure words to replace those unpleasant ones. "Senior citizens" is used to replace "the old", "He lies" is usually referred to as "He has difficulty distinguishing between imaginary and factual infor – mation". Euphemism of this type is not brief at all. In some circumstances, the four maxims of Cooperative Principle may be violated at the same time. For example, death is the precise word to mean that creatures or plants stop living, but people for whatever reason avoid mentioning the term and take pains to substitute it, such as "depart from the world forever", "pass away", "breathe one's last", "go the way of all flesh", "pay one's debt to nature", "go to a better world", "be released", "走了" "安睡了" "去见马克思了" and so on, these expressions are indirect and ambiguous thus violates the maxim of manner, meanwhile they are lack of enough information and violate the maxim of quantity. In Chinese, people also tend to use the obscure terms, such as "化装间" for "厕所", "梅开二度" for "再婚", "挂了" for "不及格", etc.

(2) Adherence to Generosity Maxim. This maxim means to minimize the expressions which benefit oneself, which is made from the perspective of the speaker. There are many euphemistic expressions adhering to this maxim in Chinese and English, for instance, we often hear "Is there anything I can do for you?" instead of "Do you need any help?" The former expression makes the listeners feel pleasant and more comfortable because they are out of the speakers' initiative action and sacrifice the speaker's face, while the latter one sacrifices the listener's face, so it is less comfortable and pleasant as for the listener. Thus these former expressions are in accordance with the generosity maxim. Another example:

Teacher: What an excellent student you are!

Student: Thank you. That's because I have got an excellent teacher like you.

In this conversation, the student didn't reply to the praise directly, instead he attributed the success of his exam to his teachers, which minimized the benefit to himself and thus adhered to the generosity maxim. In Chinese, there are the same expressions too.

（3） Adherence to Approbation Maxim. According to Leech, this maxim means to minimize the expressions of be littling others. Praise words are always welcomed because everyone wants to be appreciated. We become pleasant when we are praised by others, but when we are dispraised, we feel frustrated. In both English and Chinese, there are many euphemisms adhering to the maxim of approbation by minimizing dispraise of the others and maximizing praise of others.

In western countries, nowadays it is likely to sign such as "Thank you for not smoking here" in nonsmoking public place rather than "smoking prohibited" or "smoking banned". The former expression here conforms to the tact maxim in that it minimizes the cost to the smokers, and thus it sounds more acceptable and shows respect to the smokers in the public place. The latter expression sounds like a kind of order to the listener, the smokers may get insulted by the impolite expression. In this case, the euphemism not only protects the non – smokers' benefit in the public place but also keeps the face of the smokers by adhering to the tact maxim. In Chinese, there are so many euphemisms like these, for example：很抱歉，那本书我要用，你明天晚饭前可以还我吗？

Here, the speaker expressed his/her purpose tactfully, that's, let the listener return the book borrowed from him/her. If the speaker expressed it directly. (i. e. return the book to me. I want it.) The effect may be quite different：the listener may feel unpleasant and that the speaker was impolite. The final result may be the speaker did something good but didn't leave a good impression because of his/her too direct expression though it was reasonable.

From the above examples, we could conclude that in many situations, if we express our request or purpose tactfully, the effect will be much better, for as we do so, the beneficiaries will be both ourselves and the listeners.

In the above comments, the professors expressions actually violate the cooperative principle, and the reason for the violation is that he doesn't want to hurt the feeling and the face of the student. He applied the roundabout and euphemistic words to imply his meaning and thus minimize the dispraise of the student, which adhere to the maxim of approbation. Besides, when a teacher comments on a student's studies and behavior in the present of the parents, they, on the one hand, should report the true facts, and on the other hand, they have to consider the student's psychological endurance and defend the parents face. Therefore, they have to use tactful expressions, for example: The student is a bit slow for his/herb-age. He/she has to devote himself/herself more diligently to his/her studies (Gao Enguang, 1999: 72). In Chinese, there are also many euphemistic expressions, for example:

A：我的裙子怎么样？

B1：怎么说呢，我觉得款式老了点儿。

B2：一点儿也不好看。

In this conversation, both B1 and B2 don't appreciate A's suit. However, A would have totally different feelings on the different answers of B1 and B2. B1expresses his opinion in around about way and left least dispraise of A's suit, thus shows his politeness to A and adheres to the maxim of approbation. Besides, Chinese people also turn to euphemistic ways to praise others. If someone is invited to have dinner to a family, after the dinner the guest would always say "The food is very delicious" no matter what his real taste is. In this way, he maximizes the praise of the hostess skill, which shows his appreciation and gratefulness to the hosts and sounds quite pleasant to the hosts.

(4) Adherence to Modesty Maxim. This maxim, as we have discussed before, means to minimize praise of self and to maximize the dispraise to self. It regulates from the perspective of the speaker. Chinese culture lauds modesty. We have lots of proverbs and idioms about that such as "谦虚使人进步，骄傲使人落后" "虚怀若谷" "劳谦虚己，则附之者众；骄慢倨傲，则去之者多", etc. Modesty is a virtue appreciated by Chinese people. In Chinese language, many euphemisms are created to show one's modesty by lowering one's self-position and dispraising oneself and thus to upgrade others' status, and to show one's politeness and respect

to others.

For example, in ancient China and even upper class today, a person may call himself "鄙人", one's wife "贱内" "拙荆", one's son "犬子", etc. A servant in ancient Chinese imperial palace may call himself for herself "奴才". These sorts of euphemistic words or phrases may sound against the politeness principle of forming euphemisms but actually they are healer – oriented. In modern times, modesty is still a good explanation of some euphemisms in conversations.

12.4 Euphemism and Pragmatic Failure in Intercultural Communication

Intercultural communication refers to communication between people from different cultures. Samovar (2000: 48) asserts, "Intercultural communication occurs when a member of one culture produces a message for consumption by a member of another culture". In fact, intercultural communication is communication between people whose cultural perceptions and symbol systems are distinct enough to alter the communication effect. When it comes to communicating with someone from a quite different cultural background, the chances of misunderstanding multiply and communication barriers are more likely to arise. This circumstance call be problematic because culture forges and shapes the individual communicator. How to understand euphemism of another language is a dynamic process of bridging cultural differences, which is also what a good intercultural communicator desires. Then communicative diffculties at least can be reduced, and at best nearly eliminated. The communication barrier is "the inability to understand what is meant by what is said" (Thomas, 1983: 91). In other words, the communication barrier refers to the fact the hearer fails to get the speaker's intended meaning. People in different cultures have different beliefs and value judgments, and such difference can be traced in the practice of euphemisms. The English word "bitch" has the connotation of "lechery", so "lady dog" and "girl dog" are used to refer to the "bitch" euphemistically. And "to go to the fourth" means "to go to the toilet" euphemistically. In Chinese "bitch" and "to go to the fourth" do not have such meaning respectively. The pragmatic failure in the use of English euphemisms in intercultural communication falls into two categories. Pragmatic – linguistic failure refers to inappropriate use of tabooed terms while socio – pragmatic failure denotes violation of tabooed subjects of conversation.

12. 4. 1 Inappropriate use of taboos

As have been discussed previously, terms on death, certain body parts and body functions, sex and so on are totally prohibited in English. It is no wonder that foreign language learners violate some language taboos unconsciously, which may cause confusion or in intercultural communication. For example, the Chinese tale (半夜鸡叫) once was translated as "The Crows at Mid – night", which may cause confusion among native English speakers. The word "cock" is tabooed in English meaning. The proper translation may be "The Rooster Crows at Mid – night". Another case in point is the misuse of the word "gay" in we have a gay party. "Gay" has become the property of the homosexual community, which is no longer primarily used as a synonymy for "happy" or "vivacious". A gay party is no longer a phrase used to describe a lively gathering but has the specific connotation of a social occasion for homosexuals. The meaning change call be of a great challenge in language learning, such as "occupy" (engage in sex), " coition" (having sex), "feces" (defecation) etc. in English and "小姐" (三陪, 妓女), "自慰" in Chinese.

English and Chinese differ considerably in tabooed subjects of talk. This is because the English – speaking people and Chinese people differ greatly in patterns of thought, which may bring about pragmatic divergences. In the English culture, independence and individualism are greatly encouraged. The English – speaking people place a high value on privacy. English has a saying, "A man's home is his castle", which means a man's home is sacred to him; no one should come in without permission. It is also the case that one treats his life and personal affairs.

One's age, fatness, religion, income, politics and family etc. are non - free topics. Therefore, the following questions should never be asked easily:

How old are you?

How much do you earm?

How much did you pay for that dress?

Are you married?

I heard you are divorced, what is the reason?

Do you believe in religion?

Which political party do you support?

People from different cultures are unaware of differences in cultural backgrounds, Value, orientation and social convention, which decide the speech acts and rules of communication. What is more, in intercultural communication, people usually take their native cultural norms and social conventions to be the criteria to interpret and value people in other cultures. This is called pragmatic transferring by some scholars. Wolfson (1983) points out, "In interacting with foreigners, native speakers tend to be rather tolerant of errors in pronunciation or syntax. In contrast, violations of rules of speaking are often interpreted as bad manners since the native speaker is unlikely to be aware of sociolinguistic relativity" (Chen Zhi'an et al., 2002: 269).

In a word, when engaged in intercultural communication, learners of English should and must do according to the Chinese saying "入国问禁，入境问津，入乡问俗".

12.4.2 Euphemism in Nonverbal Terms

Most of the preceding parts age concerned with verbal euphemism in linguistic cultural and communicative views. In the previous part, some of verbal euphemisms have been discussed. The study of nonverbal euphemism should be complementary to the study of verbal ones. As He Daokuan (1988: 164) proclaims, "Man is a speaking animal. Speech helps make humans human. So vocal language is our most important, efficient, powerful means of communication. Because of this, we are apt to overlook other means of human communication". Actually, in face – to – face communicative setting, the bulk of information is sent and received through two different forms: verbal and nonverbal. "Communication theorists believe that more than 70% of all information is sent through nonverbal means. Naturally the exact proportion of nonverbal communication in each culture varies" (He Daokuan, 1988: 158).

Nonverbal euphemism, composed of pictures, dresses, eye contacts, special signals, and gestures and so on, is as important and expressive as verbal one. Nonverbal euphemism call communicate some of information that is difficult to capture in words. Although the process of using our actions to communicate is universal, the meanings for those actions often shift from culture to culture. Euphemisms can be viewed in one way in a country and interpreted in an entirely different way in another. Formal training in the language, history, government, and customs of another nation is only the first step in a comprehensive program. Of equal importance is an introduction to the nonverbal language which exists in every country of the world and among the various groups within each country. Most Americans are only dimly aware of this silent language even though they use it every day.

Verbal euphemism often reveals basic cultural traits. The study of nonverbal euphemism call assist us in geting over our own ethnocentrism. For instance, if we realize that the meanings attached to smell are culturally based, We might not feel confused or less critical about the way someone smells. It is true that when one is a stranger to oneself, then one is estranged from others too. Hence, nonverbal euphemism becomes another element one must understand if one is going to interact with people from different cultures. We cannot afford to ignore our culture or the importance of nonverbal communication and its cultural differences.

12.5 Conclusion

We now live in a world in which we increasingly interact with people from different cultures. As a lubrication of communication, Euphemism assists people to build a positive communicative and attain successfully communicative goals. And these interactions will continue to grow in both frequency and intensity. Language and culture are closely related to each other. Euphemism is a common linguistic phenomenon in all cultures. It originates from language taboo, used by people to talk about tabooed subjects. As all indispensable and natural part of language, euphemism is a substitution of mild or vague or round about expressions for harsh or direct ones. Euphemism is all indirect expression in essence, the aim of conveying the intended meaning of the speaker. Generally, Euphemism is a communicative strategy. Euphemism is so deeply rooted in social and cultural background that people in different society, since different cultural background have different ways of expressing themselves euphemistically. Taking the cultural differences in to consideration, the author makes a contrastive study of English and Chinese euphemisms in this thesis from their cultural reliance and pragmatic similarity perspectives. The main findings are as follows:

Since euphemism is an indispensable part of language, and languages differ from culture to culture, the use of euphemisms in different cultures reflect the thought patterns of people using that language. Euphemisms highly rely on culture, the Chinese and English cultural differences are strongly reflected in their respective euphemisms. At the same time, despite of the cultural reliance of both English and Chinese euphemisms on their own cultural factors, they enjoy many similarities in pragmatics. Firstly, in communication, both Chinese and English euphemisms are of some same motivations, namely, to avoid traditional taboos, to avoid vulgarity and show politeness to others and to disguise the facts. Secondly, most of the euphemisms in Chinese and English enjoy the feature of indirectness; they all belong to indirect speech act in communication. To be more specific, in direct speech act which are created because of avoiding offending others and showing politeness are in essence a kind of pragmatic use of euphemisms. Thirdly, people in English and Chinese cultural background both use euphemisms in their communications by violating one or some of the maxims of Cooperative Principles, and the violating the Cooperative Principle is for the purpose of showing politeness to others and protecting the face of others, thus the euphemisms in English and Chinese communications observe the Politeness Principle and the Face Theory. In modern times, the whole world is developing into a global village. Cross – cultural communications are increasing as the international exchanges rise sharply. In cross – cultural communication, in order to avoid or minimize misunderstandings led by the ignorance of euphemisms of different cultures, arousing communicators' cross – cultural awareness is very important. By making a contrastive study on English and Chinese euphemisms, the author tries to find out the differences and similarities between the mind thus to gives some hints to the cross – cultural communications, suggesting we have more awareness of Chinese and English cultures in learning and employing euphemisms in the future.

A contrastive study in this field may enhance people's awareness and understanding of other cultures as well as their own, thereby facilitating communication among peoples of different nations, because different cultural backgrounds influence communication in subtle, profound and complex ways. In addition, through the contrastive analysis of euphemism in English and Chinese, we call learn about lots of similarities and peculiarities of the two languages, which is of considerable value and guidance to our foreign language learning and teaching, translation, dictionary compilation and so on. As educators, we are not immune to the use of deceptive or evasive language such euphemism. However, when we engage in such practice, we violate at least two qualities that should serve as foundations for our profession integrity and the ability to communicate accurately. Although euphemisms are often less offensive and distasteful than some more commonly used, terms, sometimes they become deceptive and evasive. Although language necessarily changes and evolves with the passing of time, perhaps we should attempt to slow down that process by being more selective and accurate in our choice of words, and refrain from speaking with forked tongue.

第 13 章　英汉告别语的对比研究

告别语是交际的双方在结束交流的过程中较为频繁地使用的特定礼貌用语。就告别语的使用场合而言，主要包括交际双方在公共场合偶然相遇交流结束后的告别语、电话沟通结束后的告别语、日常交谈结束后的告别语及拜访结束后的告别语等。比较而言，告别语在形式及种类上相对较为固定，会受到常规化或国际上的沟通交际规则的约束及限制。由于中西方在历史文化、风俗习惯及语言特色等方面的差异，英汉两大语言在告别语中也存在较大的区别。同时，由于交际场合的不同，也会使所选用的告别语有所差异，这一点是我们在交际用语环节中非常值得关注的问题。

13.1　英语告别语的内容和分类

告别语是交际结束后交流双方用于结束交际过程的礼貌用语。告别语既然是交际过程中使用到的较为频繁的语言类别，它的使用主体涉及两个甚至是两个以上的人员，其具体的使用过程涉及最后一个交际话题的结束、致告别辞、交际接触的终止。在日常对话中，告别语非常容易被听到，但在具体的日常交际过程中，并非是所有的交际对话都遵循相同的告别语使用模式，甚至在某些场合或非常相熟的交际双方中，告别语可被适当地简化甚至是免去。例如，相同文化背景的两个相熟的人，在匆忙的赶路途中相遇，很多时候仅是相互问好之后点头示意，然后各忙各的，不会再使用专门的告别语。交际沟通中的告别语的使用相对而言并没有固定的模式，这就要求语言研究者在进行告别语这类语言的研究中，要从常规化、大众化的告别语使用状况入手。下面举例说明常见的英汉告别语类别：

（1）直接的告别用语。直接的告别用语如下：Goodbye（再见）；See you next time（下次见）；See you soon（回头见）；等等。

（2）间接的告别用语。间接的告别用语如下：

I'd like to say goodbye to everyone（我要与大伙儿说声再见）；

I'm afraid I must be going now（恐怕我得走了）；

I think it's time for us to leave now（我想我该走了）；

I think I must be leaving now（我想我得走了）；

I mustn't waste too much of your time（我不能再占用您的时间了）；等等。

（3）带有祝愿或叮嘱等意义的告别用语。如下：

Have a good afternoon（祝下午好）；

Have a good weekend（祝周末好）；

All the best（祝万事如意）；

I'll look forward to hearing from you soon（期望早日收到你的消息）；

Let's hope we'll meet again（期望再次重逢）；

Take care of yourself, and don't forget to keep in touch（多保重，常联系）；等等。

13.2 跨文化交际中告别语差异造成的误解

在对外交往中经常听到的英语国家的人对告别语的误解有以下几个方面：

（1）认为中国人爱发表无法理解的声明。例如，客人向主人告别时常说“我走了”；在多人访问时要先行离开的客人喜欢说“我先走了”。有的人还将这两句话直译成英语“I'm leaving now”和“I'll go first”。让人感到无法理解。英语国家的人认为“我走了”只是一句声明，提供的只是一种信息，而且只可对其他客人讲，不能用以向主人告辞；“我先走了”也只是中国人的习惯说法，外国人会觉得不解。在英语国家的社会环境中，先行离开的客人只需向主人辞别，然后不声不响地离去，以免打扰到别的客人，别的客人何时离去与自己无关，所以也不存在“我先走了”这一声明的必要。如果先行离开的人大声向在座的其他客人宣布“诸位先坐，我先告辞了！”英语国家的客人则会因为受到打扰而觉得说话者很没有礼貌。

（2）认为中国人喜欢将告别的原因归咎于别人。例如，中国客人在告辞时会说“你忙你的，我就不多打扰了”“你累了就早点休息，我先告辞了”。这些告别的话给英语国家的人一种粗鲁的感觉。又如，中国主人对应邀来参加聚会的人说“你挺忙的，我们就不多耽误你的时间啦”，客人会以为被驱逐，认为这是非常没有礼貌的行为。

（3）认为中国人常以长者的口气对待别人。英语国家的许多人认为中国人爱以父母或监护人的口吻对待客人。例如，主人送别客人时常说“慢走”“路上小心点”，英语国家的人听后很生气，心想为什么需要慢走？你有什么资格要求我？你又不是我的长辈，为什么要用这种口气和我说话？

（4）认为中国人会突然结束交谈。中国人在与英语国家的人交往告别时，这一特点表现得尤为突出。一群中国人拜访一位英国人，常常是突然有人声明要走，然后马上所有的人都起身离开。对于这种情况，主人感到很不适应，甚至是惊讶，不知到底发生了什么事。通常英语国家的人会提前给主人一些解释，表明自己要离开的原因，例如，“I’m afraid it is late and I have to get up to work tomorrow morning. I am leaving now.”或者“I am going back home to do some work so I had better to leave soon”。

（5）认为中国人打电话有时不会说告别语。在电话交际时，有些中国人习惯不说“再见”。但英国人在和中国人电话交际时，如果碰到中国人结束谈话时不说“再见”，他们觉得对方对自己很没有礼貌，甚至觉得对方不尊重自己。因为，按英语国家的习惯，在电话交谈结束时一定需要说“Bye bye/Goodbye”。

13.3　英汉告别语的相似内容

立足于告别语的基础定义，告别语是一种重要的交际礼貌承载体及工具，无论何种语言类别下的告别语，在实质及功能上都是基本相同的。由于英语及汉语的语言种类、使用习惯、历史风俗等的差异，在两种语言的告别语中会存在某些不同，但同样是人类语言中的重要类别，在告别语的词料来源、不同场合及时间分类等方面会存在某些相似处，这也是告别语的英汉比较分析研究容易忽略的内容。具体来说，英汉告别语的相似点表现在如下几个方面：

（1）告别语语料来源相同。就语料来源而言，英语及汉语中的告别语都是在人类发展历史中逐步学习积累而来的。语料来源即人们获取信息的途径、信息的来源始发地等，英语及汉语中的告别语均是本类语言的重要组成部分，均是经由该类语言的教科书、语言教学、文化传播媒体、日常语言交流等多种方式得来的。

（2）告别语使用场合相同。就使用场合方面而言，告别语的使用是交际礼仪中的重要组成内容，而在不同的场合场景下正确地使用恰当得体的告别语是中西方交流文化中都非常重视的部分，在英语语言中普遍地存在着正式告别语言及非正式告别语言之分，如“Goodbye”要比“Bye”正式，而在汉语中也存在着书面告别语言及口头告别语言的划分，两大语言系别中语言的类别划分存在较多相似点。

（3）告别语使用时间的划分相同。就告别语使用时间的划分方面来说，告别语会因为使用时间的差异而发生某些变化，部分告别语是能够在任何一天或者是任何某天的任何时间段使用，如英语中的“Goodbye、See you”等，汉语中的“再见、再会”等，也就是我们常说的全时告别语；而某些告别语却需要与特定的某天、某天中的特定时间段相联系，如英语中的“Have a good evening”“Have a good night”汉语中的“晚安”等，该种告别语被称为实时告别语。告别语在英语及汉语中所存在的以上的诸多相似之处，为我们快速掌握、正确使用英语及汉语中的告别语提供了基础。

13.4 英汉告别语的差异

尽管英汉告别语在语料来源、使用场合和使用时间的划分上存在一些相似内容，在具体使用中，英汉告别语的差异还是十分显著的。笔者将由以下几个方面逐一举例说明。

（1）告别时的理由选择。英语国家的人结束谈话或拜访别人告别时所提出的理由总是由于自己的原因而不得不告别。例如，“I think I must be leaving now because I have some work to do tonight.”西方人的文化心理是，愿意与某人相聚或交谈是表示对其有兴趣，是对他的尊重；终止交谈或访问不是出于本人的意愿，而是因为其他的安排而不得已为之，因此总要提出不得不离开的理由，并表示歉意。人们为了找一个借口离去而不使主人难堪，常常不得不编造一个理由，这就是西方人人皆知的“white lie”。

中国人的文化心理则不同，中国人着眼的是对别人的关心。交际中与人相遇寒暄一阵之后，有时会说“你挺忙的，不耽误你了”。拜访人告别时会说“你还要早点休息，我就不多打扰了”“你挺忙的，我就告辞了”。英语国家的人对中国人这种交际礼俗误解的原因在于他们用英语文化的交际规则作出评判：明明是你自己要终止谈话或离去，却把原因归于对方，这就既说了谎话，又把自己的意志强加于人，因而不仅违背了“合作原则”，还会让人感到不被尊重。

（2）对当前交际的评价。英语国家的人道别时常常对双方交际做出评价，以表达自己与对方交际时愉快的心情。分手时人们通常会说“Nice seeing you”，“Glad to have met you”，“Sorry, I have to go. Nice talking with you”，“Goodbye, and thank you for coming”，等等。中国人道别时一般不对当前接触进行评价，注重的是相互表达关切之情。然而，因事求人或拜访受到热情款待之后，客人则会以感激的心情和谦虚的态度对当前的交际做出积极的评价。例如，“幸会幸会，咱们后会有期”“和您交谈让我受益匪浅，谢谢您的赐教”“您的指点让我很受启发，谢谢您的建议，以后常来常往”“谢谢您的盛情款待”，等等。

（3）邀请式告别语的表达。中西方都会用表达再次相会的期望方式来道别，而且都是不确定时间的邀请语，中西方都会说“有时间到我家来玩啊”“有空和我电话联系吧”“我们找时间再聚聚吧”。但中国人也会说一些时间较为具体的邀请式的道别语，如“天已经晚了，到我家喝杯茶吧”。中国人都知道这是一句临别时的客套话，一般不是正式的邀请，所以，客人都会礼貌地表示谢意，以“不了，以后再登门拜访”一类的话结束谈话。但英语国家的人就会把这样的告别语理解成真诚的邀请，并认为愉快地接受是礼貌的，所以，最后往往使交际双方陷于尴尬的境地。

（4）结束交谈的过程的差异。交谈的结束是一个缓慢而又复杂的过程，各种文化都不例外。在跨文化交际中，由于文化差异的影响结束交谈的过程就显得千差万别。这当中既有语言的障碍可能产生的误解，也有文化的差异所造成的冲突。从文化的角度看，误解往往发生在结束过程的形式区别上。中英两种语言交谈的结束过程都可分为三个阶段：寻找合适的终止谈话的机会、由客人提出需要告辞、客人最后离去。但是，三个阶段表现的形式有所不同。西方文化的前两阶段基本上停留在语言上；中国人在第二阶段体现在行动上：说出需要告辞时即起身，握手，向门口退去或走去。英语国家的人见客人已起身和握手，当然就感到告别匆忙发生了，因而也就不便挽留了。

（5）告别语中的道歉含义的差异。英汉告别语中都有道歉的形式，但其方式和含义是极不相同的。正如前文中所提及的文化心理差别，英文化的人在道别时常常表示为不得不告别而表达歉意。除了习惯于用编造“谎言”的办法制造告别的借口以外，道歉话是必不可少的，即使临时离开一下，也要说一句“Excuse me”（对不起）。汉语道别语中的道歉语的含义则不同，表达的是为打扰了别人或占用了别人的时间而深表内疚。所以中国人常常说“对不起，打扰了”“对不起，占用了您不少时间”，甚至还会说“对不起，浪费了您不少时间”。英语文化的人对这些话往往会产生一些误会，觉得是否是自己某方面的表现让人觉得误会，他们觉得自己的交谈并不是浪费时间，因此觉得自己没有得到尊重。他们不明白，中国人是出于对对方的关切，意思是，如果不是因为自己去找他，他完全可以安安心心地干自己的事，所花的时间完全可以用在自己的事情上。在这里，中国人的相互关切之情和西方化的个人自尊与自主不受干扰的心理直接发生了冲突。所以，西方文化的人很难理解应邀做客的中国人道歉形式的告别语。

（6）汉语招呼式的告别语的特殊含义。招呼式的告别语是汉语特有的一种告别语形式。客人在要离去时向主人打一下招呼，说“我走了”或“走了”，主人说“你走了？以后还来玩”表示的是客人没有不辞而别，主人也没有对客人的离开不理睬。这一形式的文化特点是表达中国人相互尊敬和彼此关切之情，采用这种方式告别时一般先以叫人为礼貌。例如，“王老师，我走了”“李叔叔，我走了”“你们先坐着，我先走了”，表示的都是尊敬；如果客人只说“走了”或“我走了”，主人回答说“好，那下次有空再来”，则表明主客双方之间的关切密切，因此这种方法一般用于熟悉的同事和亲朋好友之间，体现的是亲如一家之情。关系密切者之间结束交谈的招呼形式在电话用语中也很普遍，如“没事儿吧？那挂了啊”“没别的事儿吧？那就这样了。”“那好，就这样吧”。

13.5　英汉告别语差异的原因分析

以上部分分析总结了中西方告别语的差异，造成这些差异的原因与中西方文化密切关联。以中国文化为代表的东方文化，受儒家思想和佛教、道教文化的影响深远，可总体概括为：注重个人修养，注重道德力量，反对武力，注重与他人、自然的和谐相处及自给自足的内向型文化，追求精神的超脱，以“仁”和“孝”为文化的核心。而以英国和美国为代表的西方文化，可以追溯到欧洲文艺复兴，起源自由和权利，注重实践和探索，注重对自然的探索和求证，看重开放性的外向型文化，喜欢从物质层面去考量生命的本源。中国人看重情谊和人情，思考问题趋向于从整体、长远的角度去考虑，这样也会使一件原本简单的事情复杂化。汉文化以集体主义为特征，注重的是相互关心和自谦尊人，强调感情的沟通和彼此的关切。因此，在告别过程中突出的是关怀和敬重。而西方人可能相对想得比较简单些，处理问题讲究效率，有助于形成正直的社会风气。英语文化以个人为中心，注重独立自主和平等尊重，在告别过程中强调的是欣赏和祝愿。

13.6　如何避免告别语语用失误

仅从中西方告别语的对比就可看出汉英语言及其文化的差异，从而也说明在外语教学中对学生跨文化交际能力的培养是何其重要。外语教学本身是以培养学生外语语言能力和语言交际能力为根本目的的。

Samovar 与 Porter 对于提高跨文化交际能力有以下建议：认识自我（了解自身文化，了解自己的情感态度，了解自己的交际风格，自我观察）、考虑物理环境因素和人际环境因素（时间概念，物理环境，习俗）、掌握不同的信息系统（学习语言，认识语言和文化的关系，非言语交际系统）、培养移情能力、学习处理冲突（退避，和解，竞争，折衷，合作）以及遵守跨文化交际的道德规范。那么，如何提高学生的跨文化交际能力呢？笔者经过深入研究，提出三条建议，希望能给外语教育工作者和学习人员一些帮助。

（1）教师应培养跨文化交际的意识和能力。首先，外语教师应该具备较高的本土文化素养，即精通汉语及中国文化。其次，教师要熟悉甚至精通英语语言和文化。外语教师，无论是在本国从事外语教学，还是在海外教授汉语，都需要在深谙两种语言文化的基础上，具备很高的跨文化素质和能力，做到了解彼此的文化，尊重彼此的文化，从而给学生起到很好的示范作用，并引导学生做好文化的对比。

（2）教学中将语言文化知识与语用知识相结合。外语教师在向学生传授语言知识的同时，也应当把文化知识融入课堂教学。语言与文化的结合不仅会增加课堂教学的趣味性，而且有助于培养学生对西方文化的敏感性。外语教师将语言文化知识和语用知识结合起来，通过增强学生的跨文化交际意识，从而尽量减少语用失误。要做到这一点，教师必须力争做到语言教学与跨文化交际能力培养的完全统一。

（3）文化教学中应当注重英汉文化的对比与分析。在文化教学中，外语教师应该进行适当的英汉语言表达的对比。对比的教学会使学生对语言和文化的差异印象更为深刻。学生在对比中能更深刻地了解西方文化，更清晰地了解西方文化与本国文化之间的异同，因此就有助于避免语用失误，最终成功地实现跨文化交际。令学生明白西方文化相对于东方文化起步比较晚，由于历史渊源、风俗习惯、生存环境、宗教信仰等不同，导致了中西文化存在着巨大的差异，但东西文化的差异不能分高低卑劣，这是客观形成的，它们的存在必然促进人类文化的继续发展。在当今世界，任何民族和国家都不可能摆脱自己的传统文化。在外语教学中，教师在培养学生语言能力的同时还要培养他们在跨文化交际中的文化适应能力，尽量避免语用失误，并提高学生对中西文化异同的敏感性，进而提高学生的跨文化交际能力。

13.7　结　语

随着全球一体化的推进，各国之间的文化交流也日益频繁，探讨中西文化间的跨文化交际，将有力促进中西经济与文化交流，加强国家之间的联系，实现经济文化的共同发展。

本章对比英语和汉语在告别语方面的相同点包括：告别语的语料来源、使用场合和使用时间上的划分相同。由于文化差异带来的英汉告别语方面的基本差异表现在告别时的理由选择、告别的过程、招呼式的告别语、道歉式的告别语以及告别时对交际的评价方面存在差别。也可以概括为：英语强调的是欣赏和祝愿，汉语突出的是关切和敬重。在对比英汉告别语的过程中我们会清楚地发现英语文化的人强调的是独立自主和平等互尊；中国人注重的是卑己尊人和相互关切。告别语作为常规礼貌用语是建立、维护、协调社会关系的重要工具。

为了避免在跨文化交际中出现告别语语用失误，我们外语教师需要做到培养自己的跨文化交际素质和能力，在语言教学中将语言文化知识与语用知识相结合，同时要注重英汉文化的对比与分析。另外，为了促进不同语言和文化的人们互相理解和交流，对于告别语给跨文化交际带来的其他特殊问题，我们还需要进一步的深入调查和研究。

第 14 章　英汉礼貌语中的非语言成分

跨文化研究领域中，非语言交际及其在第二语言教学中的重要作用问题已经得到我国外语教学界的广泛关注。在第二语言教学界，已有不少语言学者讨论过有关语言与文化关系问题，他们的研究已经涉及非语言交际的作用。特别值得一提的是，北京语言学院出版社出版了四本有关非语言交际的著作，它们是法斯特著、孟小平译的《体态与交际》（1988），耿二岭的《体态语概说》（1988），马兰德罗等著、孟小平等译的《非语言交流》（1992）和布罗斯纳安著、毕继万译的《中国和英语国家非语言交际对比》（1991）。北京语言学院出版社在国内率先出版的有关非语言交际的这些著作，对我国非语言交际研究产生了深远的影响。

尽管我国外语界的一些学者在学术刊物上也陆续发表了一些有关非语言交际研究的文章，但国内的学者在非语言交际方面的研究还处在起步阶段，国外在这方面的研究已经有很大发展。目前，国内关于非语言研究的专著有《体态语概说》，但对中外非语言交际进行系统对比的研究并不多见。美国伊利诺伊州立大学副教授莱杰·利用对非语言交际进行了一系列较为深入的调查研究，出版了一本很有参考价值的著作《中国和英语国家非语言交际对比》，他在该书中列举了丰富的语料，对中英国家人民的非语言交际方式进行了生动的对比。更为难能可贵的是，另一名语言学者布罗斯纳安在对比中国和英语国家非语言交际行为和现象时，透过表层现象深入到深层价值观念的对比，牢牢抓住中西文化的聚拢性和离散性这一基本区别，认为这一区别是理解中西非语言交际的关键。布罗斯纳安的观点给中国的语言研究者提供了灵感，并激励了中国语言学者继续深入地对非语言交际进行研究和探索。

在非语言交际研究方面，中西之间的差距不仅在于已取得的成果上，还体现在这一研究并未引起我国学术界和外语教学界的足够重视方面。因此，我们现在迫切需要展开研究和讨论，在非语言交际的内涵和分类、非语言交际在跨文化交际中的作用、中西非语言交际的区别以及非语言交际研究与外语教学之间的关系等一系列重大问题上找到答案。

14.1 非语言交际的内涵和分类

西方学者提出的关于非语言交际的定义有很多。简而言之，非语言交际是除口头言语声音以外的所有交际行为（Ruesch K. & Kees，1956）。具体来说，非语言交际是在一定交际环境中言语因素以外的对输出者和接收者都具有信息价值的刺激因素，这些因素既可以是某人自己发出的行为，也可以是由其利用一定的环境而生成的手段。所以，人类交际包括两种：语言的和非语言的渠道。非语言交际指的是言语行为以外的所有交际行为。

有学者把非语言交际仅仅理解为体态语，这个观点并不全面。体态语只是非语言交际中一个重要组成部分，但并不能代表非语言交际的全部。既然非语言交际是除语言交际行为以外的其他所有交际行为和手段，其涵盖范围是非常广的。西方学者进行了多种多样的分类。例如，学者康登就将跨文化交际中已引起人们注意的非语言交际内容归纳出 24 种类型：手势、面部表情、姿势、服装和发式、行走姿势、体距、体触、眼色交流、建筑及室内设计、装饰用品（如胸针、手杖、珠宝首饰）、标示图、艺术和修饰形式（包括婚礼舞会和政治游行）、体形、气味、副语言、颜色象征、言语与动作的配合、口味嗜好、气温适应、化妆用品（如香粉、口红、文身）、各种信号（如鼓声、烟雾、工厂汽笛、警用警报器）、时间观念、语言行为中的时间调节和停顿、沉默。

从跨文化交际和我国外语教学的需要出发，我们借鉴西方学者比较一致的观点，可以将非语言交际大概地分成四类进行中外对比研究：

（1）体态语（body language）。包括基本姿态（姿势和身势）、基本礼节动作（如握手、亲吻和拥抱、微笑、体触、女士优先的礼节动作等）以及人体各部分动作（如头部动作、面部表情、眼色交流、臂部动作、手部动作、腿部动作等）所提供的交流信息。

（2）客体语言（object language）。包括皮肤的修饰、身体气味的掩饰、衣着和化妆、个人用品的交际作用、家具和车辆所提供的交际信息。

（3）环境语言（environmental language）。包括空间信息（如拥挤、近体距离、领地观念、空间取向、座位安排等）、时间信息、建筑设计与室内装饰、声音、灯光、颜色、标识等。

（4）副语言（paralanguage）。包括沉默和各种非语义声音。

14.2　非语言交际的作用

因为语言是最重要的交际工具，但不是唯一的交际工具，还有非语言交际行为和手段。许多人误以为，在跨文化交际中需要掌握的工具仅仅是外语，这一看法并不全面。尽管语言是交际工具之一，但不是唯一的交际方法。非语言交际是整个交际中不可缺少的组成部分。中国人常讲的“仪态、举止、谈吐”中前两者都属于非语言范畴。陈原先生认为人类进行交际活动最重要的工具当然是语言，但是交际工具绝不只是语言，还依靠许多非语言的符号。在交际中，一个人的仪态和举止所提供的信息量常常大大超过其语言的信息量。语言中也还含有大量的属于非语言行为的信号，如非语义声音、停顿、沉默、笑声和交谈中的话轮转换等。伯德惠斯特尔曾对同一文化的人在对话中的语言行为和非语言行为做了一个量的统计，认为语言交际最多只占整个交际行为中的 30% 左右。萨莫瓦认为在面对面的交际中，只有 35% 左右的社交信息内容是语言行为，其他都是通过非语言行为交际的。美国有的学者研究还表明，只有 7% 的言语交际行为反映交际态度，而声调和面部表情等非语言行为所传递的交际信息却多达 93%。对于西方学者所做的这些调查和统计数字，是否准确还有待进一步的调查和研究，但有一点是确信无疑的：人类的交际是语言行为和非语言行为的结合。

实际上，社会交际常常是语言与非语言这两种工具的结合。具体来说，对于非语言交际的作用及其与语言交际之间的关系可以得出这样的结论，一方面要看到交际包括语言交际和非语言交际两个方面。在交际中，脱离非语言交际行为（如体态语和副语言）与手段（如客体语言和环境语言）配合的孤立的语言行为往往难以达到有效的交际目的。另一方面，我们也要认识到，非语言交际行为和手段只能在一定的情景中才能表达明确的含义，而且一种非语言行为或手段只有与语言行为或其他非语言行为或手段相配合才能提供明确的信息。因此，脱离语言行为或其他的非语言行为或手段而孤立地理解或研究某一非语言行为或手段的含义往往是难以反映事实的。越来越多的文献资料都证明了这一论点的正确性：语言体系和体语体系都不能单独构成交际体系，只有两者相结合并与其他感官渠道相互配合才能建立完整的交际体系。

非语言和词语语言一样，要受到各种社会文化因素的影响。因此使用非语言成分要根据具体的交际环境、交际对象以及话题内容的不同而有所区别。非语言成分作为词语语言的辅助，有以下几方面的作用：

（1）强调的作用。这一类非语言成分是起到强调词语成分的作用，但并不是交际中必不可少的成分。例如，在老师提出问题以后，有的学生说“知道”并辅之点头，或者边举手边说“我会”，如果学生回答不正确，老师会边摇头边说“不对”，在这种情况下，即使没有非语言成分，词语成分也足以表达意思，但人们经常会有这样的本能反应，使话语更加生动、形象。

（2）代替的作用。在使用词语语言表达有困难的情况下，可以使用伴随性非语言成分代替语言表达。这种情况经常是交谈双方距离比较远时，听不清楚对方讲话，于是用伴随性语言成分作为替代物。例如，如果想向远处的一位朋友打招呼，可以招手、点头或微笑。这类伴随性语言成分的含义清晰易懂，人们经常自然地使用。

（3）辅助的作用。在某些交际场合，人们不愿或不方便用语言直接说出一些信息，就用伴随性非语言成分来表达。但是需要注意的是，这类伴随性语言使用起来需要特别谨慎。例如，对于中国人来说，我们也经常用食指靠近嘴边表示“请安静”，用睁大双眼表示吃惊。这种非语言表达只可以用于熟人或朋友之间，如果对陌生人及长辈使用这一类非语言成分的话，就会显得不尊重而没有礼貌。西方人如果想要表示“不行”“没办法”或者“不知道”等意义，常常用耸肩、摊开两手或者撇嘴。

14.3　非语言交际与礼貌

礼貌语中也存在非语言成分。语言为实现其交际功能，有一些具体的，并带有模式的系统，还有一些被排除在固定模式之外的语音及音义成分，这些附加成分不能纳入传统的音位及语义系统，它们经常伴随语言中的的词语成分出现在交际当中，这样的语言成分被有些语言学叫作“非语言成分”或者叫“伴随性语言成分”。

非语言成分可以作为语言的辅助工具帮助语言完成交际的使命，甚至有时可以部分地代替词语。一般来说，非语言成分可以被分成两类。一类是非词语成分，这种成分以声音为物质外壳。如人在一些情况下自然发出的声音，有哭声、笑声、叹息声、呻吟声。还有说话时的不同音质，也就是人的嗓音，如激动时声音颤抖，耳语时低声说话，生气时高声喊叫，说谎时结结巴巴。另一类是说话人的仪表与姿态，也就是通常所说的体态语。这一部分伴随性语言成分是特定的社会群体中约定俗成的表达手段，体态语有民族性。例如，在我国一些少数民族地区，女子出嫁时有“哭嫁”的风俗，用以表示离开父母的不舍以及对未来生活的担忧心理。后来，这种习俗就延续下来，逐渐成为了那个地区婚礼中不可缺少的一部分。在现代，出嫁的新娘子一般都是怀着一种十分喜悦的心情，但是要遵循“哭嫁”的习俗。与此不同，在西方的某些国家，如果亲人和朋友去世，大家心情十分悲痛，但是表面上还是要有说有笑，连葬礼上的客人们都要表现得十分高兴。这是由于他们的宗教信仰，认为人的死是上帝的安排，要遵守上帝的安排，不能表现出过度悲伤。从上面两个例子可以看出，哭和笑在不同的国家文化中都有着特定的意义，而有可能不是感情的真实流露。所以说，必须要了解特定社会群体中非语言成分的特定含义，才能正确地使用非语言成分。

对于非语言成分在礼貌语中的作用，这里举一个例子说明。有两个人甲和乙在一起谈话。乙的态度和语气都十分诚恳，而且在谈话当中看着甲的眼睛，经常对甲的话加以肯定或者回答。而甲的态度就显得有些不耐烦，甲不时地看向门外，回答得也是漫不经心，还总是低头看表。这时候我们都知道甲可能有事情要去办而不想继续这个谈话，或者是甲不喜欢和乙说话。但是甲的态度会被认为是不礼貌的，虽然他没有用语言说明，他的非语言表达已经显示出他的漫不经心。

因此，非语言成分对礼貌度有一些影响。人与人的身体接触包括握手、拥抱和亲吻等在不同的国家有不同的理解。例如，英美国家的人觉得公开场合的拥抱和亲吻是亲密的表现，而中国人对于异性之间这样的行为持反感的态度。人们对于这些身体接触在不同的国家有不同的态度，如果误用了也会造成语用失误或者礼貌缺失。因此，笔者认为有必要对英汉礼貌语当中的非语言成分进行进一步的对比分析。

14.4 英汉语言中独特的非语言成分

体态语是人类交际过程中使用的非言语交流方式，是交际过程中信息传递的主要途径。不同民族有着不同的体态语。特别是在汉语和英语这两大语种的使用过程中，非语言表达存在着很大的差异。现在对其进行归纳和比较。

14.4.1 英语当中的独特非语言成分

英语当中有些特有的非语言成分。例如，英国人常用一只手或同时两只手的中指和食指交叉，举在胸前，表示对对方的祝福。所以有“cross one's fingers”这一相应的短语。这一手势来自基督教用一只手“十”字的简化动作。

在表示对其他人的挑战及蔑视时，英国人经常做的一个动作是用大拇指顶着鼻尖，其他四指弯曲着一起动。为了表示对方在做错事，警告别人不要做某事的时候，可以竖起食指左右摇动，其他四个指头收拢。在表示强烈地反对某人的建议及设想时，把胳膊放在胸前，握紧拳头，拇指向下摆几次。

当人们有很大的思想负担，或者担心某事的时候，或者不知所措时，英国人经常会有顺指甲的动作，具体表现为一只手从上到下地摸另一只手的指甲。

在表示“我不知道”“没办法”“我也解决不了”等意义的时候，英美国家的人会有一个动作：耸肩。所有的体态语中，耸肩动作是最特别的，因此这个动作一般是英语国家所特有的，这一动作表现为耸肩并附加着皱眉、双肘弯曲、双手向外摊开等。在中国，这样的动作不常见，而且有时会被认为是不太礼貌的行为。

14.4.2　汉语当中的独特非语言成分

中国是礼仪之邦，这不仅体现在有声语言中，在非语言交际中也有一定的体现，这里所说的非语言就是人的举止、表情、声音等，也就是伴随性语言。有一些伴随性成分，是汉语中特有的非语言成分，英语中则没有。

（1）中国人特有的一个手势语是拱手——两手在胸前相抱表示恭敬。这是由中国古代作长揖的礼仪动作演变而来的。这一动作还可以表示“请多多关照”“多谢”“祝贺”“承让”等。

（2）在表示某人自己或者在表示什么物品归自己所有时，中国人喜欢用食指点几下自己的鼻子。在一次老师问“这次竞赛谁得到了第一名”，一个学生微笑着用手指点了几下自己的鼻子。西方人觉得这样的动作难以理解。另外，中国人在讲述机密事件或秘密的时候，经常会张开一只手掌遮住嘴，低声交谈，西方人对此有可能产生误会。

（3）中国人在递东西给别人的时候，经常用两只手一起，微微弯腰，头稍低下，以示尊敬对方。而接受东西的人，更要用两只手去接，有时还伴随着点头或鞠躬。例如，在餐桌上，如果别人为自己倒茶或者倒水时，中国人都要用两只手去捧杯子，以示感谢，或者张开一只手放在杯子旁边，以表示感谢。

（4）中国人在表示两个人是一对情侣时，有一个特殊的手势，就是用两只手的食指或大拇指竖起来慢慢地靠近或者靠在一起，这在戏曲表演中比较常见，表示相爱或美好的姻缘。英国人对此常常觉得不理解。

14.5　英汉两种礼貌语中非语言成分的差异

14.5.1　目光交流的差异

目光语的规则颇多，大多也因文化而异。英语国家的人比中国人目光交流的时间长而且更为频繁。他们要求人们在交谈中直视彼此的眼睛，认为这是为人真诚的表现，反之则被认为是轻视、不诚实、冷淡、漠不关心、虚伪的表现。所以英语中有这么一句“不要相信那些不敢直视你的人”。而在中国文化中，为了表示礼貌、避免直视对方，认为这是谦逊的表现。英语国家的人对此很难理解。但需要注意的是，盯视是任何人都不喜欢的行为。直视对方对美国人是礼貌的行为，而被盯视则是他们无法忍受的。因此，在与西方人交际时，应做到既避免盯视又不“忽视”，要注意把握目光语的分寸。

14.5.2 手势的差异

手势语是人类进化过程中最早使用的交际工具，在交际中的作用举足轻重，有时候手势语可以达到言语无法达到的效果。手势语内涵十分复杂，很多都具有明显的地域性和文化特征，但手部动作最多，甚至无法列举所有的手部动作及其规则。以下对比常见中英手势语的差异。

（1）中国人与西方人有一些手势相同，但表达的意思不同：

向上伸中指：在中国有些地方是表示胡说八道的意思，特别是四川等地用这一动作来表示对对方的侮辱；而在西方表示对人或事的愤怒或极度不满。

向上伸出小指：在中国表示微不足道、劣质、等级差或者蔑视；在美国，表示打赌或表示软弱的男子。

大拇指向下：在中国表示向下、下面；在西方表示对方输了，或者不同意，不能结束等意义。

（2）还有一些手势语表示的含义相似，但是动作有差异。西方人想要搭车的时候是站在公路旁边向上伸出拇指；表示祝别人好运或希望事情办得成功是把中指放在食指上面。而中国人想搭车是平伸出右手。

在西方，人们伸出两只手的食指，手心向下，用一个食指擦另一个食指的背面来表示“丢人”的意思。中国人在表示“丢人”的时候，会伸出食指，用指尖在自己脸上划几下，这种手势多用于熟人或是对孩子使用。

而在吃饭后表示“我已经吃饱了”这样的意义时，中国人是用一只手或两只手轻轻拍几下肚子；西方人是把一只手放在自己的脖子上，手心朝下，表示“已经到这儿了，吃不下去了”的意思。

在表示叫别人过来的时候，中国人是把手伸向被叫人，手心向下，几个手指同时弯曲几次。而英国人是把手伸向被叫人，手心向上，握拳用食指前后摆动。

14.5.3　身体姿势的差异

中国人与西方人的身体姿势语言的不同之处表现在许多方面。如坐姿，在一些非正式场合，西方人甚至爱将脚放在桌子上，是为了放松身体，同时也表现了他们崇尚自由不拘小节的性格，但是在许多中国人看来，这种坐姿非常不礼貌。中国人坐姿通常比较规矩，尤其是在长辈面前或老师面前必须端正坐姿。中国人坐姿十分端正，这是受到古代“站如松，坐如钟”思想的影响，特别是在正式场合，人们一般都坐姿端正，以表示良好的个人修养及对其他人的尊敬。在西方，人们的坐姿通常显得比较随意。英语国家的教师在上课时经常在教室里来回走动，有的西方教师甚至坐在桌子上讲课。这在中国人看来是非常不礼貌的。而中国的老师，除了在教室和学生进行近距离交流以外，大部分时间是站在讲台的中心位置，举止端正庄重。

14.5.4　沉默的差异

不同的文化背景中人们对沉默的态度和对沉默的理解都存在着很大的差异。在中西方文化中，沉默被赋予了完全不同的意义。中国人认为沉默是难能可贵的，可以用沉默来表示冷静、成熟、默许、保留、思考、慎重、谦让、绅士等。而对西方人来说，沉默常常包含消极的态度不被人们欢迎，沉默的含义是忧愁、批评、不感兴趣、尴尬、轻视。总的说来，西方人对沉默持消极态度，而中国人对于沉默给予了更多积极的意义。所以，很多在中国教学的外教不习惯中国学生在课堂上的沉默，认为那反映了学生对他们的课不感兴趣，是对老师的不尊重。西方人在交谈时最忌讳沉默不语，通常会鼓励或引导对方参与谈话，以免陷入尴尬的境地。由此可见，沉默是非语言交际中的一个重要部分，它反馈的信息对不同文化的接收者意味不同。因此，在跨文化交际中如果不能对其进行文化的理解就很容易引起误解和冲突。

14.5.5　身体接触的差异

在交际的过程中，有时会有一定的身体接触。比较常见的身体接触包括三种：握手、拥抱以及亲吻。对于这种在公共场合的身体接触，中国人的态度一般比较宽容。英语国家的人，对于身体接触的态度相对谨慎。一方面，他们一般只对亲密的朋友及家人才有身体接触，对于陌生人要保持一定的距离。即使在公共场合有很多人的时候，有意无意地拥挤和碰撞也会使他们感到不安，因为他们不愿意与陌生人有过多的身体接触。但是另一方面，西方人认为异性之间在公共场合拥抱及亲吻是很平常的事，男性亲吻女性的手背及脸颊表示亲密。中国人却会觉得不好意思，觉得这样的行为有失体面。由此可见，中国人和西方人对于身体接触的态度有很大的差异。

在中西握手礼节上也有一定的差异，这种握手形式的差异反映出两种文化的“握手”的价值观念的不同。中国人虽然在亲人和常见的密友之间也不习惯握手，但是，握手应用的范围广泛得多，既可用于正式或拘谨的交际场合，也可用以表示热情友好的态度。在西方人看来，握手与个人喜好无关，而是有点小心谨慎，双方保持一定距离，所表达的是愿意消除敌对情绪，并希望能做出进一步努力促成相互亲近而不是彼此仇恨。所以，如果关系变得亲热起来，告别时则一般不握手，因为握手倒显得双方关系没有进一步发展。如果相互关系仍然疏远不密，仍然拘泥于形式，见面和分手时握手都是不可少的。

对于具体的握手动作，西方英语国家礼节性的握手是：两人以手相握，然后马上松开，两人的距离也随即拉开。中国人的礼节动作有时则是：交际双方先握一下手，然后逐渐靠近，两人的手仍不松开或者保持一段时间。对此，西方英语国家的人往往感到非常窘迫。他们认为身体距离太近会显得过于亲密，抓住别人的手不放更是无从理解，因此一般视为禁忌。所以，当遇到这种情况时，他们就只好后退，反复握个不止，耐心等待对方松开。在西方英语国家，双方长时间握住手不放纯属政客们和合作者们为了照相而摆出的姿势，同性人手拉手是同性恋的表现。

中国人为了表示态度热情和尊敬对方，往往握手时有一定力度，或右手紧握，左手拍打对方的肩或臂，好朋友久别重逢之时就常有这类动作，甚至还会搂着别人的脖子。与长者或贵宾相遇，对方伸出手时，也以快步趋前，用双手握住他们的手为礼貌。领导者接见久别重逢的老朋友也常有这一热情友好的礼节。然而，西方人往往将此种形式的握手斥为虚伪的政客式握手，认为这是一种过于亲密的握手动作，认为这一动作并非正常需要，因而也就觉得对方表现得虚伪不真。

14.6　非语言交际研究与外语教学

非语言交际是跨文化交际的重要组成部分，因此我们需要清楚认识和正确处理非语言交际研究与外语教学之间的关系。首先要正确认识非语言交际在外语教学中的作用，实行全方位的外语教学。另外，还需要正确掌握非语言交际规约的文化差异。

非语言交际是外语教学必不可少的一部分。外语教学的目的是培养学生的跨文化交际能力。这一能力不仅包括语言交际能力，还应包括非语言交际能力，而且需要将语言交际能力和非语言交际能力相结合。因此，外语教学不仅要教授语言，还应培养学生的非语言交际能力。否则，这种教学只能是不完全的外语教学，学生学到的也只能是停留在理论上的交际能力而非实践能力。当然，外语教师不仅需要注意语言表达得体，非语言交际也要符合外语文化的交际规则。我们目前的外语教材现在很注意学生语言交际技能的训练，一般也都按不同主题编写课文，但往往忽略了非语言交际的规则。可是，在实际交际中，人们不仅使用的是语言本身，还有非语言的交际。在语言教学中，教师和学生都必须关注这个问题。

再者，外语教师要熟悉校园非语言交际规约的文化差异。例如，校园非语言交际规约主要指教师的仪态举止、课堂上的非语言交际行为和课外师生之间非语言交际关系。对于对外汉语教师来说，首先要十分了解好把握中国文化的非语言交际规则，严格要求自己，也要理解外国留学生的非语言交际行为的规则，避免文化冲突，并且有目的地向留学生介绍中国人的非语言交际行为习惯和规则。

非语言交际对教师至关重要，教师的非语言行为关系到学生对学习的态度。研究表明，教师如果学会了如何运用非语言交际手段去提高教学效果，师生之间的关系就会得到改善。学生往往通过对教师的非语言交际行为的分析去辨别教师对师生关系的看法。对一名第二语言教师来说，还必须清楚了解和正确处理课堂上教师的非语言交际行为可能引起的文化冲突。这样，才能在言传身教中令学生争取了解和掌握非语言交际的技能，促进学生实际的跨文化交际能力的培养。

14.7 结 语

非语言交际行为在跨文化交际中具有不可替代的作用，对其进行跨文化对比的研究是非常必要的。通过对比研究，可以揭示中西方文化非语言交际行为的异同，提高人们对文化差异的敏感性。这样我们在跨文化交际中才能进行换位思考，知己知彼，顺利、成功地进行交际。

本章对中英跨文化非语言交际进行了对比研究，并探讨了非语言交际与外语教学之间的关系。笔者认为，非语言交际研究的必要性已逐步为越来越多的人所认识。非语言交际的具体内容，中西方文化非语言交际行为的差别和冲突表现以及非语言交际与外语教学之间的关系则还有待于进一步研究和深入探讨。至于如何将非语言交际的学习纳入外语教材和第二语言课堂教学之中就需要长时间的探索和实践了。不过，我们认为，积极开展跨文化非语言交际研究和探索这一研究与外语教学之间的关系是刻不容缓的。

第 15 章　礼貌语语用失误

礼貌语的使用是人类交往中不可缺少的一部分。礼貌语作为一种普遍现象，存在于所有的语言和文化中，已成为语言研究的重要领域。随着现代语言学的发展，更是从多方位、跨学科的角度对礼貌语进行了研究。礼貌语对协调和保持人际关系具有重要意义，是日常交际的重要组成部分。礼貌语与民族文化有密切关系，不了解目的语国家的礼貌语使用方式及其背后的民族文化，容易产生语用失误，造成跨文化交际的失败。

在过去 30 年里，礼貌成为语言使用研究的一个热点。国内外许多学者对礼貌现象作了较深入的研究。在前面几章我们对比礼貌语不同形式的中英差异中，都对礼貌语的使用原则和相关理论做了详细的论述。如对 Brown 和 Levison（1987）的礼貌、“面子”问题进行了系统的探讨，揭示了礼貌用语中的普遍现象。利奇（1983）在研究礼貌现象基础上效法 Grice 的合作原则，提出了礼貌原则（Politeness Principle，PP），利奇的 PP 理论包含有六项准则：得体准则、慷慨准则、赞誉准则、谦逊准则、一致准则和同情准则。顾曰国（1990）曾提出汉语文化中的四个礼貌特征：尊重、谦逊、友好和文雅。之后，他（1992）又提出了五条具有中国特色的礼貌准则：贬己尊人准则，称呼准则，文雅准则，求同准则，德、言、行准则。

国内学者对语用失误分别进行了定量和定性的研究，分别从不同角度探讨过语用失误产生的原因。众多学者研究了语言行为或非语言行为方面的语言失误及其成因，他们的研究具有非常重要的理论和实践的价值。他们对语用失误成因的分析有很多，但是目前关于语用失误原因的分析仅限于文化方面，很多学者只是对语用失误原因进行了语言上的分析。

由于中国近年来的发展迅速，对外开放的不断加深，跨文化交际在广度和深度上都有长足的进展。第二语言教学事业也逐渐地蓬勃发展起来，但具体跨文化交际中各种类型的语用失误却屡见不鲜。因此，礼貌语作为我们语言教学的重点，从事英语教学和对外汉语教学事业者都需要针对出现的跨文化交际的礼貌语语用失误进行调查、分析、研究，以期提高学习者的交际能力。本章将在前章研究的基础上探讨跨文化交际中礼貌语的语用失误的表现，并且据此分析了在外语教学和对外汉语教学中如何避免礼貌语语用失误。

15.1 礼貌语的语用失误

语用失误（pragmatic failure）是20世纪80年代初由英国语言学家Jenny Thomas提出的，其含义是“不能理解所说的话的含义”（the inability to understand what is meant by what is said）。此外，Thomas还把语用失误分为两类：语言语用失误（pragmalinguistic failure）和社交语用失误（sociopragmatic failure）。就英语来说，语言语用失误是指所使用的话语不符合英语本族人的语言习惯，误用了英语的其他表达方式；或者不懂得英语的正确表达方式，而按母语的习惯去交际。社交语用失误是指在跨文化交际中因不了解英汉文化的背景差异，导致语言选择上的失误。正如胡文仲所提到的，在跨文化交际中，人们总是习惯于用自己的说话方式来解释对方的话语，这就可能对对方的话语做出不准确的推论，以致产生误解和曲解，从而影响了交际的进行。换言之，文化的差异才是交际中障碍产生的根本原因。

（1）语言语用失误。使用语言时，人们总会结合语境，恰当地构建语言，力求准确表达言语的用意。但是在跨文化交际的时候，人们往往在使用其他语言时忽略了语言所具有的表达习惯，而使用了不恰当的表达方式，或者根据自己的母语或是自己的意会去选择或生成一定的言语，从而出现不得体甚至错误的表达方式。如以前经常说的“好好学习，天天向上”，很多中国人翻译为“good good study ，day day up ”，实际上英文应当翻译成“work hard and improve daily”。显然这是一种错误的语用形式，是语言语用失误的一种。在跨文化交际过程中，因为交流有说话者和听话者，因此，出现语言语用失误的情况有两种。第一种是说话人在表达自己意思的时候，使用不恰当的表达方式或语用词汇，言语产生歧义，使听话人无法正确理解说话人要表达的意思。第二种是由于语言规则和习惯等因素，使听话人误解了说话人要表达的意思，从而做出错误的语用推断。

（2）社交语用失误。社交语用失误是指跨文化交际中因不了解双方的社交规约、礼仪准则或风俗习惯等文化差异，导致语言形式选择上的不恰当。它与双方的身份、地位、话题等有关。引起社交语用失误的原因，主要是跨文化交际过程中双方对彼此的文化不够了解或者忽略了文化差异而产生的社交语用失误。虽然语言学习者已经系统地学习了第二语言的词汇和语法知识，但对其文化背景却缺乏了解，在跨文化交际中，直接沿用自己母语的礼貌规范和社交准则。这样，用在目标语的交流上，必然形成语用失误。另外，社交语用失误还表现在话语的语气程度上，因为缺乏对文化差异的了解，人们在交流时就无法选择适当的言语，这类失误也出现在生活中各个方面的礼貌语表达上，如问候和告别的方式、面对恭维的回答、道歉及其应答等。

15.2　礼貌语语用失误的表现

在跨文化交际中，不同的礼貌语有不同的语用失误表现，本章主要讨论以下几个方面：

（1）祝贺语方面的表现。祝贺语是各社会共有的语言，世界各民族都有其独特的表达祝贺的方式，各有各的特点。当人们受到祝贺时，汉语中常常用“哪里哪里”“过奖过奖”“惭愧惭愧”而应答，表示被夸奖人的谦虚。但如果在英语交际中用“You flatter me.”“I feel ashamed.”等作答就非常不得体。在跨文化交际中经常会出现这样的语用失误，因为中国文化中的礼貌是建立在等级差异基础上的，其核心是“自卑而尊人”。“自卑”即涉及与自己有关的事，说话人应表现得较为谦逊，甚至卑微，而提及与对方有关的事情时则要尽力抬高对方，表示对对方的尊敬。而西方人恰好相反，他们信奉个人主义至上文化，在他们眼中“人生来就是平等的”，并无年龄和贵贱之别。社会地位的差异是相对的，可以通过个人努力来改善。当英语民族人受到夸奖或祝贺时，总会“迎合”对方，流露出高兴的神情，听话人总是千方百计维护说话人的面子，迎合其心意和取悦其语言，回应一声“Thank you.”

表示接受。

(2) 称呼语方面的表现。当人们交流的时候，首先必然会称呼对方，称呼不仅表明交际的开始，也表明交际双方的关系，因此恰当的称谓语是良好交际的开始。每一种语言都有自己的称谓规则，这种规则反映了人们的社会地位、年龄、关系等情况。

在中国，亲属称谓在我们的称谓语中有着非常重要的作用。中国是一个等级结构严密的国家，每一个人在这个系统中都有自己独有的称谓，这些称谓体现了中国“上下有义，长幼有序”的传统观念。我们对父亲和母亲的父母有不同的称谓，分别为“爷爷”“奶奶”“外公”“外婆”，对父亲的姐妹和兄弟称呼为“姑妈”“姑姑”“大伯”“叔叔”，对母亲的姐妹和兄弟则称呼为“姨妈”“小姨”“舅舅”。但在西方国家中，对父亲和母亲的父母都称呼为“grandpa”“grandma”。中国血缘关系的称谓语还有一定的广泛性，除了可以称呼亲近的家庭成员，还可以称谓非血缘关系的社会成员，以表示对对方的尊重，如“老兄”“大哥”“大姐”“老伯”等。这种称谓还多用于一些固定的敬称，如“雷锋叔叔、警察叔叔”等。但在欧美国家中，则没有这种称谓的习惯和观念，他们更多地使用“Mr.”“Mrs.”“Miss”等称谓语。在欧美国家中，人们遵循一种平等原则，因此可以直呼人们的名字，这是适用于所有人的，不限制年龄和社会地位，我们经常听到孩子称呼他们父母的名字。

在本书称呼语研究的章节，我们提到了中英在“老”一词态度上的差异。西方人不喜欢被称呼为“老人”，英语中就忌讳“old”一词，常借用其他的词来委婉地表示“老年”这一概念。如 home for adults（养老院），an adult community（老人区），senior citizens（资深公民），elder hostel（老人团）等等。而中国文化提倡尊重老人的传统美德，老人们不惧老、社会也不忌讳，人们反而爱用“老”表示尊敬与爱戴，如“刘老”“老先生”等。在许多情况下“老”字常常委婉地表示资深历练、有威望的意思。对上年纪的人和老一辈人为表示敬仰，用“姓氏+老”或“老+姓氏”称呼，如黄老、赵老、徐老、老张、老李、老王这些词是对老人的尊称，显得亲切、文雅有礼。

(3) 招呼和告别语方面的表现。招呼和告别语是交际的重要方面，不得当的招呼和告别方式常常会导致困惑甚至反感。中国人传统打招呼的问候语是“吃了吗?”“到哪儿去?”这只是打招呼，并没有实际意义。若与初到中国的西方人相遇时说“Have you had your dinner?”“Where are you going?”他们会感到困惑，“为什么总问我吃没吃饭？难道是要请我共餐?”“为什么要问我去哪里？这是我的隐私”。其实，合适的问候语应该是“Good morning，Good afternoon，Hello”等。可见，中国人的礼貌并未被西方人正确理解。这种理解差异就是招呼语当中常见的语用失误。

同样，告别语是谈话的结束部分，其功能是近一步巩固双方的关系。中国人喜欢说“再坐一会儿吧”“您慢走”“以后多穿点衣服”等，表示关心。这些在英语中也不适用，如果使用 Stay for more time，Go slowly 就会造成告别语的语用失误，使西方人感到迷惑，“希望我走还是不希望我走呢？我为什么要慢走呢”。实际上，英语中道别时应当简单地说“Goodbye！/Drop in again！/ Thank you for coming！”等。

（4）请求语方面的表现。中国人和西方国家的人在发出请求时，中国人传统思想或社会地位的影响较重，发出请求时有许多的文化规约和社会规约。而西方国家的人们则认为人人平等，在请求时不考虑众多的社会规约。例如，在中国，一个经理可以直接要求职员“给我一杯咖啡”，或是“把那份材料给我”，职员也愿意接受这样直接的请求，也没有感到不礼貌。但在西方国家，这样的直接请求则被认为侵犯了人们的个人权利或是限制了个人自由。在中国，上级对下级或长辈对晚辈可以使用直接语言表述请求，礼貌的请求方式适用于陌生人或是社会地位较高的人。而在西方国家则是对所有人都需要使用礼貌的请求策略方式。

（5）称赞语方面的表现。称赞语方面的语用失误主要表现在把汉语以拒绝、回避为主的应答使用到了英语当中。事实上，西方人乐于别人称赞自己及亲人；中国人却很少对称赞表示直接接受，否则会被认为是骄傲、不够谦虚。对于称赞语，中国人通常是谦虚的否定“哪里哪里，过奖了”。例如，外国朋友称赞“Your dress is very beautiful！”而你回答“No，no，my dress is rather old. I really want to have a new one.”这样会令他们非常尴尬，似乎他们在说谎或他们没有分辨能力，因而产生交际失误。西方人对恭维和称赞通常会愉快地接受，恰当的说法是“Thank you！I am glad that you like it”。

（6）感谢语方面的表现。中国是礼仪之邦，但在道谢语使用频率上却不如西方人。西方使用“thank you”的频率之高可以令人惊叹，因为他们无论人际关系亲疏，社会地位高低，事件大小，都会把“Thank you”挂在嘴边。回应感谢语时，中国人通常会说“不客气，这是我应该做的”。而如果生搬硬套成英语“It's my duty”的话，就会令听话人误解为说话人并不出于自己的意愿提供帮助，只是出于义务才帮助。其实，这时只需遵从西方习惯说声“It's my pleasure”就可以。另外，感谢语在汉语中也可以表示其他汉语，例如，汉语用“劳驾”来求别人帮助；用“借光”来请人让路；用“请问”来向别人打听信息。而英语中只用“Excuse me”可以在上面所有情景中使用。如果不了解这一点，就会产生语用失误。

（7）道歉语方面的表现。道歉是交际过程中的一种补救措施，可以有效地弥补或恢复交际过程中双方的关系。如何恰当地表达道歉和接受道歉，是跨文化交际过程中非常重要的一部分。有些道歉的语言在中国和欧美都可以使用，如“麻烦你”“由于我的关系，向你表示深深的歉意”等。当然，由于中英道歉语的表达也是有差异的。在中国使用的“对不起”对应的英语的说法有两个，一种是“Sorry”，一种是“Excuse me”。“Excuse me”是用于引起听话人注意而打断对方的道歉语，而“Sorry”则用在你不小心冒犯到听话人时。这一点的差别也常常引起语用失误。

15.3 礼貌语语用失误的原因

Thomas（1983）认为，语言语用失误是由话语语用之力的错误认识引起的，即传达了非意欲传达的言外之意的话语。社交语用失误则是由于对权利、可提及的内容等社会规范的不同理解所引起的。换言之，社交语用失误就是“交际中因不了解或忽视谈话双方的社会、文化背景差异而出现的语言表达失误”（何自然，1997）。笔者认为其具体原因，表现在以下几个方面：

（1）语言教学的不完善。我们不得不承认，在我们的第二语言教学中，存在教学误导的方面。目前，我们的语言教学误导主要存在于教材和课堂话语两方面。教材的编写者和语言教师在课堂教学时，往往只侧重词汇的讲解和语法规则的正确运用，而忽视了语言运用的环境和语用能力的培养。有时候，人们熟知目的语的语法规则并能加以正确运用，但是往往也会因为机械地照搬语法规则而出现社交语用失误。并且，我们的语言教学还停留在理论知识上，学生的实践能力没有得到应用的锻炼，跨文化交际的能力自然不能得到提高，语用失误成了司空见惯的现象。

（2）对中西方文化的差异的忽视。文化价值观在跨文化交际中有着非常重要的作用，在文化因素中，价值观是社会文化的直接体现。价值观是不断变化的，也是多样性的，每一个文化体系都有着自己的文化价值观，这是每一个国家或民族长期发展所选择的。我们无论在语言学习中还是在实际的跨文化交际中，因为各方面的原因，都容易忽视东西方文化的差异。

中国人有着和西方国家截然不同的价值观体系。中国人重视传统，西方国家的人们重视创新和开拓；中国人看重谦逊，西方国家的人们则看重自信；中国人认为，血缘关系是社会关系中最重要，也是最牢靠的关系，人们通过血缘关系相互关联，西方人注重独立自主，强调个人权利和个性发展。这些价值观差异引起了中西语言交际的差异。

在中国，人们通常更加重视集体，认为个人属于集体，依附于集体并要服从集体，同时要考虑集体内其他成员的感情需要，个人的情感则被弱化。所有个人都遵守着集体的规则，一旦出现不遵守集体规则的个体，则会被排斥出这个集体。所以，个体的理念和情感都是依附于集体，从生活到思想，都被集体决定。在英语国家，个人权利优先于集体权利。西方文化更多的是倾向于个人主义，每个个体都有着自己的想法、理念和行动。在这种文化下，更多是强调个人的主观能动性，正如西方人常说的“人人生而平等”。西方国家的人们非常注重个人的隐私，这是个人主义最具特点的表现形式，在欧美涉及个人隐私的话题是被禁止的。在中国则没有这样的问题。例如，中国人即便是陌生人第一次见面也可互相了解个人的情况，如工作、年龄、婚姻状况。这是因为中国的文化是非常家庭式的文化，个人的情况是可以分享到整个家庭中的，这和西方人注重隐私有着完全相反的特点。

（3）社交距离的忽视。社交距离既可以指交际双方的关系亲疏，也可以指双方的社会地位或身份的差异。在汉语中，交际双方的关系比较亲密或是地位平等，语言往往表达比较随意和非正式，这一点在称呼语和请求语中表现得非常明显。因此英语中，语言的表达则不存在依据年龄或级别高低而选择的情况。因此在跨文化交际中，如果学习汉语的留学生没有考虑社交距离就可能出现礼貌语的使用差异。

15.4　对英语教学的启示

从礼貌语的语用失误我们可以看到，目前在运用英语方面还存在明显的问题。因此，今后应该加强英语教学中文化教学和语用教学，实现英语教学从单纯应试的语言层次到实际运用的语用层次的飞跃。具体来说，有以下几点。

（1）充分利用语言教材，充分实现语言教学目标要求。对于多数学习英语的学生来说，教材是他们学习语言的主要资料。随着我国英语教学的不断革新，新教材也应当从重语言知识的传授转换为语言交际能力的培养，教材的语言应当选择地道的英语。在今后的英语教学中，老师要充分发挥教材的优势，鼓励学生多进行口语练习，在实际语境的实践运用中提高自己的语用能力。

（2）教师和学生都要认真理解和掌握目的语的文化。礼貌作为一种社会现象，与两个社会的文化、认识和价值观念密不可分。无论是教师在教授语言还是学生在学习一种语言时，都要深入了解该语言的社会和文化背景知识，并且将它与自己的母语相比较，了解异同点，尊重不同的语言规则和表达习惯。只有这样才能够在跨文化交际中选择恰当的语言结构和表达方式，避免跨文化交际中的语用失误。具体来说，可以通过学习英语国家的历史、文学、民族风情、科技创新等内容，学习对方的风俗习惯，人情世故，掌握赞美语言及禁忌语，实现礼貌交往。可以通过阅读资料、网上查询、实地考察、加强沟通与交流等形式学习和掌握、运用礼貌语进行交际。

（3）培养学生对英语和英语文化的兴趣和感情。学生只有对英语文化有兴趣和积极的情感才能对英语学习产生促进，进而投入热情进行学习并取得较好的效果。教师要当学生的良师益友，做到不懈地引导和鼓励，努力营造轻松、愉快、活跃的课堂氛围，使学生大声练习口语，将所学的知识付诸实践。

（4）培养学生进行“语用移情”。要保证成功地进行跨文化交际，交际双方需要进行“语用移情”。移情（empathy），在语用学上指言语交际双方情感相通，能设想和理解对方用意。它既有语言语用的问题，又有社会语用问题，涉及说话人如何刻意对听话人吐露心声，表达用意，听话人如何设身处地来理解说话人的言谈心态和意图。说英语时应尽可能合乎英语的语用原则及尊重对方的民族文化习惯。移情的心理作用有利于我们改善那些在语言和文化上与己不同的个人和群体的看法，也有利于人们在学习另一种语言时达到很好的成效。因此，在日益频繁的跨文化交际中，那些具有文化差异的方面应引起交际双方的足够重视，使跨文化交际得以顺利进行。

15.5　对对外汉语教学的启示

世界的全球化趋势使不同文化背景的人们之间的交往变得更加密切。如何在跨文化交际中理解和接受来自不同文化背景的人们，已经成为了世界全球化之下的重要课题。中国要走向世界，要世界接受中国，必须以语言为工具，以文化为向导，要让世界了解中国。我们不能仅仅在政治、经济上是一个世界级的强国，也要成为一个文化强国。这对对外汉语教师提出了新的要求，对外汉语教师的工作任重而道远。

首先，对外汉语教师要更新教学观念，加深我们的汉语语言知识的学习，加强自己的语用能力，加强对汉语语用体系的理解和对中国传统文化与民族习惯的了解。对外汉语教师不能仅依靠自身的经验去摸索，更要加强语用理论的学习，通过不断地学习使我们的素质得到进一步提升。对外汉语教师在教汉语时，还要时刻关注了解并掌握学习者所在国家的新闻、语言、文化、习惯和习俗等，要培养不同文化之间差异的敏感性，能够掌握汉语规则与学习者所用语言的语用规则的共性和个性，才能有计划有目的地进行汉语的教授，并有效地导入中国文化。

其次，汉语教师在对外汉语课堂中，不仅要讲解语言知识，也要引导学习者理解中国人的思维方式，这样有助于汉语学习者在与中国人用汉语交流时减少语用失误的出现。在课堂上，汉语教师应该多角度深层次地讲解中国人的思维方式，从中国的政治、经济、历史、文化、习俗等多个方面，多元化、多角度地引导学习者观察中国、了解中国。

再次，对外汉语教师应该充分利用现代多媒体网络技术，探索研究各种教学手段，对汉语教材进行数字化、网络化的设计，将老师为中心的课堂转变为学生为主体的课堂。例如，教师可以设计各种问题或场景，将真实的交际过程引入课堂。这样使学习者积极地参与进来，提高语言的应用能力，丰富生活语言，提高实际的汉语交际能力。

最后，对外汉语教师可以定期开展多样化的实践教学活动，利用汉语读书报告、汉语电影配音、汉语采访、汉语辩论赛等多种实践方式，丰富学习者的视野，提高学习者的语言交际能力，使学习者在不同的语言环境之中能够正确地、得体地使用汉语进行交际。语言离不开生活，汉语教师应该有目的地将汉语课堂融入中国的社会环境之中。

对汉语学习者来说，他们需要培养敏锐的跨文化交际意识。文化因素对人们的思维模式和行为有着重要的影响，培养跨文化交际意识有利于跨文化交际的有效进行。跨文化交际意识需要学习者对自己文化有一定的理解，并在理解的基础之上，了解其他文化，或在跨文化交际中遇到其他文化背景时，能够有效地找出不同文化的差异。培养跨文化交际意识的过程，是全面地了解文化，以及文化所包含的多种要素的过程。跨文化交际意识是一种思维方式，它被作为一种指导原则，以规范人们的理念和行为。在跨文化交际中，学习者应该学会接受不同的观念，并且尽量做到入乡随俗，这样能尽可能地减少跨文化交际的失败。

除了上面提到的几点，不能忽视非语言交际。非语言交际也是跨文化交际中重要的一种交流方式，它是在特定的情景或语境中使用非语言行为进行交流和理解信息的过程，虽然它们不是语言单位，但是能够在交际过程中表达比语言更强烈的含义，某些特有的非语言交际往往有着特殊的含义。非语言交际中所表现的含义，也是文化规约的一部分，这些含义在不同的文化之中也有着不同的解释，这些含义在跨文化交际过程中也要十分注意，以免引起跨文化交际者的误解。学习者在系统地学习语言能力时，不能只局限于语言系统的本身，还应该学习该语言所处文化背景下的非语言交际的特点，注重培养对文化差异的洞察力和理解力，按照文化规约有效地进行跨文化交际和汉语学习。

15.6　结　语

当今世界的全球化趋势越来越明显，人们之间的跨文化交流也越来越频繁，人们逐渐意识到在跨文化交际中文化差异的重要性，即便是掌握了足够的文化背景和较高的语言能力，跨文化交际中的语用失误依然会存在，已经严重影响到跨文化交际的进行。对跨文化交际语用失误研究也越来越受到学者重视，跨文化交际语用失误研究已经成为当今语言研究的重要课题。

本章从跨文化交际的角度，具体分析了在跨文化交际过程中发生失误的原因，在称呼语、祝贺语、告别语、请求语、赞美语、致谢语和道歉语几个方面列举了语用失误发生的具体表现和原因。讨论了礼貌语失误对英语教学的启示，以期能够避免跨文化交际中礼貌语语用失误的发生，包括充分利用语言教材，充分实现语言教学目标要求；教师和学生都要认真理解和掌握目的语的文化；培养学生对英语和英语文化的兴趣和感情；培养学生进行“语用移情”。同时，本章还分析了礼貌语用失误对汉语教学的启示，包括更新教学观念，加深我们的汉语语言知识的学习；充分利用现代多媒体网络技术，将以老师为中心的课堂转变为以学生为主体的课堂；定期开展多样化的实践教学活动，培养敏锐的跨文化交际意识。

第 16 章　礼貌语研究与第二语言教学

英汉不同的礼貌准则反映了各自不同的文化背景。西汉时期董仲舒所倡导的儒家文化逐渐在中国占据主导地位。儒家文化的核心思想是“三纲五常”。严格的伦理纲常和等级制度作为一种内在的社会文化基石，在中国社会中至今仍然影响深广。所以“克己复礼”“贬己尊人”是中国的礼貌策略的核心部分。而在西方文艺复兴之后的人文主义文化精神主要强调：人生来即是自由和平等的，个人的安全感和满足感是第一位的，主宰世界的既不是无所不能的“神”，也不再是无所不在的“理”，而是独立的个人及由他们组成的家庭、国家和社会。所以，礼貌语的差异实质上是一种特定的文化差异。

通过本书前章节的论述我们可以看到汉英礼貌语的差异，并且总结了导致这些差异的文化因素，那么如何使学生更好地学习和掌握第二语言的礼貌语，提高学习效率，消除交际障碍是我们需要总结和探讨的问题，在总结实践的基础上。笔者认为可以从以下几个方面入手。

16.1　对第二语言教材编写上的启示

对第二语言教材的内容方面，应加入礼貌语相关的文化教学内容。首先从目前的第二语言教材来看，在编排方式上，还沿袭着传统做法，以听、说、读、写的培养为主，分为语法类、听说类、文化类等。这样的分类有利于集中进行语言学习，但在横向上存在着难以相互渗透和衔接的弊病。其次目前所使用的教材中社会文化因素体现得较少，往往把重点放在语言上，这不利于培养学生文化交际能力。文化与语言有着密不可分的联系，因此教师在进行教材编写时，应有意识地体现涉及目的语国家的风俗习惯、人们的思维方式和人际关系内涵的教材内容，这样有利于提高学生在目的语社交中的语言表达能力。

对第二语言教材应该给予礼貌语足够的重视，对于礼貌语的教材内容应当做出科学的统筹规划，在编排上更注意礼貌语的总结、注意系统性，最好详细说明礼貌语的形式、语义和语用等方面的内容，并且把礼貌语表达部分与语言知识相结合，由于许多礼貌语与民族特有文化因素息息相关，因此在教材编排上更应当注意使文化与语言相互反应、相互作用。

第二语言教材中的礼貌语部分应选择使用频率较高的语料。教材作为学生学习语用规则和语言知识的重要载体，在礼貌语的语料选择上，应该保证语言材料真实自然，符合日常生活中人们的表达习惯。在编写教材时，一定要注意对学生的礼貌语语用失误进行调查研究并且适当列举生活中真实的对话片段，这样才能避免让学生枯燥地学习理论知识，有利于培养他们的学习兴趣并且容易成功地理解礼貌语的表达习惯。关于教材中出现的礼貌语语料则建议选用那些交际中常用、有生命力的礼貌语。此外，要关注礼貌语的时代性，随着社会的进步，网络流行语言等因素，会产生很多新的礼貌语，其中有代表性、有影响力的礼貌语应该编排进教材，使学生更好地和目的语国家的朋友交流，融入到目的语国家人的生活中去。

礼貌语涉及多个方面，因此为了让学生更好地学习，不仅要在教材上添加礼貌语的相关知识内容，更应该增加相应的礼貌语练习。礼貌语练习的编排要注重科学性、适用性、针对性和趣味性等方面。采取灵活的练习形式，设计特定语境让学生选择应当使用的委婉语或设计搭配连线题等。

16.2　对第二语言课堂教学的启示

从文化的角度讲清词义，词语包括三层意义：词汇意义、结构意义和社会文化意义。词汇意义的核心是社会文化内涵。所以教师在讲解词义时，词汇的基本结构意义和字面意义很容易理解，但是同时必须把最重要的词汇文化内涵准确传达给学生。例如，英汉对“dog”一词的理解差别巨大。中国有很多关于狗的成语，如鸡鸣狗盗、鸡零狗碎、狐朋狗友、一人得道鸡犬升天等。这些成语中体现了中国人对于狗这种动物的贬低和蔑视。但在英国，狗被看作是朋友和家庭成员。因此英语中“dog”是褒义的，感情色彩浓烈。

Every dog has his day.（人人皆有幸运时。）

You are，indeed，a lucky dog.（你真幸运。）

如果不能从文化的角度理解英国人对于“dog”的喜爱程度，那么在英汉翻译过程中很可能只是从字面意思翻译成浅显的“狗”，这就会产生很大的歧义和误解。对于英语交际语言中的重要组成部分，礼貌语的课堂教学应当注意以下几个方面：

（1）通过文化对比进行礼貌语教学。礼貌语是人们在社会交往中为达到理想的交际效果、促进人际关系而创造的一种礼貌的语言表达形式。礼貌语的产生受到其特定的历史因素和文化背景的影响。一个民族的历史背景、地理环境、风俗习惯、宗教信仰、经济生活、价值观念等，都会影响民族的文化，进而影响这个民族的语言。礼貌语尤是如此，它在使用中起到了协调人与人关系的重要作用，为社会语言交际增添了光彩。就第二语言教学而言，教授学生礼貌语的目的就是让学生熟练掌握并灵活运用礼貌语的表达形式。如果语言学习者仅仅认识礼貌语，却不能了解这些礼貌语背后深刻的民族社会文化蕴含及其伟大意义，那么学生就不可能在真实语境中选择恰当的表达方式，进行成功的言语交际。因此，在第二语言教学中应当将语言结构、语用功能、文化相结合，并将其贯彻到实际的教学过程中。目前大部分学生在进行跨文化交际时的最大障碍，并不只是因为语言能力上的问题，更主要的是由于交际文化背景知识的欠缺和跨文化交际能力的欠缺。第二语言教师在进行教学的时候，特别是讲到礼貌语时更应该解释其中西表达差异的原因、文化习惯、历史背景、宗教信仰等。教师也应当加强对中西方礼貌语在文化层面差异的了解，这样有利于在课堂上有针对性地对中西文化致使的礼貌语语差异进行探讨。总之，在课堂中将文化与交际相结合，是让语言学习者了解和掌握礼貌语的第一步。

（2）利用语境设置进行礼貌语教学。语境指语言环境，在范围上，有广义的语境和狭义的语境之分。语言使用时的具体场合、周围环境以及更大范围的社会环境是广义语境，会话时的前言后语或是章中的上下文是狭义语境。在具体的交际中礼貌语的运用受到语境因素的影响，因此在课堂教学时，第二语言教师应有意识地利用语境帮助学生学习和使用礼貌语。

以称呼语为例。中国具有悠久的历史文化，自古以来被称为“礼仪之邦”。人们使用称呼语是经常互用尊称来表达尊重和礼貌，往往会根据对方的年龄以及社会地位等因素选择合适的称呼语。其中“您”是使用频率最高的礼貌称呼。在日常生活中英国人常用句套来表达礼貌。英语中有许多表示委婉、礼貌客气说法的固定句套，例如，“May I...?”“Would you like to...?”“Will you please...?”“We will be pleased if you....”“I'd like you to...”等。这些句式的结构是固定完整的，其内在所承载的礼貌含义是约定俗成的。对上述英语中礼貌问句，不能简单地用“Yes”或“No”来回答，否则只能导致误会，甚至产生交际冲突。所以在讲解英语礼貌用语时，句子结构的固定表达是很重要的内容，同时对于这些疑问句的回答方法也同样重要，回答方式直接反映了英语礼貌用语的程式化格式。

（3）利用词汇的关联性进行对外汉语教学。英国语言学家利奇（G. N. Leech）在《语义学》一书中提到，词义具有多种类型，有概念意义——反映概括客观事物的基本意义；联想意义——关于语言运用；社会意义——关于语言运用于社会环境；感情意义——表达说话人感情态度；等等。就整个词汇系统来看，汉语词汇是一个非常复杂的语义系统，在这个系统中，词义之间存在内在的联系，形成一个语义关联系统。那么礼貌语也是这一语义系统中的一个子系统，也具有词汇关联性的特点。各个词语之间有相似性但也不是每个都是完全相同的。即使是处于同一类别的礼貌用词也各有自己的独立的表达与特点，但内部之间又有着联系。所以在第二语言的教学中，使学生不断扩大礼貌语的词汇量，并能让学生提高运用好礼貌语的能力不在于增加词汇量，而是在于能否帮助学生比较系统地掌握第二语言中礼貌语的内部规律性，并把这些规律运用于实践交际中。在教学中，除了可以利用词汇的语义的关联性进行教学外，还可以利用句式结构上的关联特点进行教学。在教学中我们可以通过归纳集中讲解同类礼貌语，来增进学生对于此类礼貌语的记忆和使用。

（4）利用多媒体网络等计算机技术手段进行礼貌语教学。多媒体技术已经成为了21世纪语言教学的重要手段之一，对我们的第二语言教学产生了广泛而深远的影响。运用多媒体技术讲授第二语言主要有如下优势：图文并茂、形象生动、可以减少外语的介入，通过图片等可以对一些名词直接进行讲授，可以充分利用声音、色彩、视频、动画等手段，形成视听多种媒体信息的结合刺激作用，刺激大脑的记忆能力，增强学习效果。礼貌语的讲授也可以利用多媒体的这些优势，可以将每种礼貌语的语音、语义、语法、语用等相关内容串联起来制成课件，用多媒体的形式向学生展示，引起学生兴趣，达到多方面刺激，加深记忆。同时多媒体的教学能提供丰富有趣的教学资料，提高学生的学习兴趣，将枯燥的语言知识变得生动有趣，激发学生的学习动力，使学生能在活泼愉快的教学环境下学习，以达到更好的教学效果。

16.3　对学生学习第二语言的启示

在学习第二语言的过程中，语言学习者的母语语言系统已经在头脑中根深蒂固了，学生们缺乏第二语言的语言知识和文化知识，因此在学习过程中不可避免地会将第二语言与母语进行对等。每学一个新的第二语言词汇，就会在头脑中先翻译成母语，然后再反射出来。就像我们学习英语时会先想中文如何表达，然后在脑子中翻译成英文再表达出来一样。如果母语中没有相对应的语言现象，学习者就会有很多疑问，感到迷茫，学习的积极性也会受到影响。而礼貌语带有浓重的文化色彩，中西方文化差异使礼貌语存在很大差异。这就成为学习第二语言的学生的一个学习难点，第二语言学习者如果把第二语言中的礼貌语直译成他们的母语，就很容易发生偏误，特别是在跨文化交际中。

任何一种语言经历了长期的发展过程，礼貌语同样经历了一个长期的发展轨迹，语言学习者们要想习得地道的第二语言礼貌语，就要培养自己，树立起用目的语思维的观念，不依赖母语。多学习第二语言的文化知识，多与目的语国家的人民交流，培养自己的语感和理解力，每接触到一个新的礼貌语，应首先利用目的语语言知识和文化知识去解释它，在大脑中形成一套学习第二语言的机制，培养第二语言的思维，提高第二语言的水平。

学习者在学习第二语言的过程中，除了个人天生的语言理解与掌握能力以外，重要的是看其学习的自主性，即学生在没有老师与同学的环境下，自己调节和控制自己学习的能力。较高的学习自主性是指学习者能够独立掌握如何控制自己学习第二语言中礼貌语时的记忆和思维过程，能够主动自觉获取第二语言中礼貌语知识。教师不可能一直监督和指导学生的第二语言实践过程。老师在课堂可以起到知识的指导作用，一旦语言学习者离开课堂，独自进入真实的生活交际语境中，自主学习就占了主导地位。所以学习者在学习过程中，在理解老师在课堂上对于礼貌语的补充讲解之后，进入生活中，要在需要的时候自主使用礼貌语或者创造礼貌语的语用语境，进一步来了解礼貌语的使用意义。

16.4 结　语

英汉两种语言中礼貌用语的差异体现了两种不同的文化背景。文化和语言的关系以及更深层次的认知关系错综复杂，很值得我们进行更深入的探讨和研究。在英语教学中，教师要明确文化在语言学习中的重要性，学习一门外语，最终是要与使用这种语言的人进行沟通和交流，为避免出现跨文化交际中所产生的各种误解，最好的方法就是在学习语言的同时，了解及掌握和这门语言相关的文化背景。所以外语教师的重要任务之一就是要作为文化的传播者，从文化的层次讲清语言，从而提高学生在语言层次和文化层次上的认知。语言学习者们要想习得地道的第二语言礼貌语，就要培养自己，树立起用目的语思维的观念，不依赖母语，在大脑中形成一套学习第二语言的机制，培养自己自主学习和实践第二语言的能力。

第 17 章　结　论

本章为全书的总结，概括礼貌语研究主要是从第五章到第十六章的中英各种形式的礼貌语对比研究的主要发现，对礼貌研究结果的讨论带来一定的理论和实践的启示，并对未来的进一步研究提出一些建议。

17.1　研究发现

语言作为一种社会现象，其系统不可能脱离社会文化之外而独立存在和发展变化。不同社会背景下人类的语言表现不可避免地受存在于语言体系之外的社会文化要素的影响和制约，即语言系统内诸要素无一不与社会大系统的众多元素发生联系，并且这种联系必然是错综复杂的。语言是该社会文化的一个方面，语言和文化是部分和整体的关系。语言作为文化的组成部分，其特征表现在：它是学习文化的主要工具，人在学习中运用语言的过程中获得整个文化，所以说，语言是文化的载体，是后者的主要表现形式。语言是文化的一部分，并对文化起着重要作用。语言反映一个民族的文化，同时又受到文化的巨大影响。

由于价值取向、情感特质等元素的不同，文化上的显著差异造成了英汉礼貌语在很多方面存在区别，道歉语是礼貌语中较为典型的代表。道歉策略的选择具有一定程度上跨文化的共同性，也就是说在相同的情境中，在相同的社会因素和语境特征下，并且行为的冒犯程度也相同的条件下，说不同语言的人们实施道歉的方式大致相同。西方人和中国人在用各自的母语进行道歉时，都会使用三种基本的道歉策略：直接道歉策略、规约性间接道歉策略，以及非规约性间接道歉策略，每类策略又都包含不同的从属策略。根据调查结果分析，英国人和中国人在对道歉语回应时，会使用直接和间接接受策略，以及直接和间接拒绝策略，每类策略又包含若干从属策略。中英不同文化背景中人们在回应道歉时，大多数人的态度是积极的。英语学习者在某些方面受到英国国家语言和文化的影响，呈现出一定的英语倾向。对于道歉语策略的选择上，英国人常使用直接道歉策略，而中国人则显得比较含蓄；然而在回应道歉时，英语本族语者趋向于使用间接的回应策略；而中国人则显得更为直接，常使用直接接受或直接拒绝的回应策略。语境因素，如社会关系、社交距离和行为的冒犯程度等对中英道歉语策略选择和道歉的回应策略都产生了巨大影响。

汉语亲属称呼属于叙述式，其形式非常复杂，它是以封建社会的“九族五服制”为基础，不仅区分辈分，而且区分性别、年龄、社会地位及血缘的关系。中华民族对于血缘关系的格外注重造就了汉语中相对复杂多变的称呼系统，它也反映出了人们的社会心理。汉语中的称呼在亲属间的辈分界定严格，讲究长幼有序，男女有别。与汉语相比，英语亲属称谓的特点是对众多的亲属使用同一个称谓之下，部分称谓指代很笼统。英汉称呼语之间最明显的差别就在于一部分汉语中的亲属称呼可以用来称呼非亲属成员。尽管亲属称谓用来称呼亲属成员，但是在很多的情况下，汉语亲属称谓语当中最突出的特点就是亲属称谓的复杂化和使用中的扩大化。

在注重个人主义的西方文化中，即使是每个家庭成员也都被认为是独立的个体，相互之间也应保持一定的距离，整个社会的人际关系更是如此，因此提出请求时要用礼貌级别高的表达方式。英语中的请求语更多使用较为复杂的包含情态动词的一般疑问句而不是祈使句，因为情态动词能够加强说话人迟疑的态度，减小强加于人的语气，从而减轻对受话人面子的威胁。人们之间的关系越亲密，越不正式，对语言的准确性和清晰度的要求就越低。受价值观念的影响，中国的家庭成员和群体成员之间有很多的共同背景知识，因而用省略结构表达请求的情况能够被人接受，因此更为普遍。

尽管英汉感谢语在基本形式和基本功能方面有一些共同点，但是两者在表达方式、使用场合或对象、回应方式等方面存在着许多明显的差异。英语感谢语比较简洁直接，使用范围广也更频繁，而且英国人往往会对感谢语做出积极肯定的回应；汉语感谢语则倾向于采用间接或者自我贬低的方式，会随着说话双方的社会地位或角色等因素发生改变，受到感谢的人通常会以拒绝谢意的方式做出回应，或者贬低自己的付出，将其归因于其他因素，如责任或者道德要求等。

对请求语的策略调查结果表明，无论是在社会距离大还是社会距离小的情况下，英语和汉语受试者都倾向于使用规约型间接策略和直接策略类。无论当请求者相对被请求者的权力地位如何，英语组和汉语组两组数据都显示受试者倾向于使用规约型间接策略和直接策略类。英语组更愿意在权力地位高于被请求者的情况下使用非规约型间接策略，而汉语组更喜欢在权力地位低于被请求者的情况下使用其他类策略。影响中英请求语策略的不仅有语言因素还有文化因素。无论是在汉语或是英语请求语中，规约性间接策略使用频率都是最高的，但由于文化因素与价值观的影响，与西方人相比，中国人请求策略的选择要么很直接（尤其在地位高者对地位低者、长者对幼者以及平等或亲密关系之间），经常采用暗示方略提出请求。但这并不意味着一个民族比另一个民族更礼貌或是不礼貌，只不过礼貌从不同的特有文化角度兑现罢了。

通过对取得的英汉称赞语进行分析，我们发现其在话题分布上具有如下区别：在英语国家，称赞的内容多集中在人们的才智、技能、表现、业绩、仪表、衣饰、居室、家具、汽车等优秀的品质和优质的器物上。尤其是对服饰和发型的评论，在称赞的内容中占据了最主要、最突出的地位。而且这类称赞的接受者多以女性为主。在中国传统文化中，对个人个性化，外表性的赞美相当克制，表现自己、突出个人一向不为中国文化社会赞许，而对女性的恭维更是谨慎。在称赞内容上，英汉差异还有一个很重要的方面就是对老年人的赞美。中国人爱称赞老年人高寿，可在西方这是一个禁忌。对收集的实例作过统计，80% 的英语称赞语都是靠形容词来表达积极评价。使用频率最高的形容词有“nice”“good”“beautiful”“pretty”“great”，它们占了 2/3 以上；使用率最高的副词是表示加强程度的，如“really”“very”；表示欣赏的动词是“like”“love”。中文称赞语中，根据我们对收集的资料统计，46% 是形容词，43% 是副词，仅 7% 为动词。本研究发现中文称赞语中副词有很高的使用频率（43%），且绝大多数称赞语都含有副词、形容词，动词也常常有副词作强度修饰语。

通过对英汉称赞语回应的对比研究发现：面对赞美，西方人多倾向于接受称赞。在接受称赞时，他们常对称赞事物进行评论；在拒绝称赞时，他们更趋向于直接表达。同时，他们也使用策略结合的方式进行称赞回应。面对赞美，中国人的回应多倾向于拒绝，并且常使用委婉的方式。在接受赞美时，中国人常使用转移的方式。另外，他们在接受来自更高社会地位人群的赞美时，采用了一种特有的方式——表达决心。同时，他们比西方人更常使用无任何反应的方法。而且，他们使用更多种策略结合的复杂形式来回应称赞。中国大学生由于较多地受到西方文化的影响，比中国其他群体更趋向于接受称赞。英汉赞美语回应的差异源于人们对不同社交世界的顺应，包括对不同传统文化的顺应，对不同礼貌原则的顺应，对面子的不同阐释的顺应，以及对西方文化的顺应。

对比英汉委婉语在文化上存在的差异并探索其产生的原因。语言是人类交际的重要工具。在语言的使用中，英汉委婉语又存在共性，它们都遵循或违反一定的语用原则从而达到委婉的目的。在语用角度上，英汉委婉语在一定程度上在实际使用中为了达到言语交际的目的，都违反了合作原则的某个或多个原则。英汉委婉语在交际过程中对合作原则的违反源于遵循各自不同的礼貌原则和面子理论，源于对交际双方的礼貌，并维护了交际双方的面子和尊严。

西方人结束谈话或来访人告别时所提出的理由总是由于自己的原因而不得不告别，即使涉及他人也只是在他人很忙而不愿打乱他的行程安排上提出理由。西方人道别时很注意对双方交际的评价，以表达愉快交际的心情。中国人道别时一般不对当前接触进行评价，注重的是相互表达关切之情。在西方国家中，交际结束、访问辞别的理由或原因等均是出于自身，即使是辞别原因涉及主人，也仅是在确定主人很忙之后不便打扰等层面上解释离开的原因。中国所具有的不同的文化心理，看重的是对对方的关切及关心，将辞别的原因多推给对方，同时适当表达自身叨扰的歉意。

非语言成分是礼貌语的一部分。语言为实现其交际功能，有一些具体的，并带有模式的系统，还有一些被排除在固定模式之外的语音及音义成分，这些附加成分不能纳入传统的音位及语义系统。英汉非语言礼貌语成分在目光交流、手势、身体姿势、身体接触和沉默态度上存在很大的差异。

17.2 研究贡献和启示

本书对礼貌理论和礼貌语的具体表现形式进行了系统的对比研究，结合言语行为的具体表现详细地探讨了礼貌原则在第二语言学习中的应用，充实了称呼语、道歉语、称赞语、告别语、委婉语、感谢语等的研究，研究结果对英语教学与对外汉语教学和第二语言教材的编写提供了重要的指导。

对第二语言教材方面，应加入礼貌语相关的文化教学的内容。教师在进行教材编写时，应有意识地让学生对目的语国家的风俗习惯、人们的思维方式和人际关系的内涵有所了解，这样有利于提高留学生在汉语社交中的语言表达能力。对于礼貌语编排还缺乏科学的统筹规划，对第二语言教材应该给予礼貌语足够的重视，在编排上更注意礼貌语的总结、注意系统性，最好从礼貌语的形式、语义和语用等方面入手，详细说明，并且把礼貌语部分的重点放在其与文化知识的结合上。

为了让学生更好地学习，不仅要在教材上添加礼貌语的相关知识，更应该添加相应的礼貌语练习。礼貌语练习的编排要注重科学性、适用性、针对性和趣味性等方面。在进行教学的时候，特别是讲到礼貌语时更应该交代其产生原因、文化习惯、历史背景、宗教信仰等。教师也应当加强对中西方礼貌语在文化层面差异的了解，这样有利于在课堂上有针对性地对中西文化致使的礼貌语差异进行探讨。在具体的交际中礼貌语的运用受到语境因素的影响，因此在课堂教学时，教师应有意识地利用语境帮助学生学习和记忆礼貌语。

在第二语言的教学中，使学生不断扩大礼貌语的词汇量，并能让学生提高运用好礼貌语的能力不在于增加生词表的长度，而是在于能否帮助学生比较系统地掌握第二语言中礼貌语的内部规律性，并把这些规律运用于实践交际中。在教学中，除了可以利用词汇的语义的网络性进行教学外，还可以在词形结构上的网络特点上做文章。礼貌语的讲授也可以利用多媒体的这些优势，可以将每种礼貌语的语音、语义、语法、语用等相关内容串联起来制成课件，用多媒体的形式向学生展示，引起学生兴趣，达到多方面刺激，加深记忆。寓教于乐，提高学生的学习兴趣，将一些枯燥的书本知识变得生动有趣，激发学生的好奇心，使学生能在趣味盎然、轻松愉快的环境下学习，以达到更好的教学效果。

留学生们要想习得地道的第二语言礼貌语，就要培养自己，树立起用目的语思维的观念，不依赖母语。较高的学习自主性是指学习者能够独立掌握如何控制自己学习第二语言中礼貌语时的记忆和思维过程，能够主动自觉获取第二语言中礼貌语知识。学习者在学习过程中，在理解老师在课堂上对于礼貌语的补充讲解之后，进入生活中，要在需要的时候自主使用礼貌语或者创造礼貌语的语用语境，才能进一步了解礼貌语的使用意义。

17.3 研究的不足和对未来研究的建议

本研究也存在不足之处，需要在未来的研究中逐渐完善：

首先，对礼貌理论的研究还不够完善。对一些学者的观点和研究方法没有进行详细的介绍。对于想深入研究的学者，可以对礼貌理论进一步进行探讨。

其次，对于语料的积累，在研究中由于时间和精力的限制，语料的收集数量上和范围上还有一定限制，需要进一步扩大。

再次，本书在中英文礼貌语形式的对比上，只着重涉及了其中几种礼貌语形式，显然还不够充分。未来的研究还可以就其他礼貌语形式，如劝慰语、建议语等进行研究和探索。

最后，在非语言交际研究方面，中西之间的差距不仅在于已取得的成果上，更重要的是这一研究并未引起我国学术界和外语教学界的足够重视。因此，我们现在迫切需要对非语言交际的内涵和分类、非语言交际在跨文化交际中的作用、英汉非语言交际的区别以及非语言交际研究与外语教学之间的关系等一系列重大问题展开进一步的研究和讨论。

参考文献

[1] Aijmer, K. Conversational Routines in English [M]. Longman, London, 1996.

[2] Altman, R. Giving and Taking Advice Without Offense [A]. In R. C. Scarcella, E. S. Andersen &S. Krashen (eds.), 1990. Developing Communicative Competence in a Second Language [C]. Boston: Heinle and Heinle, 95 – 99.

[3] Arundale, R. Face as Relational and International: A Communication Rramework for Research on Face, Facework, and Politeness [J]. Journal of Politeness Research, 2006, 2 (2): 193 – 216.

[4] Arundale, R. Constituting Face in Conversation: Face, Facework and International Achievemen [J]. Journal of Pragmatics, 2010, 42 (8): 2078 – 2105.

[5] Aston G. Say "thank you": Some Pragmatic Constraints in Con – versational Closings [J]. Applied Linguistics, 1995, 16 (1): 57 – 86.

[6] Austin, J. How to Do Things with Words [M]. Oxford: Oxford University Press, 1962.

[7] Baba, J. A Study of Interlanguage Pragmatics: Compliment Responses by Learners of Japanese and English as a Second Language [M]. University of Texas, Austin, 1997.

[8] Baker, H. D. R. Chinese Family and Kinship [M]. New York: Columbia University Press, 1979.

[9] Bardovi – Harlig, K. & B. S. Hartford. Learning the Rules of Academic Talk: A Longitudinal Study of Pragmatic Change [J]. Studies in Second Language Acquisition, 1993, 15 (3): 279 – 304.

[10] Bataineh, R. F. &R. F. Bataineh. Apology Strategies of Jordanian EFL

University Students [J]. Journal of Pragmatics, 2006 (38): 1901 – 1927.

[11] Bataineh, R. F. & R. F. Bataineh. A Cross – culural Comparison of Apologies by Native Speakers of American English and Jordania Arabic [J]. Journal of Pragmatics, 2008 (40): 792 – 821.

[12] Biber, D., et al. Longman Grammar of Spoken and Written English [M]. London: Longman, 1999.

[13] Blum – Kulka, S. & E. Olshtain. Request and Apologies: A Cross – cultural Study of Speech Act Realization Patterns (CCSARP) [J]. Applied Linguistics, 1984 (5): 196 – 213.

[14] Blum – Kulka, S. & E. Olshtain. Too Many Words: Length of Utterance and Pragmatic Failure [J]. Studies in Second Language Acquisition, 1986 (8): 47 – 154.

[15] Blum – Kulka, S., et al. Cross – cultural and Situational Variation in Requesting Behavior [A]. In S. Blum – Kulka, et al. (eds.), 1989. Cross – cultural Pragmatics: Requests and Apologies [C]. Norwood, NJ: Ablex, 123 – 154.

[16] Borkin, A. & S. Reinhart. Excuse Me and I'm Sorry [J]. Applied Linguistcs, 1988 (12): 157 – 169.

[17] Bovillain, N. Language, Culture and Communication [M]. New Jersy: Prentice – Hall, Inc., 1997.

[18] Braum, F. Terms of Address [M]. Berlin: Mouton de Gruyter, 1988.

[19] Brown, P. & Levinson, S. Politeness: Some Universals in Language Usage [M]. Cambridge: Cambridge University Press, 1987.

[20] Brown, R. & A. Gilman. Pronouns of Power and Solidarity [A]. In P. Gilgliogli, (ed.). Language and Social Context [M]. Harmondsworth: Penguin, 1972: 252 – 282.

[21] Brown & Ford, M. Addressin American English [M]. In D. Hymes (ed.) 1964: 234 – 244.

[22] Brown, R. & A. Gilman. The Pronouns of Power and Solidarity [J]. In Language and Social Context, ed. Giglioli, P. P. 1986: 252 – 282.

[23] Brown, P. & Stephen D. Levinson. Politeness: Some Universals in Lan-

guage Usage [M]. Cambridge: CUP, 1987.

[24] Bonvillain, N. Language, Culture and Communication: The Meaning of Messages [M]. New Jersy: Prentice - Hall, Inc, 1993.

[25] Brown, R. & Gilman, A. The Pronouns of Power and Solidarity [M]. In Sebeok (eds). Style in Language. Cambridge: M. I. T. Press, 1960: 253 - 276.

[26] Burleson, B. Consistencies in Theoretical and Naive Evaluations of Comforting Messages [J]. Communication Monograghs, 1985, 52 (2): 103 - 123.

[27] Byon, A. Learning Linguistic Politeness [J]. Applied Language Learning, 2004 (14): 37 - 62.

[28] Chang, W. M. & M. Haugh. Facework and "Third Place" in Intercultural Interactions [C]. 18th International Conference on Pragmatics and Language Learning, Kobe University, Japan, 2010.

[29] Chang, W. M. & M. Haugh. Evaluations of Im/politeness of and Intercultural Apology [J]. Intercultural Pragmatics, 2011, 8 (3): 411 - 442.

[30] Chang, W. M. & M. Haugh (forthcoming). Collaborative Creation of Spoken Language Corpora [A]. In T. Greer, Y. Kite & D. Tatsuki (eds.). Pragmatics and Language Learning. Volume 13. Honolulu, Hawaii: National Foreign Language Resource Center, University of Hawaii at Manoa.

[31] Chao Yuanren. Chinese Terms of Address. [J]. Language, 1956, (32): 217 - 241.

[32] Chen, Ron. Pragmatics between East and West: Similar or Different? [A]. In A. Trosborg (ed.), 2010. Pragmatics across Languages and Cultures (Handbooks of Pragmatics) [C]. Berlin/ New York: Mouton de Gruyter, 167 - 188.

[33] Cohen, A. D., E. Olshtain & D. S. Rosentein. Advanced EFL Apologies: What Remains to Be Learned? [J]. International Journal of Linguistics, 1986, 6 (2): 119 - 144.

[34] Cohen, A. D. & R. L. Shively. Acquisition of Requests and Apologies in Spanish and French: Impact of Study Abroad and Strategy - building Intervention [J]. The Modern Language Journal, 2007, 91 (2): 189 - 212.

[35] Da Silva, A. J. B. The Effects of Instruction on Pragmatic Development:

Teaching Polite Refusals in English [J]. Second Language Studies, 2003, 22 (1): 55 - 106.

[36] Daikuhara, M. A Study of Compliments from a Cross - culrual Perspective: Japanese vs American English [J]. Penn Working Papers in Educational Linguistics, 1986 (2): 23 - 41.

[37] Deng, Yanchang & Liu, Runqing. Language and Culture. [M]. Beijing: Foreign Language Teaching and Research Press, 2003.

[38] Dunking, L. A. A Dictionary of Epithets and Terms of Address. [M]. Beijing: Routledge & World Publishing Corp, 1990.

[39] Dufon, M. A. The Acquisition of Linguistic Politeness in Indonesian by Sojourners in Naturalistic Interactions [D]. Unpublished Doctoral Dissertaiton, University of Hawai's, Manoa, 1999.

[40] Ervin - Tripp, S. M. Sociolinguistic Rules of Address [J]. In Pride J. B. & J. Holmes. Sociolinguistics. London: Penguin Books, 1972: 225 - 276.

[41] Fasold, Ralph. Sociolinguistics of Society [M]. Oxford: Blackwell, 1990.

[42] Fasold, R. The Sociolinguistics of Language. [M]. (Oxford: Basil Blackwell.) Beijing: Foreign Language Teaching and Research Press, 2000.

[43] Friederike Braun, F. Terms of Address. [M]. Berlin: Mouton de Gruyter, 1988.

[44] Fraser, B. On Apologizing [A]. In F. Coulmas (ed.), 1981. Conversational Routine: Explorations in Standardized Communiication Situations and Prepattenered Speech [C]. Mouton: The Hague, 259 - 271.

[45] Furch, C. & G. Kasper. Internal and External Modification in Interlanguage Request Realization [A]. In S. Blum - Kulka, et al. (eds.), 1989. Cross - cultural Pragmatics: Requests and Apologies [C]. Norwood, NJ: Ablex, 221 - 247.

[46] Garvia, C. Apologizing in English: Politeness Strategies Used by Native and Non - native Speakers [J]. Multilingua, 1989 (8): 3 - 20.

[47] Gibbs, R. W. Your Wish is My Command: Convention and Context in Interpreting Indirect Requests [J]. Journal of Verbal Learning and Verbal Behav-

ior, 1981 (20): 431 -444.

[48] Goffman, E. Relations in Public [M]. New York: Harper Colophon Books, 1971.

[49] GOH, B. C. Negotiating with the Chinese. [M]. USA: Darmouth Publishing Company, 1996.

[50] Grundy, P. Doing Pragmatics [M]. London: Edward Arnold, 1995.

[51] Grundy, P. Doing Pragmatics (Second Edition) [M]. London: Arnold, 2000.

[52] Gudy Kunst, W. Bridging Differences: Effective Intergroup Communication [M]. California: Sage Publication, Newbury Park, 1994.

[53] Gudy Kunst, W. Communicating with Strangers: An Approach to Intercultural Communication. [M]. New York: Random House, 2002.

[54] Gu. Yueguo. Politeness Phenomena in Modern Chinese. [J]. Journal of Pragmatics, 1990, 14 (2): 237 -257.

[55] Hakulinen, A. Avoiding Personal Reference in Finnish [A]. In Verscueren, J. and M. Bertuccelli - Papi (eds.), 1987. The Pragmatic Perspective Selected Papers form the 1985 International Pragmatics Conference [C]. Amsterdam: John Benjamins, 141 -154.

[56] Haugh, M. Jocular Mockery, Disaffiliation and Face [J]. Journal of Pragmatics, 2010, 42 (8): 2106 -2119.

[57] Haugh, M. Homour, Face and Impoliteness in Getting Acquainted [A]. In B. Davies, M. Haugh & A. Merrison (eds), 2012. Situated Politeness [M]. London: Continuum, 165 -184.

[58] Haugh, M. & Bargiela - Chiappini, F. Face in Interaction [J]. Special issue of Journal of Pragmatics, 2010, 42 (8): 2073 -2171.

[59] Haugh, M. & Chang, W. M. (forthcoming) . Collaborative Creation of Spoken Language Corpora [A]. In T. Greer, Y. Kite &D. Tatsuki (eds.). Pragmatics and Language Learning. Volume 13 [C]. Honolulu: National Foreign Language Resource Centre, University of Hawaii, 2013.

[60] Herbert, R. K. Say "Thank You" or Something [J]. American

Speech, 1986 (61): 76 –88.

[61] Hinkel, E. Pragmatics of Interaction: Expressing Thanks in a Second Language [J]. Applied Language Learning, 1994, 5 (1): 73 –91.

[62] Holms, J. Sex Differences and Apologies: One Aspect of Communicative Competence [J]. Applied Linguistics, 1989, 10 (2): 194 –213.

[63] Holms, J. Paying Compliments: A Sex – preferential Politeness Strategy [J]. Journal of Pragmatics, 1988 (12): 445 –465.

[64] House, J. & G. Kasper. Interlanguage Pragmatics: Requesting in a Foreign Language [A]. In W. Loerscher & R. Schulze (eds), 1987. Perspectives on Languague in Performance [C]. Tubingen, Narr, 1250 –1288.

[65] HSU, F. L. K. American & Chinese: Passage to Differences [M]. Honolulu: University of Hawaii Press, 1981.

[66] Hu. Zhuang – lin. Linguistics: A Course Book. [M]. Beijing University Press, 1996.

[67] Hu Wenzhong. A Dictionary of British and American Culture [M]. Beijing: Beijing University Press, 2000.

[68] Ishihara, N. Instructional Pragmatics: Bridging Teaching, Research and Teacher Education [J]. Language and Linguistics Compass, 2010, 4 (10): 938 – 953.

[69] Ishihara, N. Maintaining and Optimal Distance: Nonnative Speakers' Pragmatic Choice [A]. In A. Mahboob (ed.) . The NNEST Lens: Non Native English Speakers in TESOL [M]. Newcastle upon Tyne: Cambridge Scholars Press, 2010: 35 –53.

[70] Ishihara, N. & A. Cohen. Teaching and Learning Pragmatics : Where Language and Culture Meet [M]. Harlow, UK: Longman, 2010.

[71] Jary, M. Relevance Theroy and the Communication of Politeness [J]. Journal of Pragmatics, 1998 (30): 1 –19.

[72] Jiang, X. Suggestion: What Should ESL Students Know? [J]. System, 2006 (34): 36 –54.

[73] Jia Yuxin. Interpersonal Relationship and Intercultural Communication.

[M]. Shang Hai: Foreign Language Teaching and Research Press, 1999.

[74] Kadar, D. Z. Terms of Politeness. A Study of the Communicative Practices of Traditional Chinese Polite Terms of Address [M]. Budapest: Department of East Asian Studies, Eotvoslorand Univerisity, 2007.

[75] Kasper, G. Classroom Research on Interlanguage Pragmatics [A]. In K. Rose & G. Kasper (eds.). Pragmatics and Language Teaching. Cambridge: Cambridge University Press, 2001: 33 – 60.

[76] Kasper, G. & K. Rose. Pragmatics in Language Teaching [A]. In K. Rose & G. Kasper (eds.). Pragmatics in Language Teaching [C]. Cambridge: Cambridge University Press, 2001: 1 – 9.

[77] Kasper, G. & K. Rose. Pragmatic Development in a Second Language [M]. Malden: Blackwell, 2002.

[78] Kondo, S. The Development of Pragmatic Competence by Japanese Learners of English: Longitudinal Study of Interlanguage Apologies [J]. Sophia Linguistica, 1997 (41): 265 – 284.

[79] Lakoff, R. Logic of Politeness: Or Minding Your p's and q's [A]. In C. Corum, et al. (eds.). Papers form the Ninth Regional Meeting [C]. Chicago Linguistic Society, 1973: 292 – 305.

[80] Lee – Wong, S. M. Address Forms in Modern China: Changing Ideologies and Shifting Semantics [J]. Linguistics: An Interdisciplinary Journal of Science, 1994, 32 (3): 228 – 241.

[81] Long, T. H. Longman Dictionary of Contemporary English. [M]. London: Longman Group UK Ltd. Foreign Language Teaching and Research Press, 1978.

[82] Leech, G. Principles of Pragmatics [M]. London: Longman, 1983.

[83] Leech G. N. Politeness: Is there an East – West divide? [J]. Journal of Foreign Language, 2007 (6): 3 – 31.

[84] Levison, S. C. Pragmatics [M]. Cambridge: Cambridge University Press, 1983.

[85] Li, D. The Pragmatics of Making Requests in the L2 Workplace: A Case

Study of Language Socialization [J]. The Canadian Modern Language Journal, 2000, 57 (1): 58 -87.

[86] Li, E. S. Making Suggestion: A Contrastive Study of Young Hong Kong and Australian Students [J]. Journal of pragmatics, 2010 (42): 598 -616.

[87] Linnell, J. Can You Apologize Me? An Investigation of Speech Act Performance among Non - native Speakers of English [J]. Working Papers in Educational Linguistics, 1992, 8 (2): 33 -53.

[88] Locastro, V. Politeness and Pragmatic Competence in Foreign Language Education [J]. Language Teaching Research, 1997, 1 (3): 239 -267.

[89] Locher, M. & R. Watts. Politeness Theory and Relational Work [J]. Journal of Politeness Research, 2005, 1 (1): 9 -33.

[90] Lorenzo - Dus, N. Compliment Responses among British and Spanish University Students: A Contrastive Study [J]. Journal of Pragmatics, 2001, 33 (1): 107 -127.

[91] Matsumoto, Y. Reexamination of the Universtity of Face: Politeness Phenomena in Japanese [J]. Journal of Pragmatics, 1988 (12): 403 -426.

[92] Meier, A. Teaching the Universals of Politeness [J]. ELT Journal, 1997, 51 (1): 21 -28.

[93] Mey, J. L. Pragmatics: An Introduction [M]. Beijing: Foreign Language Teaching and Research Press, 2001.

[94] Mustapha, A. S. Compliment Response Patterns among Speakers of Nigerian English [J]. Journal of Pragmatics, 2011 (43): 1335 -1348.

[95] Nattinger, R. & J. Decarrico. Lexical Phrases and Language Teaching [M]. Shanghai: Shanghai Foreign Language Education Press, 2000.

[96] Neaman. J. S & C. G. Silver. Kind Words: A Thesaurus of Euphemisms. [M]. Expanded and Revised Edition. New York: Facts on file, World Publishing Corp, 1983.

[97] Oatey, H. The Customs and Language of Social Interaction in English. [M]. Shanghai: Shanghai Foreign Language Education Press, 1987.

[98] Olshtain, E. & A. Cohen. Apology: A Speech Act Set [A]. In

N. Wolfson, et al. (eds.). Sociolinguistics and Language Acquisition [C]. Rowly: Newbury House, 1983.

[99] Olshtain E. & L. Weinbach. Complaints: A Study of Speech Acts Behaviors among Native and Non - native Speakers of Hebrew [A]. The Pragmatic Perspective [C]. Amsterdam: John Benjamins, 1987.

[100] Pan, Yuling. Politeness in Chinese Face - to - Face Interaction [M]. Stamford: CT: Ablex, 2000.

[101] Pearce. W. B. Interpersonal Communication: Making Social Worlds. [M]. Harper Collins College Publishers, 1994.

[102] Proctor. Longman Dictionary of Contemporary English [M]. London: Longman, 1978.

[103] Quirk, R. & S. Greenbaum, et al. A Comprehensive Grammar of the English Language. [M]. London: Longman, 1986.

[104] Rawson, H. A Dictionary of Euphemisms and Other Douletalk [M]. New Yrok: Crown Publishers, 1981.

[105] Reiter, M. R. A Contrastive Study of Conventional Indirectness in Spanish: Evidence from Peninsular and Uruguayan Spanish [J]. Pragmatics, 2002 (12): 135 - 151.

[106] Richard, J. et al. Longman Dictionary of Applied Linguistics [M]. London: Longman Group UK Ltd, 1985.

[107] Rose, K. An Exploratory Cross - sectional Study of Interlanguage Pragmatic Development [J]. Studies in Second Language Acquisition, 2000 (22): 27 - 67.

[108] Rubi, S. Politeness in Compliment Responses: A Perspective from Naturally Occurring Exchange in Turkish [J]. Pragmatics, 2006, 16 (6): 43 - 101.

[109] Samovar, L. A., Porter R. E. & L. A. Stefani. Communication between Cultures [M]. Beijing: Foreign Language Teaching and Research Press, 2000.

[110] Searle J. R. Speech Acts [A]. Cambridge: Cup, 1979.

[111] Searle, J R. A Classification of Illocutionary acts [J]. Language in Society, 1976 (5): 1 - 23.

[112] Scollon, W. & R. Scollon. Intercultural Communication: A Discourse Approach [M]. Oxford: Blackwell, 1996.

[113] Scotton, C. M. &Wanjin Zhu. Tong Zhi in China: Language Change and Its Conversational Consequence [J]. Language in Society, 1983, 12 (4): 477 – 494. The Multiple Meaning of Shifu a Language Dhange in Progress [J]. Anthropological Linguistics, 1984 (26): 326 – 344.

[114] Thomas, J. Cross – cultural Pragmatic Failure [J]. Applied Linguistics, London: Oxford University Press, 1983 (42): 9 – 11.

[115] Trosborg, A. Apologies Strategies in Natives/Non – natives [J]. Journal of Pragmatics, 1987 (11): 147 – 167.

[116] Trosborg, A. Interlanguage Pragmatics: Requests, Complaints, and Apologies [M]. Berlin: Mouton de Gruyter, 1995.

[117] Veschueren, J. Understanding Pragmatics [M]. London: Arnold, 1999.

[118] Wales, K. Personal Pronouns in Present – day English. [M]. London: Cambridge University Press, 1996.

[119] Warga, M. & U. Scholmberger. The Acquistion of French Apologetic Behavior in a Study Abroad Context [J]. Intercultural Pragmatics, 2007, 4 (2): 221 – 251.

[120] Warren, B. What Euphemisms Tell us about the Interpretation of Words [J]. Studia Linguistica, 1992 (462): 128 – 172.

[121] Wolfson, N. Perspectives: Sociolinguistics and TESOL [M]. Cambridge: Newbury House Publishers, 1989.

[122] Wong, M. Expressions of Gratitude by Hong Kong Speakers of English: Research from the International Corpus of English in Hong Kong (ICE – HK) [J]. Journal of Pragmatics, 2010 (42): 1243 – 1257.

[123] Xiang, H. Pragmatic Development in a Second Language: A Cross – sectional Study on the Acquisition of English Requests by Chinese Learners [M]. Beijing: National Defense Industry Press, 2009.

[124] Ye, Z. Chinese Categorization of Interpersonal Relationsips and the Cultural Logic of Chinese Social Interaciton: An Indigenous Perspecitve [J]. Inter-

cultural Pragmatics，2004，1（2）：211 – 230.

［125］Yu，Ming – Chung. Interlinguistic Variation and Similarity in Second Language Speech Act Behavior［J］. Modern Language Journal，2004（88）：102 – 119.

［126］Yule，G. Pragmatics［M］. Oxford：Oxford University Press，1996.

［127］包威．英汉文化中“致谢（Thanks）”的表达及差异探讨［J］. 青海师专学报，2008（5）.

［128］鲍明捷，肖爱国．浅谈跨文化交际中的语用失误［J］. 西南交通大学学报（社会科学版），2002（2）.

［129］毕继万．汉英感谢语的差异［J］. 语文建设，1996（7）.

［130］毕继万．汉英感谢语的文化特征［M］. 北京语言文化大学学院编. 语言与文化论丛书．北京：华语教学出版社，1997.

［131］毕继万．汉英招呼语的差异［J］. 语文建设，1997（2）.

［132］毕继万．汉英寒暄语的差异［J］. 语文建设，1997（4）.

［133］毕继万．跨文化交际与第二语言教学［M］. 北京：北京语言大学出版，2000.

［134］曹春春．礼貌准则与语用失误——英语语用失误现象比较研究［J］. 外语学刊，1997（2）.

［135］常敬宇．委婉语表达的语用功能与对外汉语教学［J］. 语言教学与研究，1998（8）.

［136］常敬宇．汉语词汇与文化［M］. 北京：北京大学出版社，2000.

［137］陈夏芳．跨文化交际中称呼语的使用与语用失误［J］. 东北师大学报，1997（4）.

［138］陈原．社会语言学［M］. 北京：学林出版社，1983.

［139］陈宏薇．汉英翻译基础［M］. 上海：上海外语教育出版社，1998.

［140］陈定安．英汉比较与翻译［M］. 北京：中国对外翻译出版公司，1998.

［141］陈红梅．跨文化交际中误解之管见［J］. 科教文汇（中旬刊），2010（10）.

[142] 陈国明．跨文化交际学［M］．上海：华东师范大学出版社，2010.

[143] 陈建民．汉语的道谢用语［J］．语文知识，2011（20）.

[144] 陈松岑．礼貌语初探［M］．北京：商务出版社，1989.

[145] 丛铁华．汉语教学新理念［M］．北京：北京大学出版社，2004.

[146] 邓芳．汉英礼貌用语差异［J］．荆门职业技术学院学报，2001（3）.

[147] 邓红霞．英汉两种语言中的性别歧视现象［J］．湖南大学学报，2001（6）.

[148] 邓健军．文化差异与语言差异——中英价值观的差异在语言中的影响［J］．教师，2010（63）.

[149] 杜学增．中英文化习俗比较［M］．北京：外语教学与研究出版社，1999.

[150] 邓炎昌，刘润清．语言与文化——英汉语言文化对比［M］．北京：外语教学与研究出版社，1989.

[151] Dorinc S. Houston，毛荣贵．中国大学生英语作文评改［M］．上海：上海交大出版社，1997.

[152] 杜学增．中英文化习俗比较［M］．北京：外语教学与研究出版社，1999.

[153] 范振辉．礼貌原则与跨文化交际［J］．广西大学学报（哲学社会科学版），1999（2）.

[154] 范仲英．实用翻译教程［M］．北京：外语教学与研究出版社，1996.

[155] 范舒．浅谈对外汉语教学中的文化意识［J］．青年文学家，2009（21）.

[156] 冯汉骥．中国亲属称谓指南［M］．上海：上海文艺出版社，1989.

[157] 冯树鉴．实用英汉翻译技巧［M］．上海：同济大学出版社，1995.

[158] 冯翠华．英语修辞大全［M］．上海：上海外语教育出版

社，1995.

［159］高宝虹．外语教学和跨文化交际［J］．云南师范大学学报，2004（1）.

［160］高莉莉．试析英汉思维差异在句子层次上的表现［J］．山西广播电视大学学报，2007（3）.

［161］高启香．跨文化交际中的语用失误及语用能力的培养［J］．交通高教研究，2000（3）.

［162］高素珍．英汉称谓的情感体现［J］．山东社会科学，2002（2）.

［163］高学峰．语用错误的主要成因——汉英文化差异［J］．甘肃教育学院学报（社会科学版），2001.

［164］古今明．英汉翻译基础［M］．上海：上海外语教育出版社，1997.

［165］耿龙明．翻译论丛［M］．上海：上海外语教育出版社，1998.

［166］桂诗春．语言学方法论［M］．上海：上海外语教育出版社，1997.

［167］郭建军．文化与翻译［M］．北京：中国对外翻译出版公司，2000.

［168］顾芳．跨文化交际中委婉语的运用［J］．考试周刊，2007（36）.

［169］辜鸿铭．中国人的精神［M］．上海：上海三联书店，2010.

［170］顾曰国．礼貌、语用与文化［J］．外语教学与研究，1992（2）：10－17.

［171］韩省之．称谓大辞典［M］．北京：新世界出版社，1991.

［172］何自然，阎庄．中国学生在英语交际中的语用失误——汉英语用差异调查［J］．外语教学与研究，1986（3）.

［173］黄国雄．谈汉英跨文化交际中的称谓衔接［J］．韶关学院学报（社会科学版），2001（8）.

［174］黄理文，王西成．英汉招呼语比较［J］．湖南大学学报（社会科学版），1999（6）.

［175］何玲梅．礼貌现象的语用特征［J］．外语与外语教学，2006（10）.

[176] 何善芬. 英汉语言对比研究 [M]. 上海：上海外语教育出版社，2002.

[177] 何兆熊. 语用学概要 [M]. 上海：上海外语教育出版社，1989.

[178] 何自然. 语用学 [M]. 上海：上海外语教育出版社，2003.

[179] 何自然. 语用学与英语学习 [M]. 上海：上海外语教育出版社，1997.

[180] 黄锦章. 外汉语教学中的理论与方法 [M]. 北京：北京大学出版社，2004.

[181] 洪溪珧. 道歉语的跨文化研究 [J]. 湖南医科大学学报（社会科学版），2008（2）.

[182] 户华岩. 试论对外汉语教学中的词语文化内涵 [J]. 北京师范大学学报（人文社会科学版），2002（6）.

[183] 胡明杨. 对外汉语教学中语汇教学的若干问题 [J]. 语言文字应用，1997（9）.

[184] 胡文仲. 跨文化交际学概论 [M]. 北京：外语教学与研究出版社，1999.

[185] 蒋可心. 对外汉语教学法研究 [M]. 哈尔滨：黑龙江教育出版社，2001.

[186] 贾玉新. 跨文化交际学 [M]. 上海：上海外语教育出版社，1997.

[187] 胡文仲. 英美文化词典 [M]. 北京：外语教学与研究出版社，1997.

[188] 蒋小元. 浅谈语言礼貌原则的级别性 [J]. 常德师范学院学报（社会科学版），2001（6）.

[189] 金正昆. 社交礼仪教程 [M]. 北京：中国人民大学出版社，1999.

[190] 李开. 汉语语言学和对外汉语教学论 [M]. 北京：中国社会科学出版社，2002.

[191] 李泉. 对外汉语课堂教学的理论思考 [J]. 中国人民大学学报，1996（5）.

[192] 李瑞华．英汉语言文化对比研究［M］．上海：上海外语教育出版社，1996.

[193] 刘必庆．当代翻译理论［M］．北京：中国对外翻译出版公司，1999.

[194] 刘必庆．文体与翻译［M］．北京：中国对外翻译出版公司，1998.

[195] 刘万生．汉英感谢语比较与中国学习者感谢语语用迁移［J］．南通职业大学学报，1998（4）.

[196] 李丽娜．汉语“感谢”言语行为研究［J］．湖北社会科学，2010（3）.

[197] 李红兰．汉英致谢语［J］．比较现代语文，2010（9）.

[198] 李英杰．影响话语礼貌程度的两对对立因素［J］．语言应用研究，2010（8）.

[199] 刘永红．从汉英语言的差异看中西文化的不同［J］．英语学习，2000（1）.

[200] 龙高扬．浅析英汉问候语的不同［J］．广西教育学院学报，1999（3）.

[201] 吕叔湘．吕叔湘文集［M］．北京：商务印书馆，1990.

[202] 廖利华．英汉礼貌语异同探讨［J］．Crazy English（Teachers），2010（2）.

[203] 李占芳．社会语言学研究方法探讨［J］．华北电力大学学报（社会科学版），2009（2）.

[204] 李瑞华．英汉语言文化对比研究［M］．上海：上海外语教育出版社，1996.

[205] 黎昌抱．英汉亲属称谓语国俗差异研究［J］．四川外语学院学报，2001（3）.

[206] 卢伟．“祝颂”言语行为的汉英对比［J］．厦门大学学报（社会科学版），2001（3）.

[207] 龙高扬．浅析英汉问候语的不同［J］．广西教育学院学报，1999（3）.

［208］林一心．汉语礼貌用语的文化心理透视［P］．福建福州：第四届闽台辞章学研讨会，2002.

［209］林一心．社交礼貌用语与民族文化心态［J］．教育评论，1997（1）．

［210］刘万生．汉英感谢语比较与中国 EFL 学习者感谢语语用迁移［J］．南通职业大学学报，2004（1）．

［211］李桂山．委婉语散论［J］．外语教学与研究，1997（4）．

［212］李军华．关于委婉语的定义［J］．湘潭大学学报，2004（4）．

［213］李国南．辞格与词汇［M］．上海：上海外语教育出版社，2001.

［214］楼光庆．从姓名看社会和文化［J］．外语教学与研究，1985（3）．

［215］李泉．对外汉语教学理论思考［M］．北京：华语教学出版社，2005.

［216］罗新星．跨文化传播视野下的文化软实力［J］．湖南社会科学，2011（2）．

［217］马生仓．汉语礼貌用语的语用翻译［J］．宁夏师范学院学报（社会科学版），2012（2）．

［218］梅仁毅，周笃文．论语［M］．北京：中国和平出版社，1992.

［219］马树华．语用失误与对外汉语教学［J］．玉林师范学院学报，2009（1）．

［220］孟建安，傅远碧．招呼语的社会因素［J］．语文学刊，2000（5）．

［221］赖恒静．跨文化交际语用失误分析及对策［J］．重庆工商大学学报（社会科学版），1997（1）．

［222］李炜．留学生汉语语用失误的客观成因探析［J］．现代语文（语言研究版），2009（3）．

［223］李晓琴．跨文化交际中的语用失误和语用策略研究［J］．赤峰学院学报（汉文哲学社会科学版），2008（7）．

［224］李真．跨文化交际中称赞语的特点及语言表达模式［J］．时代文学（理论学术版），2007（3）．

［225］李力，陈治安．语言—文化—外语教学［M］．重庆：西南师范大学出版社，1997.

［226］皮特·科德．应用语言学导论［M］．上海：上海外语教育出版社，1992.

［227］卜晓阳．英汉礼貌用语对比研究［D］．广西师范大学硕士学位论文，2006.

［228］秦旭．英汉社会称谓的对比研究［J］．扬州职业大学学报，2001（1）.

［229］钱厚生．英汉问候语告别语对比研究［M］．北京：商务印书馆，1996.

［230］戚雨村．语言学引论［M］．上海：上海外语教育出版社，1990.

［231］裘燕萍．汉英亲属称谓系统的对比研究［J］．绍兴文理学院学报，2002（2）.

［232］任裕海．称呼模式的跨文化研究［J］．南京师大学学报，2001（3）.

［233］施光亨．对外汉语教学整体设计再思考及其他［M］．汉语研究与应用（第一辑）．北京：中网社会科学出版社，2003.

［234］束定芳．中国语用学研究论文精选［M］．上海：上海外语教育出版社，2001.

［235］束定芳，徐金元．委婉语研究：回顾与前瞻［J］．上海外国语大学学报，1995（7）.

［236］孙芳琴．中西跨文化礼貌用语语用探析［J］．贵州师范大学学报（社会科学版），2002（3）.

［237］孙为群．汉英亲属称谓词的翻译方法思考［J］．安徽农业大学学报（社会科学版），2001（6）.

［238］宋元源．跨文化交际中非语言交际的中美差异［J］．科教文汇（下旬刊），2008（2）.

［239］唐红芳．中西语用策略的文化差异性［J］．湖南社会科学，1998（9）.

［240］唐雪凝．招呼语的社会文化分析［J］．齐鲁学刊，1998（6）.

[241] 谭占海．言语交际中的道歉策略［J］．遵义师范高等专科学校学报，2001（3）．

[242] 田惠刚．中西人际称谓系统［J］．北京：外语教学与研究出版社，1998．

[243] 王克非．外语教育政策和社会经济发展［J］．外语界，2011（1）：2－7．

[244] 汪平潮．英汉日常礼貌用语在跨文化交际中的语用差异［J］．池州师专学报，2004（1）．

[245] 王宗炎．自我认识与跨文化交际［J］．外国语，1993（1）．

[246] 魏晓宏．跨文化交际的语用对比研究［J］．株洲师范高等专科学校学报，2001（6）．

[247] 汪滔．论口译的跨文化语用失误［J］．中国科技翻译，2002（2）．

[248] 王福祥．文化与语言（论文集）［M］．北京：外语教学与研究出版社，1994．

[249] 王建勤．汉语作为第二语言的习得研究［M］．北京：北京语言文化大学出版社，2001．

[250] 王茜．跨文化交际中常见汉语话语标记语使用研究［J］．商业文化（学术版），2007（12）．

[251] 卫志强．称呼的类型及其语用特点［M］//文化与交际，胡文仲主编．北京：外语教学与研究出版社，1994．

[252] 吴世倩．文化冲突带来的思考——以语言包裹下的文化冲突为例［J］．青春岁月，2001（6）．

[253] 夏添．跨文化交际中禁忌语的语用特征［J］．中国校外教育（理论），2007（11）．

[254] 肖云萍．了解文化差异、避免语用失误［J］．闽西职业大学学报，2003（4）．

[255] 肖君石．汉英、英汉翻译初探［M］．北京：商务印书馆，1982．

[256] 谢朝群．礼貌语的哲学维度［J］．四川外语学院学报，2006（5）．

[257] 熊学亮，刘国辉. 也谈礼貌原则 [J]. 四川外语学院学报，2002 (3).

[258] 徐丹. 英汉亲属称谓语差异及其翻译 [J]. 中国科技翻译，2001 (8).

[259] 许嘉璐等. 中国语言学现状与展望 [M]. 北京：外语教学与研究出版社，1996.

[260] 徐子亮. 汉语作为外语教学的认知理论研究 [M]. 北京：华语教学出版社，2001.

[261] 徐盛恒. 礼貌原则新拟 [J]. 外语学刊，1992 (2).

[262] 徐文静. 词语 · 文化 · 对外汉语教学 [J]. 语文学刊，2002 (6).

[263] 徐莉娜. 跨文化交际中的委婉语解读策略 [J]. 外语与外语教学，2002 (9).

[264] 徐一平. 英汉礼貌用语的文化迁移 [J]. 外语交流，2012 (9).

[265] 杨春红. 用英语感谢 [J]. 商情（教育经济研究），2008 (2).

[266] 杨德峰. 汉语与文化交际 [M]. 北京：北京大学出版社，2001.

[267] 杨春辉，王飞. 跨文化交际中的语用失误 [J]. 读与写（教育教学刊），2007 (4).

[268] 袁颖. 跨文化交际中语言能力到交际能力的飞跃 [J]. 理论界，2000 (6).

[269] 杨自俭等. 翻译新论（1983～1992）[M]. 武汉：湖北教育出版社，1994.

[270] 姚俊. 从礼貌语用看英、汉语言文化的价值差异 [J]. 嘉应大学学报，1999 (5).

[271] 严辰松，高航. 语用学 [M]. 上海：上海外语教育出版社，2005.

[272] 袁新. 跨文化交际与对外汉语教学 [J]. 云南师范大学学报，2004 (1).

[273] 袁蕾. 当代问候语变迁的心理基础透视 [J]. 开封大学学报，2001 (12).

［274］禹淑英．浅谈英语学习中的文化差异［J］．山西大学师范学院学报，1998（2）．

［275］余云根．英汉对比语言学［M］．北京：北京工业大学出版社，1992．

［276］俞理明．语言迁移与二语习得：回顾、反思和研究［M］．上海：上海外语教育出版社，2004．

［277］赵欢．中英文化中的礼貌用语［D］．上海外国语大学论文，2008．

［278］张二霞．英汉感谢语及回答的差异［J］．海外英语，2011（7）．

［279］张栩畅．汉英答谢语对比［J］．现代语文，2012（10）．

［280］郑春苗．中西文化比较研究［M］．北京：北京语言学院出版社，1994．

［281］郑娟，李小华．礼貌现象的跨文化语用失误分析［J］．考试周刊，2007（44）．

［282］周湘东．跨文化交际中的语用失误成因探析［J］．湘南学院学报，2005（1）．

［283］张高翔．对外汉语教学中的文化词语［J］．云南师范大学学报，2003（3）．

［284］张宇平，姜燕萍，于年湖．委婉语［M］．北京：新华出版社，1998．

［285］张培基．英汉翻译教程［M］．上海：上海外语教育出版社，1980．

［286］张燕彬．国际商务礼仪［M］．长春：辽宁教育出版社，2001．

［287］张秀琴．礼貌原则与东西方文化异同［J］．燕山大学学报（哲学社会科学版），2004（4）．

［288］赵亮．英汉语交际中道歉行为与道歉策略探析［J］．长春金融高等专科学报，2009（2）．

［289］赵德鑫．英语句子结构和分析［M］．北京：外语教学与研究出版社，1980．

［290］周健．汉语称谓教学探讨［J］．语文教学与研究，2001（4）．

[291] 周健. 试论文化混融语境中的交际与汉语教学 [J]. 汉语学习，2000 (4).

[292] 朱维芳. 书信语篇礼貌现象调查 [J]. 外语教学与研究，1998 (1).

[293] 朱永涛. 美国价值观 [M]. 北京：外语教学与研究出版社，2002.

[294] 朱永生，郑立信，苗兴伟. 英汉语篇衔接手段对比研究 [M]. 上海：上海外语教育出版社，2001.

[295] 赵英玲. 英语称呼语的语用功能 [J]. 外语学刊，1997 (1).

[296] 祝畹瑾. 社会语言学概论 [M]. 长沙：湖南教育出版社，1992.

[297] 赵英玲. 论称呼语的社交指示功能 [J]. 东北师大学报，1999 (1).

[298] 周杏英. 中美称谓的比较研究 [J]. 广东教育学院学报，1998 (1).

[299] 赵英玲. 英语称呼语的语用功能 [J]. 外语学刊，1997 (1).

[300] 朱跃. 英语与社会 [M]. 合肥：安徽大学出版社，1999.